浙江省哲学社会科学规划重点课题
“地方治理中的意识形态话语实践:国家与社会”
（编号:18NDJC037Z）结项成果

浙江传媒学院浙江省社会治理与传播创新研究院成果

浙江智库
ZHEJIANG
THINK TANK

金鹰学科丛书
GOLDEN EAGLE DISCIPLINE SERIES

治理场域中意识形态的话语实践

国家与社会

王国勤◎著

ZHEJIANG UNIVERSITY PRESS
浙江大学出版社
·杭州·

图书在版编目(CIP)数据

治理场域中意识形态的话语实践：国家与社会 / 王国勤著. —杭州：浙江大学出版社，2024.6
ISBN 978-7-308-25008-5

Ⅰ. ①治… Ⅱ. ①王… Ⅲ. ①马克思主义—意识形态—研究—中国 Ⅳ. ①A811.63

中国国家版本馆 CIP 数据核字(2024)第 102336 号

治理场域中意识形态的话语实践：国家与社会
ZHILI CHANGYU ZHONG YISHI XINGTAI DE HUAYU SHIJIAN：GUOJIA YU SHEHUI
王国勤　著

策划编辑　吴伟伟
责任编辑　陈逸行
文字编辑　梅　雪
责任校对　马一萍
封面设计　雷建军
出版发行　浙江大学出版社
(杭州市天目山路 148 号　邮政编码 310007)
(网址：http://www.zjupress.com)
排　　版　浙江大千时代文化传媒有限公司
印　　刷　广东虎彩云印刷有限公司绍兴分公司
开　　本　710mm×1000mm　1/16
印　　张　18.25
字　　数　246 千
版 印 次　2024 年 6 月第 1 版　2024 年 6 月第 1 次印刷
书　　号　ISBN 978-7-308-25008-5
定　　价　88.00 元

浙江大学出版社市场运营中心联系方式　(0571)88925591；http://zjdxcbs.tmall.com

金鹰学科丛书编委会

学科引领 金鹰高飞
——金鹰学科丛书总序

学科是高校办学的第一支柱。毫无疑问，高校办学无外乎教书育人、科学研究、社会服务、文化传承四大任务，无外乎学者、学术、学科、学生的“四学”，无外乎“靠学生名校、靠学科强校、靠学者撑校、靠学术立校”的“四靠”。诚然，高校办学关涉方方面面，但学科始终是第一支柱，是“重中之重”，是“龙头”。学科是高校办学的关键所在、重点所在、特色所在、优势所在，是一所大学核心竞争力、影响力和美誉度的表征。以学科集聚学者，凭学者创造学术，用学术反哺学生，从而以良性的互动机制最终实现立德树人、服务社会的根本目标。换言之，学科顺则百事顺，学科好学校才会好，学科强学校才会强。

一流学科是一流大学的第一支撑。当前，国家从战略的角度大力推进“双一流”建设。所谓“双一流”，指的就是一流大学、一流学科。二者是相互依存、相互促进、共生共荣的。建设高等教育强国，要做好“四个一流”的统筹，即一流大学是目标、一流学科是条件、一流本科是根本、一流专业是基础。一流大学必然拥有一流学科，一流学科在一流大学建设中的重要性无论怎么强调都是不过分的，因为它是先决条件，是第一支撑。没有一流学科的强力支撑，一流大学只能是“空中楼阁”“水中明月”。客观地说,一流学科有两个标志:一是拥有一流的科研,产出一流的学术成果;二是拥有一流的教学,培养出一流的人才;而一流科研和一流教学要依靠一流的学者队伍,建设一流的学者队伍取决于两个前提条件,一是充足而灵活的经费,二是有效的管理体制机制。换言之,一流学科应包括以下几个方面:一流科研、一流成果、一流教学、一流人才、一流学者、一流经费、一流机制,即所谓的“七个一流”。唯有“七个一流”,方有一流学科;唯有一流学科,方有一流大学。

学科建设是浙江传媒学院的第一要务。浙江传媒学院作为浙江省人民政府和国家广播电视总局共建高校,始终秉承习近平总书记“紧跟时代,突出特色”的指示,坚持立德树人,坚持特色发展,坚持一流导向,综合实力稳居全国传媒类院校第二,是我国传媒人才培养的摇篮与重镇,素有“北有北广、南有浙广”“北有中传、南有浙传”之美誉。一直以来,学校锚定“国内一流、国际知名”的目标积极推进学科建设,已经形成戏剧与影视学、新闻传播学双峰并峙、多学科拱卫的学科专业体系。现有浙江省一流学科 A 类 2 个(戏剧与影视学、新闻传播学)、B 类 2 个(信息与通信工程、公共管理学)。在省一流学科的强力支撑下,2021 年学校获批硕士学位授予单位及新闻与传播、戏剧与影视、国际中文教育 3 个硕士学位授权点,实现了学校的跨越式发展。在省一流学科的大力反哺下,学校拥有国家级专业 13 个、省部级专业 10 个,拥有浙江省哲学社会科学重点培育研究基地“浙江省影视与戏剧研究中心”、浙江省新型重点培育智库“浙江省社会治理与传播创新研究院”、浙江省文科实验室“未来影像与社会应用实验室”以及中国广播电视艺术资料中心等。从整体上说,浙江传媒学院的学科建设呈现出欣欣向荣的态势,学科引领,未来可期。

金鹰学科丛书是浙江传媒学院学科建设的第一平台。为了激发学科成员产出高水平、高质量著作，充分发挥一流学科的带动力、引导力，增进一流学科的贡献力和影响力，学校千方百计筹措资金，成立“金鹰学科丛书”出版基金，“金鹰学科丛书”也就应运而生。“金鹰学科丛书”是一个展示平台，旨在展示学科建设中所涌现的高水平成果，让私人话语成为公共话语，让圈子成果成为公共硕果；“金鹰学科丛书”是一个交流平台，旨在促进学术交流与对话，让“百家可以争鸣”，让“百花可以争艳”，让学术思想在交流互鉴中走深走实、入脑入心；“金鹰学科丛书”是一个扶持平台，旨在扶持有实际困难的学科成员尤其是青年教师，早出成果、多出成果、出好成果，以高质量的成果出场出道、出圈出彩，让“新鲜血液”为学科建设更好地“供能”“出力”；“金鹰学科丛书”是一个共情平台，不管资助力度如何，这中间既有学者的献智献力，也有学校的关心关爱，体现的是学者凝心聚力做研究、传思想、建学科，体现的是学校集中力量办大事、办实事、办好事。

“苔花如米小，也学牡丹开”，我们相信，“金鹰学科丛书”的出版一定是学术界又一次的集体亮相、精彩绽放。当然，我们也深知“金鹰学科丛书”肯定还有许多不如意的地方，希望能够得到国内外更多专家学者的批评与指正，但我们始终坚信一点：唯有行走才有诗和远方，唯有高飞才有蓝天和辽阔风光。

金鹰学科丛书编委会

2023 年 11 月

前　言

本书是在马克思主义理论指导下的、积极回应现实问题的意识形态研究初步成果。在新时代全面深化改革和推进国家治理现代化的背景下，更加需要实现国家与社会的良性互动。其中，意识形态的话语实践构成了国家与社会互动的一个重要场域，而且意识形态的功能发挥就是在国家与社会互动的一个个具体场域中以话语实践的方式实现的。这里的"话语实践"是指意识形态话语的实际操作和发挥功用的具体状态。鉴于此，本书尝试围绕"如何实现国家与社会在意识形态话语实践中的良性互动"这个核心议题展开深入讨论。这是在继承与发展马克思主义意识形态学说的基础上，采用话语分析方法所展开的，涵盖了理论分析、建构与运用的一项综合研究。这项研究旨在为新时代发挥引领作用的意识形态建设提供更为扎实的学术基础，并致力于马克思主义意识形态学说的推进与发展。主要研究内容如下：首先，从马克思主义唯物论出发，梳理意识形态纷繁复杂的概念谱系，并在此基础上对意识形态概念进行重新界定。这种新的定义以一种更具解释力的方式，继承了马克思主义意识形态批判和建构两个充满张力的面向，既有助于发挥意识形态在中国新时代国家治理现代化进程中的建构功能,也可以涵盖其对人类社会普遍面临的现代性困境,尤其是对资本主义社会新问题的批判功能。

其次,系统阐述了意识形态话语分析方法的历史、特征和边界。话语分析作为方法论虽然有自己比较明确的本体论和认识论基础,但是在演进过程中蕴含着在"结构—能动""国家—社会""批判—建构"三个维度上充满内在张力的竞争与冲突,同时,外部对此一直有疑问。话语分析作为一个研究传统也是在内部和外部的争论中获得发展的。

再次,厘清国家与社会关系的哲学话语与政治话语以及它们之间的逻辑关系。国家与社会关系是意识形态话语分析中的一条主线,对它们的讨论主要是在哲学话语和政治话语两个话语体系中展开的。在哲学话语中,马克思对黑格尔市民社会理论进行了根本性改造,将国家与社会关系拉回到唯物论的基础上;而政治话语主要阐述了国家与社会关系的权力结构及其与政治秩序的关联。只有将这两种话语结合起来,才能完整地理解国家与社会的关系及其变迁。

最后,回到实践层面,需要讨论意识形态运行的具体机制和功能。结合当前现实情况,本书主要探讨了意识形态与国家治理、意识形态与政治秩序的关系以及相应的机制和功能等问题。一是就实现国家与社会在意识形态话语实践中良性互动的目标而言,意识形态建设要更加重视社会能力的作用,因为意识形态与社会意识越契合,国家治理的目标与行动就越能够获得社会力量的认同与合作。二是意识形态与媒介化治理。我国当前把社会治理现代化和新媒体建设均视作国家发展战略部署,说明媒介在文化和社会中的重要性日渐增强。在这种背景下,讨论意识形态与媒介化治理的关系具有深远的意义。其中重点探讨社会治理场域中媒介权力的嵌入与重构,以及意识形态与新闻传播高度耦合关系的重塑等基础议题。三是政治忠诚是意识形态实现良好政治秩序的基本功能与实现机制。随着社会分化与多元化趋势的加强，对于形成良好的政治秩序而言，政治忠诚话语体系的科学建构尤其重要。

目 录

第一章 导 论

第一节 选题来源及意义

一、选题来源

意识形态是现代国家的重要组成部分，作为一套支配性的观念体系，可以为国家提供合法性基础，有效整合社会并动员群众积极参与集体行动。在革命和战争年代，中国共产党高度重视对意识形态的运用，充分发挥了意识形态的合法性与动员功能。在中华人民共和国成立后的较长一段时间，国家高度重视运用意识形态来动员群众以实现社会整合和国家重建的目标，但一段时期内存在过度依赖意识形态的状况，在一定程度上影响了国家治理的制度化体系与能力建设。改革开放后，国家在深刻反思的基础上，创造了与改革开放新时期相适应的意识形态话语体系，并且将意识形态建设与制度建设结合起来。到了新时代，这是一个全球化、市场化和信息化的时代，也是一个大变革、大发展和大调整的时代。国际竞争日趋激烈，社会运行与变化不断加速,社会复杂性和不确定性日益增强。作为对这种形势的积极回应,中国积极推进国家治理体系和治理能力现代化,一方面依靠制度化、规范化和程序化的治理方式,另一方面加强意识形态建设,以提供强大的合法性基础与动员力量。正是在这种背景下,习近平总书记提出"意识形态工作是党的一项极端重要的工作"[①]。这对意识形态建设提出了更高的要求,相应地,需要与时俱进地对意识形态做结构与功能上的积极调适。这是本书研究的基本现实关怀。

意识形态概念虽然不是马克思、恩格斯创立的,但是影响深远的意识形态学说是从他们开始的,并且一直处于马克思主义理论的关键地位,贯穿始终地推动着马克思主义理论的发展、指导着共产党人的革命与建设实践。意识形态学说历经200多年的蓬勃发展,已经积累了丰厚的学术资源,至今仍然是学术研究的热点。这种状况给我们提出了关于意识形态研究的两个重要理论问题:一是在马克思主义中国化的过程中如何有效地引介与消化吸收国际学术界的优秀成果?二是如何在走向国际化的过程中更加有效地实现本土化的理论建构,并通过这些理论建构提高中国学术的话语权?这是本书研究的基本理论关怀。

从上述现实与理论需要出发,本书将展开一项在马克思主义理论指导下的、积极回应现实问题的意识形态研究。进而言之,在当前全面深化改革阶段,为了团结不同社会阶层,为了让主流意识形态更好地发挥作用,我们有必要对在当下能够有效发挥引领作用的意识形态进行具体的科学性的分析研究,这是本书的研究宗旨。而具体研究的议题,将围绕着意识形态的话语实践来展开。习近平总书记指出:"一种价值观要真正发挥作用,必须融入社会生活,让人们在实践中感知

---

① 习近平:《论党的宣传思想工作》,中央文献出版社2020年版,第14页。

它、领悟它。”[①]在这个意义上，推进国家治理现代化的一项重要内容是实现国家与社会的良性互动，因而，在治理场域中研究意识形态的话语实践主要基于其本身也是国家与社会互动的一个重要场域。进而言之，意识形态在国家与社会互动的具体场域中发挥功用，并且通过话语实践来实现。这里的“话语实践”是指意识形态话语的实际操作和发挥功用的具体状态。鉴于此，本书的核心问题是：在当前中国推进国家治理现代化的场域中，应该为实现国家与社会在意识形态话语实践中的良性互动提供怎样的知识准备？为了实现这个目标，要求在继承与发展马克思主义意识形态学说的基础上，吸收意识形态研究中话语分析研究传统的诸多洞见与方法，围绕国家与社会互动场域中的意识形态话语实践进行一系列的理论分析、建构与运用。这项研究旨在为推进新时代意识形态建设提供更为扎实的学术基础，以及在此基础上为推进马克思主义意识形态学说做贡献。

二、研究意义

（一）理论意义

本书着力于治理场域中意识形态话语实践的理论与方法研究，首先，尝试去解决一些该研究议题中存在的重要理论问题。例如，如何厘清如此复杂的意识形态概念；如何理顺话语分析在本体论与认识论上的内在张力和外部批判；如何消除当前国家与社会关系的哲学话语与政治话语之间的隔阂；如何把握国家与社会在意识形态话语实践中互动的关键特征与机制；等等。对这些问题的研究，有助于补充学界在这方面研究的不足。其次，本书尝试立足当前中国的问题意识，在

① 习近平：《把培育与践行社会主义核心价值观作为凝魂聚气、强基固本的基础工程》，《人民日报》2014 年 2 月 26 日第 1 版。

马克思主义立场上对意识形态话语分析方法进行分析性的引介，通过对该理论和方法的具体运用，来展示意识形态话语分析方法的解释潜力以及它在中国治理场域中运用的恰当性。

（二）现实意义

本书致力于为推进新时代中国特色社会主义意识形态建设提供一些基础性的理论与方法。当前，在中国推进国家治理体系与治理能力现代化的场域中，掌握和运用意识形态话语分析的理论与方法，有助于更好地实现国家与社会的良性互动。在此基础上，可以更加有效地发挥意识形态话语在国家治理中整合社会、动员群众参加集体行动的积极功能，建立有效的国家与社会话语冲突的化解机制，同时引导普通民众利益表达走向制度化与合法有序，这对构建社会主义和谐社会和推进国家治理体系与治理能力现代化具有重大意义。

第二节　国内外研究现状

意识形态研究已经跨越 200 多年了，但是一直纷繁复杂，莫衷一是，以至于被认为“有多少理论家就有多少意识形态理论”[①]。而且不同的意识形态研究又总是处于竞争或冲突之中，可以说“历史是各种相互补充的意识形态的战场”[②]。故有学者直接称之为“本质上可争议的”(essentially contestable)的概念，即对如何合理地使用该概念通常有着无穷的争论。[③]因此，结合本书核心议题，首先，仍然需要知其难而

① Eagleton T. *Ideology: An Introduction*. London: Verso, 1991: 1.

② 诺思：《经济史中的结构与变迁》，陈郁、罗华平等译，上海三联书店 1994 年版，第 58 页。

③ Gallie W B. “Essentially contested concepts”. *Proceedings of the Aristotelian Society*, 1955 (6): 167-198.

为之，简要梳理意识形态研究的主要线索，以确立本书研究应该追溯的传统。其次，检视话语分析在意识形态研究中的运用，以筛选本书可以运用的一些洞见与具体方法。最后，评述关于中国国家治理场域中意识形态建设与话语实践的研究文献，以落实本书需要进一步展开研究的具体研究对象与议题。

一、意识形态研究的两大传统

法国哲学家德·特拉西(de Tracy)为了创立一门研究观念的经验主义传统的新学科，于1796年创造了意识形态(ideology)概念。但是在被拿破仑指责为“虚幻的形而上学”后，意识形态概念便背负了“虚假意识”的“恶名”。马克思和恩格斯于1845—1846年撰写的《德意志意识形态》重新阐述了意识形态概念，使对它的研究逐渐成为一门显学。后来，从这种界定中发展出了两个研究传统：一是意识形态批判的传统，即一直将意识形态看作“虚假意识”；二是意识形态“中性”的传统，即关注意识形态最重要的是发挥什么样的功用。

(一)意识形态批判传统

由马克思、恩格斯[①]开创的意识形态批判传统影响深远，也一直在不断地发展。葛兰西(Gramsci)认为，意识形态具有心理上的合法性并决定着人的意识，这对社会结构关系可能具有长久的影响。这种观点被认为是葛兰西对传统马克思主义的重大贡献。[②]阿尔都塞(Althusser)使用将个体改造为主体的“召唤”概念来描述意识形态发挥作用的心理机制，即意识形态可以被视为个体与其真实的存在条件

---

① 后文中为了行文简洁，有时仅以马克思来代替二人。

② Daldal A. “Power and ideology in Michel Foucault and Antonio Gramsci: A comparative analysis”. *Review of History and Political Science*, 2014(2): 149-167.

之间的想象关系，而且作为主体的体验，其中所谓的“虚假意识”也是人们眨眼之间的真实意识。①其实，一直以来，主观的属性或者说偏见，被普遍认为是意识形态概念的一个要素，而且这个要素也帮助人们将意识形态与典型的无偏见概念（例如，科学、科学知识、科学理论）区分开来。②

近年来，对意识形态掩盖阶级统治关系功能的批判开始拓展到对包括种族、阶层、性别在内的、所有存在不平等权力的统治关系的批判。例如，认为研究意识形态就是研究意义服务于建立和支撑统治关系的方式。③从这个角度来看，意识形态可以被看作是自私的，具有维护与实现特定群体物质利益和象征利益的功能，包括对其他群体的支配权力以及从这种支配中获得的利益。因此，意识形态与权力、统治、冲突、竞争、社会对立和矛盾等问题有关。④正如费尔克拉夫（Fairclough）指出，意识形态“有助于建立、维持和改变社会权力关系”⑤，其中一些意识形态可能在权力关系中发挥合法支配或明确表达反抗的作用⑥。在这个脉络里，主导意识形态的力量依然被认为是巨大的。归功于意识形态神秘化的位置优势，通过神秘化，接收端的人们可能被诱导支持那些实际上对他们重要利益相当有害的价值观和实际政策。⑦ 当前仍然活跃的齐泽克（Žižek）等人极力呼吁要回归马

① Hirst P Q. “Althusser and the theory of ideology”. *Economy and Society*, 1976(4): 385-412.

② Fagerholm A. “Ideology: A proposal for a conceptual typology”. *Social Science Information*, 2016(2): 137-160.

③ 汤普森：《意识形态与现代文化》，高铦等译，译林出版社 2005 年版，第 62-63 页。

④ Persson E, Neto L M. “Ideology and discourse in the public sphere: A critical discourse analysis of public debates at a Brazilian public university”. *Discourse & Communication*, 2018(3): 278-306.

⑤ Fairclough N. *Analyzing Discourse: Textual Analysis for Social Research*. London: Routledge, 2003: 9.

⑥ van Dijk T. “Ideology and discourse analysis”. *Journal of Political Ideologies*, 2006(2): 115-140.

⑦ Mészáros I. *The Power of Ideology*. London, New York: Zed Books Ltd, 2005: 390.

克思的批判传统,去重振意识形态批判的活力。[①] 国内意识形态研究大多也继承了这种批判的传统,例如,认为只要存在思想和观念体系对人的统治和支配,就是意识形态现象。这些解释认为,意识形态"统治与支配"地位的形成,可以视作现实统治权力主体为了某种社会理想或政治秩序而依托国家权力采取一系列复杂的系统运作所建构的结果。

(二)意识形态"中性"的传统

当列宁等人提出"社会主义意识形态",并将它视为"科学的意识形态"时,"意识形态"概念便成了一种特定的思想体系,本身无褒贬之说。在这个意义上,可以说是将"意识形态"一词中性化了。尤其是随着意识形态逐渐从政治哲学范畴转向社会科学范畴,即成为实证研究的对象时,越来越多的学者开始从比较中性的角度来定义意识形态。例如,弗里登(Freeden)提出,只要有一些个人或群体相互竞争的政治社会存在,起到"行动导向"与"团体导向"功能的相对稳定的意识形态就会存在。[②]进入 21 世纪,这种主张也越来越多。一个代表性观点认为,不应该夸大意识形态现象"错觉""虚假意识""迷信"的方面,这些方面只是意识形态的次要特征。其实,意识形态是社会结构与社会认知的交互面,一个群体的成员在社会上共有的更基本的思想和信仰体系。[③]目前国内相当多的学者是从中性的角度来使用意识形态概念的,而且多为功能视角,即认为意识形态能为社会提供一整套知识、思想和价值信仰系统。这些观点的区别主要在于要么强调意识形态的功

---

① 齐泽克、阿多尔诺等:《图绘意识形态》,方杰译,南京大学出版社 2002 年版,第 9 页。

② Freeden M. *Ideologies and Political Theory: A Conceptual Approach*. Oxford: Oxford University Press,1996:106.

③ Persson E,Neto L M. "Ideology and discourse in the public sphere: A critical discourse analysis of public debates at a Brazilian public university". *Discourse & Communicatio*,2018(3):278-306.

能，如认为在现代社会，意识形态具有合法化、政治动员、政治论证和政治团结等功能[①]；要么强调意识形态担负着社会整合功能。在这个维度上，普遍的观点是不管如何理解，归根到底，“意识形态都是一种用于识别政治立场的观念体系”[②]。

（三）评论

意识形态研究的两大传统当然不足以概括意识形态研究各种复杂的取向与范式，以及它们内部的激烈争论与分歧。究竟如何去把握这些迷阵般的取向与范式？究竟该如何去选择具体的立场？如何去界定契合该研究问题意识的意识形态概念？这些问题是有待解决的。

二、话语分析在意识形态研究中的运用

（一）意识形态研究的话语分析转向

20 世纪上半叶哲学开始语言学转向之后，曾以修辞学和诗学为代表的传统话语研究迎来了以“话语分析”方法论为标志的重大转向。随后，分析哲学和解释学在拓宽语言（或话语）的性质和功能等方面做出了诸多贡献，也促成话语分析具有了后结构主义的一些基本主张。意识形态话语分析在这个过程中不断得到发展。其实，马克思、恩格斯很早就洞察到语言与意识的深刻联系，提出了阶级语言论。随后，把意识形态视为话语进行研究逐渐成为西方马克思主义理论的一个研究传统。拜肖（Pecheux）明确地将话语的语言分析与权力分析联系在一起，认为意识形态话语有助于现有权力关系的再现。但是，这种类型的话语理论仍然偏向语言分析，并且意识形态和权力的关系并未

① 黄新华：《当代意识形态研究：一个文献综述》，《政治学研究》2003 年第 3 期。
② 赵可金、马钰：《全球意识形态大变局中的人类命运共同体》，《国际论坛》2020 年第 2 期。

被理论化。[①]随后，汤普森(Thompson)提出语言是社会世界中起到动员作用的主要媒介之一，因而语言分析应该被视作是意识形态研究的核心。[②] 这时，学者们也将意识形态视作一种“话语或符号学现象”，话语实践分析开始成为所有意识形态研究最喜欢的工具。[③] 而且意识形态的转变也被认为是对同一时间复杂的结构的语言转换，并涉及一整套的语言机制。[④] 无论出发点和理据有多么不同，最后殊途同归，学者们都把话语分析与意识形态研究紧紧地联系在一起了。

(二)意识形态的批判话语分析

20世纪八九十年兴起的批判话语分析认为，意识形态是代表和建构社会的特殊方式，它再现了不平等的权力关系、统治和剥削关系。批判话语分析研究者提出，通过重新关注在社会中的言语，将意识形态作为一个新的调查手段，并且要形成一个属于意识形态自己的研究领域。[⑤] 批判语言学家将话语的概念扩展到包括口头和书面语言。最重要的是，它声称语言不能独立于其社会和政治功能进行分析，从此与纯粹的语言话语分析分道扬镳。由此，费尔克拉夫指出，意识形态“是使现有关系和权力差异合法化的手段”，它们“普遍存在于语言中”。[⑥]

在功能上，无论是在宏观层面的社会定位和社会关系再生产，还是日常生活中社会成员间的话语互动，意识形态都被认为起着至关重

---

① Janoski T, Alford R, Hicks A, et al. *The Handbook of Political Sociology: States, Civil Societes, and Globalization*. Cambridge: Cambridge University Press, 2005: 123-156.

② Thompson J B. “Language and ideology-A framework for analysis”. *The Sociological Review*, 1987(3): 516-536.

③ Eagleton T. *Ideology: An Introduction*. London: Verso, 1991: 194.

④ Kress G R, Trew A A. “Ideological transformation of discourse; or how the *Sunday Times* got its message across”. *Sociological Review*, 1978(4): 755-776.

⑤ de Beaugrande R. “Discourse studies and the ideology of ‘liberalism’”. *Discourse Studies*, 1999(3): 259-295.

⑥ Fairclough N. *Language and Power*. London: Longman, 1989: 2-3.

要的作用。[①] 换句话说，话语做的是思想工作，即“意识形态在其成员的社会实践中得以表达和普遍再现，尤其是通过话语获得、确认、改变和延续”[②]。在实现机制上，主导意识形态除了在大众媒体和公共话语中无处不在，也经常在其主要策略、话语和内容中呈现神秘化、虚假、扭曲、伪装和操纵的形态。为了保持其主导地位，意识形态化的过程是必需的。例如，通过对主导思想和信仰的普遍化、自然化、神秘化的操作和表象的掩饰和操纵，维护权力关系的话语中体现的常识和意义。[③]

（三）当代意识形态话语分析的议题

当代的话语分析研究越来越多地关注意识形态的研究。话语理论是跨学科的尝试，其逐渐地将语言学和诠释学的中心见解与社会和政治科学的中心见解结合起来，因此，研究议题也越来越转向社会与政治科学等。首先，如何通过话语实现意识形态的最主要功能——合法化功能，一直是意识形态话语分析的关键议题。20 世纪 90 年代，有学者用自然化（naturalized，描述一种观念逐渐成为常识的过程）概念来代替合法化[④]，而范・鲁文（van Leeuwen）提出了一套处理话语合法化问题的类型学分析，包括了授权、道德评价、合理化和神话故事等。[⑤] 随后，雷耶斯（Reyes）发展了范・鲁文的研究，提出五种关键的合法化策略，分别为情感（特别是恐惧）、假设性未来、理性、专业的声音和利

---

① van Dijk T. “Discourse semantics and ideology”. *Discourse & Society*, 1995(2): 243-289.

② van Dijk T. “Ideology and discourse analysis”. *Journal of Political Ideologies*, 2006(2): 115-140.

③ Persson E, Neto L M. “Ideology and discourse in the public sphere: A critical discourse analysis of public debates at a Brazilian public university”. *Discourse & Communication*, 2018(3): 278-306.

④ Heather J. “Suit, tie and a touch of juju-The ideological construction of Africa: A critical discourse analysis of news on Africa in the British press”. *Discourse & Society*, 1995(4): 461-494.

⑤ van Leeuwen T. “Legitimation in discourse and communication”. *Discourse & Communication*, 2007(1): 91-112.

他主义。[①]其次，各个领域日常生活中的意识形态话语实践也得到研究者越来越多的关注。例如，布克哈特（Burkhardt）提出有必要建立政治学与语言学交叉的“政治语言学”，虽然没有产生很大的反响，但是这种尝试还是一直被津津乐道。[②] 除了政治领域，一个更加开阔的日常生活领域也不断出现在意识形态的话语研究中，如企业和组织中的日常生活话语也成了研究对象。[③] 最后，随着全球化和信息时代的到来，各种政治或社会冲突也越来越多地围绕话语所建构的身份展开，身份政治成了意识形态话语分析研究的重点。在这种背景下，意识形态开始被看作是一种重要的动员行动者参与集体活动的文化资源，因此需要通过使用社会语言学分析来阐明意识形态的动员能力。[④] 拉克劳（Laclau）和墨菲（Mouffe）的后结构主义话语理论发展成为一种新型的后现代政治社会学。[⑤]受此启发，汉森（Hansen）在国际关系研究中提出了政策与身份结合的理论模式。[⑥]

相比之下，国内近年来研究意识形态的文献中，很少看到对话语分析的运用。代表性的研究主要包括戴长征对在基层治理中意识形态话语结构的特征和功能化的讨论，以及它们在当代中国基层政治体制和活动中的运行机制。[⑦] 纪程描述了 20 世纪中叶以来，中国共产党

---

① Reyes A. “Strategies of legitimization in political discourse: From words to actions”. *Discourse Society*, 2011(6):781-807.

② 沃达克:《话语 · 政治 · 日常生活》，黄敏、田海龙译，浙江大学出版社 2019 年版，第 9 页。

③ Molloy K A, Heath R G. “Bridge discourses and organizational ideologies: Managing spiritual and secular communication in a faith-based nonprofit organization”. *International Journal of Business Communication*, 2014(4):386-408.

④ Platt G M, Williams R H. “Ideological language and social movement mobilization: A sociolinguistic analysis of segregationists' ideologies”. *Sociological Theory*, 2002(3):328-359.

⑤ Janoski T, Alford R, Hicks A, et al. *The Handbook of Political Sociology: States, Civil Societes, and Globalization*. Cambridge: Cambridge University Press, 2005:97-117.

⑥ 详细讨论参见汉森:《作为实践的安全:话语分析与波斯尼亚危机》，孙吉胜、梅琼译，世界知识出版社 2016 年版。

⑦ 戴长征:《意识形态话语结构:当代中国基层政治运作的符号空间》,《中国人民大学学报》2010 年第 4 期。

以政党和国家的意识形态话语对乡村社会的动员与改造以及乡村社会所做的回应。[①] 其他为数不多的研究主要集中于对意识形态话语权相关议题的研究。[②]

总之，意识形态首先是通过话语的形式存在，所以需要借助话语分析以及解释话语与意识形态内在的一致性来研究意识形态。以上的文献回顾无疑充分显示了这种特征，而且展示了话语分析解释力方面的丰富性。但是话语分析方法依附于建构主义的本体论、认识论基础，难免带有与生俱来的一些困境。例如，话语分析在“结构与能动”的张力中摇摆不定，面孔模糊，这给研究者留下了巨大的争论空间。另外，话语与意识形态毕竟是两个东西，究竟哪些话语可以作为意识形态来研究，判断的标准存在较大的模糊性，由此话语分析容易被诟病为意识形态过度阐释的倾向。研究中还有一个比较棘手的问题就是需要解释的话语本身是一个已经被主体解释过的对象，这让话语分析变得复杂起来。这些问题一起构成了话语分析作为方法论的边界，因而需要不断地去突破和发展。

三、国家治理现代化视域下的意识形态研究

新时代是一个全球化、市场化和信息化的时代，也是一个大变革、大发展和大调整的时代。国际范围内各个领域的竞争加剧，国内处于社会快速发展和转型时期，利益、观念等方面的分化与冲突也日益复杂。在这种背景下，新的国家治理理念与治理方式不断涌现，意识形态建设也要积极回应这些新问题和新要求。

在这种背景下，有学者提出需要“认真研究国家治理过程中出现

---

① 详细讨论参见纪程：《话语政治：中国乡村社会变迁中的符号权力运作》，中国社会科学出版社 2011 版。

② 杨昕：《当代中国意识形态话语权研究述评》，《探索》2012 年第 3 期。

的新问题，在马克思主义话语框架下做出学理阐释，及时提出和运用新思想、新理念、新办法"[①]。鉴于此，吴育林和赵悦彤提出"意识形态的治理转向"这个重要命题，旨在"创新新时代意识形态治理空间控制路径、实践引领机制和话语解释体系"。[②] 在同样的思路里，张敏提出，要从现代治理视角合理建构我国意识形态，并创造了"治理型意识形态"概念，用来概括新时代意识形态的基本特征。[③]与现代治理的主体多元和途径多元要求相一致，意识形态建设也要能够起到"高效整合社会资源，凝聚全社会共识"的作用。[④] 据此，任剑涛和朱丹主张，应该把意识形态与国家治理绩效充分结合起来思考，从国家治理绩效的角度来思考如何进行意识形态的调适。[⑤] 在大数据时代，尤其要"实现意识形态治理与大数据的深度契合……不断增强主流意识形态的吸引力、凝聚力与说服力"[⑥]。此外，意识形态安全的议题也越来越受学界的关注，一个代表性的观点认为，应该及时将"治理理念"引入意识形态安全问题中。[⑦]

西方学界的中国意识形态研究也比较关注中国改革开放后的意识形态变迁问题，而且多采取"合法性构建"的视角。例如，认为改革开放后的意识形态开始将"为民众谋取更多更好的利益"作为新的合法性基础[⑧]，而且力图实现意识形态在结构与功能上灵活性与连续性

① 朱文琦、祝志男：《国家治理效能：基于意识形态视角的分析》，《求实》2020年第3期。

② 吴育林、赵悦彤：《人民主体性的意识形态当代治理：一个微观分析视角》，《思想战线》2020年第5期。

③ 张敏：《转型中国治理型意识形态的构建》，《江汉论坛》2017年第2期。

④ 杨仁忠、赵梦宸：《新时代意识形态治理理念的基本意蕴及其创新价值》，《河南师范大学学报(哲学社会科学版)》2019年第3期。

⑤ 任剑涛、朱丹：《意识形态与国家治理绩效》，《学海》2018年第2期。

⑥ 肖唤元、秦龙：《论大数据与意识形态治理》，《社会主义研究》2016年第2期。

⑦ 傅丽、梁丽萍：《国家安全治理体系现代化的观念与制度分析——以国家意识形态安全治理为视角》，《甘肃政法学院学报》2018年第6期。

⑧ 李侃如：《治理中国：从革命到改革》，胡国成、赵梅译，中国社会科学出版社2010年版，第70页、第192页、第193页、第142页。

之间的动态平衡[①]。有学者认为，这种变迁的力度还是很大的，即改革开放后创造了以“中国特色”为标志的新意识形态，同时也使意识形态的性质与功能发生重要变化，即越来越重视将其作为一种事后为政策决策论证和辩护的工具。[②] 值得注意的是，这些研究是从西方视角来分析的，所使用的分析框架主要是意识形态的合法性功能，显得比较单一，而且没有看到意识形态在中国改革开放中更为深远的意义和可以展开研究的空间。

总体上看，对改革开放前后意识形态变迁的研究比较充分，但是对新时代意识形态变迁问题的研究还是比较薄弱。虽然大家都对意识形态建设与国家治理现代化的密切关系有基本的共识，但是如何在理论上去做深入思考的工作还处于起步阶段。因此，首先要提高意识形态研究的理论水平，其次要采用一些新的研究方法。下文还将就这些议题展开更为全面而深入的讨论，致力于在更好地继承与发展马克思主义意识形态学说的基础上，吸收意识形态研究中话语分析研究传统的诸多洞见与方法，为推进国家治理现代化的意识形态建设提供一些必要的知识准备。

第三节　研究思路与方法

当前，在推进国家治理现代化的场域中，本书目标是为国家与社会在意识形态话语实践中实现良性互动和共同进步提供一些重要的

① 霍尔比格：《当代中国的意识形态重构：决定因素、进展和局限》，吕增奎译，《国外理论动态》2009 年第 12 期。

② 沈大伟：《中国共产党：收缩与调适》，吕增奎、王新颖译，中央编译出版社 2012 年版，第 151-153 页。

基础性知识。为实现此目标，需要在继承与发展马克思主义意识形态学说的基础上，吸收意识形态研究中话语分析研究传统的诸多洞见与方法，围绕国家与社会互动场域中的意识形态话语实践进行一系列的理论分析、建构与运用。

一、研究思路

本书是围绕国家与社会在意识形态话语实践中实现良性互动和共同进步这个中心议题，从一个话语分析的理论视角所展开的，涵盖了理论分析、建构与运用的一项综合研究。

（一）理论分析与建构

理论分析与建构由三个部分构成，一是意识形态的概念谱系分析，二是治理场域中意识形态的话语分析，三是治理场域中国家与社会关系的话语建构。三部分组合起来形成一个研究治理场域中意识形态话语实践的相对完整的理论框架。

第一，意识形态的概念谱系分析。主要从马克思主义唯物论出发梳理意识形态纷繁复杂的概念谱系，并从"国家—社会""批判—建构""观念—实践"三个维度构建意识形态概念的分布空间。根据这个分布空间能够更加清晰地在马克思主义唯物论的基础上对意识形态概念进行重新界定，既能够继承马克思主义意识形态批判和建构两个充满张力的面向，又能够用于当下为更好地发挥主流意识形态的引领作用而展开的具体的科学性的分析研究。

第二，治理场域中意识形态的话语分析。通过学术史的梳理来了解意识形态研究的话语转向过程中经历了哪些争论，以及这些思想的碰撞中蕴含了哪些洞见，据此可以使我们在运用话语分析研究意识形态时，更加清楚这项研究的长处和边界在哪里，尤其在当前中国语境里，这些是必不可少的前提条件。

第三，治理场域中国家与社会关系的话语建构。本书强调意识形态的话语实践是在国家与社会互动的各种层次的场域里展开的，因此需要对国家与社会这一对重要的概念范畴进一步展开讨论。对国家与社会关系的讨论，大致具有哲学话语与政治话语两种大的话语模式。当前学者更多的是使用政治话语模式来讨论国家与社会，即把国家与社会关系化约为权力结构的重要维度。这忽视了其哲学话语所揭示的更深层次的一些结构性根源，尤其是马克思、恩格斯在唯物论基础上对国家与社会关系的深刻洞见。因此，需要将政治话语与哲学话语结合起来，才可以尽可能做到对国家与社会关系的完整把握。

（二）理论运用

理论的运用部分需要讨论意识形态运行的具体机制和功能。结合当前现实情况，亟须探讨意识形态与国家治理、社会治理、媒介化治理、政治秩序等之间的相互关系以及相应的机制和功能等问题。这些讨论均围绕中国新发展阶段在国家治理现代化场域中如何更加科学地进行中国特色社会主义意识形态建设这个主题展开。

第一，意识形态与国家治理。这部分内容主要吸收前面各章的洞见，围绕国家与社会互动场域中的意识形态话语实践，讨论意识形态与国家治理的深刻关联。一是讨论在中国语境中，国家治理概念的提出及其要解决的核心问题。二是讨论国家治理现代化进程中，意识形态结构与功能在不同阶段的调适以及蕴含其中的一些机制。

第二，社会治理中的意识形态话语实践。一是梳理“社会治理”话语体系是如何建构的，着重进行社会治理中国家与社会互动模式的类型分析，以及初步提出关于社会治理中意识形态话语实践的分析框架。二是在上述理论框架的基础上进行一个典型的社会治理案例分析，即对“枫桥经验”历经半个多世纪的话语实践进行描述与分析，探究对它的话语建构为推进社会治理现代化提供了什么样的治理图景。

第三，意识形态与媒介化治理。我国当前把社会治理现代化和新媒体建设均视作国家发展战略部署，说明媒介在文化和社会中的重要性日渐增强，体现了变化的趋势与状况。在这种背景下，讨论意识形态与媒介化治理的关系具有深远的意义。其中重点探讨社会治理场域中媒介权力的嵌入与重构，以及意识形态与新闻传播高度耦合关系的重塑等基础议题。

第四，意识形态与政治秩序。在治理场域中，意识形态发挥作用的诸多机制主要可以归结为政治共识的达成，以及在此基础上的政治忠诚的塑造。政治共识与政治忠诚可以说是相辅相成、互相补充的两个机制，在连接意识形态和政治秩序的环节中起着至关重要的作用。政治共识的达成在当前利益和价值越来越多元化、社会也日益分化的阶段尤为重要。政治共识的形成过程也集中体现为国家与社会在意识形态话语实践中的持续互动。意识形态与政治秩序的关系主要体现为政治忠诚与政治秩序之间的关系，而且为了实现良好的政治秩序应该构建科学的政治忠诚话语体系。

二、研究方法

（一）马克思主义唯物史观的基本方法

本书是在马克思主义唯物史观指导下所展开的一项研究。唯物主义历史观研究方法是从一个科学论断开始的，即“生产以及随生产而来的产品交换是一切社会制度的基础；在每个历史地出现的社会中，产品分配以及和它相伴随的社会之划分为阶级或等级，是由生产什么、怎样生产以及怎样交换产品来决定的”[①]。在这个基础上构建起来的一整套科学的、系统的、不断发展的唯物史观,其核心内容可以概括成两个方面,即“一方面从人们的社会存在来论证人们意识的形成……另一方面从人们最基本的满足生存需要的生产活动及其生产方式来论证社会的经济基础和上层建筑”[②]。具体在方法论上,唯物史观坚持认为,在诸多社会实践所普遍存在的因果关系中,生产力与生产关系具有解释上的优先性。后来也开始融合了一些中观理论的研究方法,去探究确保这种优先性的机制有哪些。在这个过程中,意识形态作为意向机制发挥了行动者的主观能动性。例如认为,“我们可以假定,在某个已知的社会中,一套特定的生产关系之所以会取得主导地位,是源自该社会内部的发展过程,而在这样的过程中,阶级利益与意识形态表征是行动者的主要动机来源”[③]。这样就有效地克服了对唯物史观过于决定论色彩的批评。唯物史观的研究方法也通过有效地处理结构与行动者的关系来展示其科学性。该方法不仅是本书贯穿始终所使用的基本方法,同时也贯穿于本书所运用的其他一些具体方法。这些具体方法主要包括分析哲学、话语分析与历史社会学等研究方法。

(二)分析哲学的研究方法

分析哲学的根本特征是突出“分析”的方法在哲学研究中的首要地位,但是哲学家对“分析”方法的界定也是多种多样的。这里无意去梳理这些复杂的内部争论,只是抓住该方法最突出的特征与要求,即

---

① 《马克思恩格斯文集(第三卷)》,中共中央马克思恩格斯列宁斯大林著作编译局译,人民出版社2009年版,第547页。

② 魏小萍:《关于唯物史观理论的再认识——根据对〈德意志意识形态〉(MEGA2试行版)的重新解读》,《哲学研究》2009年第3期。

③ 柯林尼可斯:《创造历史:社会理论中的行动、结构与变迁》,万毓泽译,群学出版有限公司2007年版,第34页。

一是对表达的清晰性要求高，二是强调对现代逻辑的使用。这两个特征具有内在的一致性。清晰性实际上依托于运用现代逻辑，而且都通过语言（话语）形式呈现出来。分析方法致力于语言表达的清晰性和思想的可理解性。20 世纪 70 年代分析哲学学派中的马克思主义者创立了“分析的马克思主义”学派，他们倡导用分析哲学的方法分析马克思主义的基本理论，产生了很大的影响。但是限于“自身对问题理解的狭隘性，以及逻辑上的形式主义”[①]，代表该学派的学术共同体最后都销声匿迹了。尽管如此，“它所带给我们的分析方法和对理性主义的强调，在一定意义上能够有助于马克思主义哲学向着更加科学和客观的方向发展”[②]。鉴于此，本书也努力遵循分析哲学以及马克思主义在方法论上的基本要求。尽管文中没有用到分析哲学常用的一些术语，但是表述和论证方式是以内在的方式在使用它们。

（三）意识形态话语分析的研究方法

意识形态话语分析的研究方法是一种勾连了宏观与微观（包括中观）视角的综合性研究方法。其中，意识形态可以被理解为现实的意义或建构。在研究方法上，任何意识形态的话语事件都被同时看作是一个文本，一个话语实践的实例，以及一个社会实践的实例。“意识形态的话语实践”可以说衔接了“文本向度”“话语实践向度”和“社会实践向度”三个向度的研究。此外，意识形态的话语实践牵涉文本生成、分配和消费的过程，也是国家与社会互动的领域、载体或纽带。在国家与社会互动的场域中，意识形态的功能发挥是通过一个个具体场域的话语实践来实现的。国家意识形态的话语模式是与社会日常生活的话语模式之间遭遇、冲突、融合、利用和控制等一系列的互动过程。

① 魏小萍：《分析的马克思主义是否终结?》，《理论视野》2012 年第 12 期。

② 魏小萍：《分析的马克思主义是否终结?》，《理论视野》2012 年第 12 期。

(四)历史社会学的研究方法

第二次世界大战之后,历史社会学开始作为一个总体性的研究流派逐渐成熟起来。但从起源上看,马克思主义的唯物史观开创了最早的研究传统。在方法论上,历史社会学融合了历史学和社会学两个维度。首先,在历史学维度上,强调对长时段的历史事件和过程进行研究,而且通常采用宏观的历史比较研究以及对历史事件的历时性比较研究。其次,在社会学维度上,强调通过揭示社会现象内在的逻辑、结构、规律与因果联系来构建解释历史的概念和理论模型。本书采用建立在历史唯物论基础上的历史社会学方法,并通过对这种方法的运用挖掘马克思主义在方法论维度上的巨大潜力。

三、创新之处

本书的创新之处体现在以下四个方面。

第一,从马克思主义唯物论立场出发提出了一个更具有分析和操作价值的意识形态概念。本书主要从历史唯物论立场的结构与行动者关系出发,重新审视了意识形态的概念,并提出一个统摄性的意识形态概念,即"在国家与社会互动的各种层次的场域里,作为体现群体利益的话语体系,意识形态召唤或征求个体形成相同的社会认同而聚现为集体状态,从而可以通过协调一致的集体行动,实现共同体目标"。总体上,这种定义抓住了意识形态的一些关键功能与机制,如回归马克思的最初主张,并以一种更加抽象、更具解释力的方式继承了马克思主义意识形态批判和建构两个充满张力的面向,既有助于发挥它在国家治理现代化进程中的建构功能,也涵盖了对人类社会普遍面临的现代性困难,尤其是对资本主义社会新问题的批判功能。

第二,弥补了国内学界对意识形态话语分析理论与方法在引介和反思方面的不足。意识形态话语分析有着比较长的学术历程，而且已经发展得比较成熟，但是对于中国意识形态研究而言，对它的引介、反思与运用还是很不够的。本书较为系统地梳理了意识形态话语分析方法的演进历史，在叙述方式上创新地使用了三条交织一起的主线索，即话语分析所蕴含的在"结构—能动""国家—社会""批判—建构"三个维度上的充满张力的竞争与冲突。此外，本书提出发端于马克思的内在批判方法可以有效地应对外部质疑意识形态话语分析的逻辑自洽等问题。这些工作为科学有效地运用话语分析奠定了一些认识论基础。

第三，采取新视角梳理了国家与社会关系从哲学话语到政治话语的变迁以及它们的内在关联性。国家与社会关系是意识形态话语分析中的一条主线，也在不同的话语体系中被建构，被赋予丰富的内涵与关系模式。本书在梳理中发现，国家与社会关系的讨论主要是在哲学话语和政治话语两个话语体系中展开的。其中，哲学话语中马克思对黑格尔市民社会理论的根本性改造，将其在伦理形式上的国家与社会拉回到了唯物论的基础上；而政治话语则阐明了国家与社会关系的权力结构以及与社会秩序的因果关联。仅仅使用政治话语模式来讨论国家与社会关系是不完整的，因为它忽视了这种关系背后的生产力和社会关系因素的决定性作用，应该结合马克思主义关于国家与生活的哲学话语所揭示的更深层次的一些结构性根源。

第四，围绕媒介权力、新闻传播、政治秩序等关键概念推进了治理场域中意识形态话语实践的理论建构工作。在推进国家治理体系和治理能力现代化的背景下，目前学界在各种治理场域中的意识形态话语实践研究总体上还是比较薄弱的。这种状况集中体现在其理论建构与分析框架的设置等方面还有待推进，其中媒介化治理场域中的意识形态话语实践研究尤为欠缺。对此，本书一是尝试推进了对治理场域中意识形态话语实践的分析框架的建构工作,并用案例研究检验了这种分析路径的有效性。二是尝试在社会治理场域中嵌入与重构媒介权力,以及在意识形态与新闻传播高度耦合关系的重塑等基础议题上提出了新的知识图式。三是在国际历时比较的基础上,围绕实现良好政治秩序的政治忠诚话语体系应该如何构建的问题,提出了一些重要的命题与建议。

第二章　意识形态的概念谱系

意识形态概念诞生200多年来，对它的讨论纷繁复杂，莫衷一是，甚至被认为"在整个社会科学中是最难把握的概念"[①]。换言之，它也是"本质上可争议的"(essentially contestable)的概念，即对如何合理地使用该概念通常有着无穷的争论。[②] 对此，汤普森认为意识形态概念依然如此含糊。齐泽克等人甚至称定义意识形态本身也是一种意识形态行为。[③] 不管它怎样难以界定，无论在理论上还是实践上，意识形态概念的重要性仍然是一般的学术概念难以比拟的。可以说意识形态"发展至今，该术语在当今最常被理解为影响政治或某些社会行为者行为的概念性原则"[④]。鉴于此，厘清意识形态复杂的概念显得尤为重要。

对此已有诸多努力，但总体上并不令人满意。很多的定义都简单

---

① 麦克里兰：《意识形态》，孔兆政、蒋龙翔译，吉林人民出版社2005年版，第1页。

② Gallie W B. "Essentially contested concepts". *Proceedings of the Aristotelian Society*, 1955(6): 167-198.

③ 齐泽克、阿多尔诺等：《图绘意识形态》，方杰译，南京大学出版社2002年版，第25页。

④ Fagerholm A. "Ideology. A proposal for a conceptual typology". *Social Science Information*, 2016(2): 137-160.

而片面，甚至仍存在着对意识形态做出各种不同的甚至自相矛盾的定义。[①] 造成这些状况的原因很大程度上在于缺乏一个清晰的分析框架去统摄众多纷繁复杂的概念界定。鉴于此，本章所做的努力就是画一张相对清晰的、关于如何界定意识形态概念的知识版图。在这个脉络里，马克思主义意识形态的基本主张既是这个知识版图的重要部分，也为如何“分疆定界”提供重要的知识基础。

不管多么纷繁复杂，所有被界定为意识形态的“现象”，至少是围绕着以下三个维度展开：首先，“国家—社会”关系作为人类社会政治秩序的主要内容，自然构成了界定意识形态概念的第一个重要维度。在这个关系框架里，意识形态通常被认为具有承担国家与社会之间心理连接功能的基本属性。但是在具体对意识形态概念进行界定时，有国家视角与社会视角之分。其中，国家视角的界定认为，只有国家层面才有意识形态，或称为主流意识形态，其他的只能是社会意识；而社会视角的界定认为，社会中只要存在有边界的群体，该群体就有自己的意识形态。

其次，无论马克思主义的传统还是知识社会学等相关学科的研究范式，都以厘清意识形态与社会存在的复杂关系为理论基础。由此又引出了在功能和形式上两个层面的意识形态概念谱系，即它们存在着“批判—建构”与“观念—实践”两个维度上的诸多分野。其中，在“批判—建构”维度上，坚持“批判视角”的是一条注重讨论认识真假的认识论传统；而坚持“建构视角”的则是另一条关注意识社会功用胜于关注意识真实性或非真实性的社会学传统。在“观念—实践”维度上，坚持“观念视角”的仅仅承认意识形态是一套观念体系，而坚持“实践视

① 例如认为意识形态“不仅是教条的和独断的，而且是先验的和抽象的，还是（中性的或肯定的）描述性含义尴尬共处的状况。”参见 Williams R. *Marxism and Literature*. Oxford: Oxford University Press，1977：55，57，70。

角”的则认为意识形态也是话语实践以及社会实践的一部分。

至此，纷繁复杂的意识形态概念可以大致视作均是围绕“国家—社会”“批判—建构”“观念—实践”三个维度，在不同的视角与位置上予以界定的，其复杂性还在于很多的界定需要通过诸多维度来展示其关键特征，甚至有的一直处在不同维度上的移动与变化中。由此，本章试图循着这三个维度来铺陈意识形态的概念谱系，并在这个基础上阐明如何科学地把握意识形态的概念。

第一节　“国家—社会”维度上的概念谱系

对国家与社会之间关系的讨论，构成了马克思主义国家学说的核心内容。这是马克思在扬弃黑格尔“国家与社会”理论的基础上发展而来的。从马克思开始，“国家”被界定为公共权力的载体，与主要体现为经济生活领域的社会相对应，这种公共权力往往带有强制甚至是暴力的特征，由诸如政府、警察、监狱等国家机器作为保障。这种对国家与社会的关系范畴的界定开启了一个新的研究范式，产生了深远的学术影响，直到今天，所有相关研究都绕不开与这些思考的理论对话。

这种国家与社会关系逐渐得到清晰的阐释并成为一个重要的研究范式与传统，是与当时工业革命、社会转型和民族国家形成等时代巨变背景息息相关的。也是在这样的脉络里，意识形态作为学术概念应运而生，并激发了一代又一代学者们的热情。例如，巴拉达特(Baradat)认为，意识形态概念是工业革命的产物，因为在工业社会，人们“背井离乡”加入由陌生人组成的城市，于是出现了庞大的、原子化的“大众社会”。在这个基础上，被现代政府用来动员民众加入集体行动以实现政府目标的意识形态产生了。[①] 这些相关论述均表明意识形态发挥作用的机制是在国家与社会的互动过程中展开的。也因此，在意识形态的概念谱系上，“国家—社会”构成了第一个重要维度。

一、国家视角的意识形态

马克思指出，意识形态是伴随着国家出现的、以国家最高利益面貌出现的、维护统治阶级地位的统治阶级思想。在这个意义上，意识形态研究的主流观点一直以来是以国家视角开展的，即认为仅有国家层面的意识形态，并没有社会层面的意识形态。体现在阶级社会里，意识形态仅仅是统治阶级的事，而被统治阶级是没有体现自身阶级利益的意识形态的，有的只能被称作社会意识或社会思潮。

随后，葛兰西提出了意识形态领导权理论，直接将权力制度系统与意识形态系统作为国家上层建筑的两个组成部分。在这个基础上，阿尔都塞提出“意识形态国家机器”概念，认为国家权力的实施仅仅依靠强制性和镇压性国家机器是远远不够的，也要依靠包括宗教、法律、政治、教育、传媒和文化等诸多方面的意识形态国家机器。而且该概念的重要性在于其明确了任何一个阶级如果不能掌握意识形态国家机器，就很难掌握政权。

这种国家视角的意识形态概念界定也一直是政治学意识形态研究的传统。在政治学传统中，意识形态的功能主要集中于提供或巩固政治合法性基础。简而言之，合法性意味着广大民众对现有秩序的认同、忠诚和信任，而且主要是通过提供价值体系来实现对维持一个政

① 巴拉达特：《意识形态：起源和影响》，张慧芝、张露璐译，世界图书出版公司 2010 年版，第 3-7 页。

治体系所必要的政治认同、忠诚和信任等要素的支持。而这么重要的价值体系是如何构建的？这时意识形态的功能就体现出来了。

二、社会视角的意识形态

社会视角的界定拓宽了意识形态的主体范围，认为不是只有国家层面的意识形态。相反，只要一个社会群体需要去建构他们的群体身份、利益、目标、价值以及由此可以动员、整合群体的集体行动，那么承担这种功能的观念体系就是该群体的意识形态。这种社会视角的意识形态概念，反映的是社会利益和价值越来越高度分化的现实状况，即大量出现沿着诸多的社会边界（例如种族、地缘、业缘、血缘等）而形成的从利益到价值等各个维度上存在差异或冲突的社会群体，并成为普遍的社会现象。在这种最广泛的意义上，意识形态被界定为“是由一个社会群体成员所共享的一般性的基本思想体系，是将影响他们对社会事件和局势的诠释，并控制其话语以及作为群体成员的其他社会实践的思想”①。

这种对意识形态的社会认知属性的强调，也延续了知识社会学的传统，认为意识形态就是特定社会群体共享的心理表征，在他们身份、行动、目标、规范和价值以及群体资源等方面形成共同的界说，有助于他们在社会生活主要事件的阐述和集体行动的参与等方面协调一致。故此，意识形态的功能被认为是服务或捍卫特定群体利益，而且这种观点也越来越普及。

① 梵·迪克：《话语研究：多学科导论》，周翔译，重庆大学出版社2015年版，第344页。

第二节 “批判—建构”维度上的概念谱系

为了解决法国大革命之后社会思潮混乱的问题，法国哲学家德·特拉西延续法国经验主义传统，创立了意识形态概念，用来命名一个专门新学科——观念科学，目标是为一切观念的产生提供一个真正科学的哲学基础。由此可见，意识形态诞生时是被赋予了肯定、正面色彩的、一种面对社会变革的观念范式。正是这种“拨乱反正”的目标使意识形态成为“具有号召力、战斗力和批判性的思想学说，被运用到社会实践与政治革命之中”[①]。在这种意义上，意识形态概念从诞生起就具有批判功能。吊诡的是，意识形态的正面形象很快被破坏，尤其是被与德·特拉西相龃龉的拿破仑指责为“虚幻的形而上学”。拿破仑的这种指责影响深远，甚至有学者认为“意识形态”的词义、价值色彩从此被扭转。

在《德意志意识形态》这部标志着唯物史观的创立和马克思主义哲学走向成熟的著作中，马克思、恩格斯第一次使用“意识形态”概念，并真正地从批判视角建立了马克思主义的意识形态理论。马克思对意识形态概念的界定也很复杂，可以说是同时开启了“批判—建构”这两个充满张力的传统。之后的学者对意识形态概念的界定，从功能的角度看，基本上都是围绕“批判—建构”两个视角展开。其中，批判视角的意识形态聚焦于揭示意识形态的“虚假性”，尤其是揭示其所辩护或掩饰的不平等权力关系，而建构视角则采取中性的角度，更加关注意识形态的社会功用。

① 韩子勇、高佳彬：《“意识形态”概念流变考梳》，《文艺理论与批评》2020年第5期。

一、批判视角的意识形态概念

批判视角的意识形态概念首先需要回应对意识形态是不是“虚假意识”的争论。马克思、恩格斯一开始就把意识形态视为颠倒现实的“虚假的意识”，并且开启了意识形态批判的传统，从此意识形态概念一直伴随着这种批判属性。但是只有厘清马克思意识形态理论的批判性是如何展开的，才能很好地理解为什么批判视角直到今天还依然强劲。

同德·特拉西首创“意识形态”概念用于解决法国大革命后徘徊歧路的法国所陷入的思想困境一样，马克思、恩格斯一开始使用“意识形态”概念，主要目标是批判当时以青年黑格尔派和“真正的社会主义”为代表的、具有“狂热性”特征的德国哲学与社会思潮。但不同的是，德·特拉西把意识形态界定为一种通过把感觉还原于经验的方式而构建的观念科学，而马克思、恩格斯大大拓展了意识形态研究，以新创立的唯物史观为其哲学基础，批判了当时德国意识形态的“虚假性”，并从哲学批判延伸到政治批判和经济批判等。其中，意识形态本质上就是一种“虚假意识”，是“迄今为止人们总是为自己造出……种种虚假观念”[①]。具体而言，意识形态是特定阶级利益的反映，是作为“阶级意识”存在的。这种政治批判又延伸到经济基础上的批判，认为经济上占统治地位的阶级，同时也在精神上占统治地位，“占统治地位的思想不过是占统治地位的物质关系”的观念派生物。[②] 马克思、恩格斯意识形态批判最后落脚于价值批判，规划了从人的异化到人的解放的路径。

---

① 《马克思恩格斯文集(第一卷)》，中共中央马克思恩格斯列宁斯大林著作编译局译，人民出版社2009年版，第509页。

② 《马克思恩格斯文集(第一卷)》，中共中央马克思恩格斯列宁斯大林著作编译局译，人民出版社2009年版，第550页。

在批判视角下，马克思认为，意识形态的功能就是赤裸裸地维护统治阶级的利益。为此，卢卡奇认为马克思辩证法的实质就是批判的方法[①]，而且把意识形态批判落脚于人类活动的客观结构基础。这种典型的马克思主义传统也一直被后来的学者不断地提起。葛兰西提出了著名的领导权理论，其中意识形态被界定为"一种在艺术、法律、经济行为和所有个体的及集体的生活中含蓄地显露出来的世界观"[②]。到了阿尔都塞，意识形态干脆被视作是与"强制性和镇压性国家机器"并列的"意识形态国家机器"。他进而使用将个体改造为主体的"召唤"概念来描述意识形态发挥作用的心理机制，即意识形态可以被视为个体与其真实的存在条件之间的想象关系，作为主体的体验，其中所谓的"虚假意识"也是人们眨眼之间的真实意识。[③] 这种意识形态批判一直以各种理论形态存在于西方的马克思主义学说里。其中，主观的属性或者说偏见，被普遍认为是意识形态概念的一个要素，而且这个要素也帮助人们将意识形态与典型的无偏见概念（例如，科学、科学知识、科学理论）区分开来。[④]

20 世纪八九十年代以来，对意识形态掩盖阶级统治关系功能的批判开始拓展到对包括种族、阶层、性别在内的，所有存在不平等权力的统治关系的批判，例如，认为意识形态"有助于建立、维持和改变社会权力关系"[⑤]，而且其中一些意识形态可能在权力关系中发挥合法支配或明确表达反抗的作用[⑥]。在当代，面对一度出现的对马克思意识

---

① 张秀琴：《西方马克思主义的意识形态理论》，《政法论坛（中国政法大学学报）》2004 年第 2 期。

② Gramsci A. *Selections from Prison Notebook*. London: Lawrence & Wishart, 1973:328.

③ Hirst P Q. "Althusser and the theory of ideology". *Economy and Society*, 1976(4):385-412.

④ Fagerholm A. "Ideology: A proposal for a conceptual typology". *Social Science Information*, 2016(2):137-160.

⑤ Fairclough N. *Analyzing Discourse: Textual Analysis for Social Research*. London: Routledge, 2003:9.

⑥ van Dijk T. "Ideology and discourse analysis". *Journal of Political Ideologies*, 2006(2):115-140.

形态批判研究的低迷状况，齐泽克等人主张回归马克思的批判传统，通过提出在实践中使意识形态虚假性变为现实的“幻象”理论来重振意识形态批判的活力。[①] 在上述对马克思批判视角的意识形态观的阐述中，可以看出批判逻辑中隐含的建构视角。例如，随着经济社会的发展存在着将“虚假意识”转化成“真实意识”的历史可能性。而且这种建构视角也很快被挖掘出来，并形成了马克思主义意识形态理论的另一支重要传统。

二、建构视角的意识形态

马克思、恩格斯对意识形态的理解主要是贬义的，因此提出“科学社会主义”以区别于资产阶级意识形态，但是留下了进一步阐述意识形态概念属性的空间。列宁等人提出了“社会主义意识形态”，意味着将意识形态“中性化”了。这种“中性化”转向并不是消解意识形态的阶级性特征，相反是意识形态的阶级属性赋予了其科学与否的特征。从此，人们越来越多地从建构视角来观察意识形态。

（一）意识形态批判与建构的张力

唯物史观开启了意识形态批判，也蕴含了意识形态的建构功能，这使得马克思留下的意识形态充满了批判与建构的张力。有学者称马克思正是通过意识形态批判实现意识形态建构的，从这个意义上，“批判与建构是马克思对意识形态进行释义过程的两个方面，二者具有同构性”[②]。可能正是这种复杂性使得马克思、恩格斯并没有对所有的意识形态都采取批判态度，也会采用中性的用法，将意识形态视作“观念”的上层建筑或思想的上层建筑，其中，意识形态或真或假。后

---

① 齐泽克、阿多尔诺等：《图绘意识形态》，方杰译，南京大学出版社2002年版，第9页。

② 李萍、吴之声：《论马克思意识形态批判的“建构之维”及其逻辑》，《学术研究》2020年第1期。

来,列宁等人开始明确地将“意识形态”改造为比较中性的概念,任何一个阶级的思想体系都可以被称为意识形态,并在这个基础上,提出了“社会主义意识形态”概念,强调它是“科学的意识形态”。威廉斯则从意识形态的认识论和本体论的角度,认为意识形态仅仅作为一种普遍意义和观念而存在。①

(二)意识形态概念的“中性化”转向

意识形态概念的“中性化”转向,除了马克思意识形态理论自身所蕴含的旨意,也同研究者们越来越关注意识形态的功能息息相关。随着这种关注点的部分移位,意识形态也逐渐由政治哲学范畴转向社会科学范畴。意识形态一旦成为实证研究的对象,就使越来越多的学者开始从中性的角度来界定和使用意识形态了。例如,认为意识形态“提供了社会形式的‘缝合’,或者促使行动者行动的‘认识图谱’”②。甚至有学者提出,只要有一些个人或群体相互竞争的政治社会存在,起到“行动导向”与“团体导向”功能的相对稳定的意识形态就存在。③随着西方国家政党政治的发展,为了吸引选票,政党意识形态也逐渐多元起来,并呈现出趋同化与极端化两种倾向并存的局面。进入21世纪,这种主张也越来越多了,一个代表性观点认为,不应该夸大意识形态现象的“错觉”“虚假意识”“迷信”等方面,这些方面只是意识形态的次要特征。其实,意识形态是社会结构与社会认知的交互面,是一个群体的成员在社会上共有的更基本的思想和信仰体系。④ 尤其是随

① 赵传珍:《“意识形态”概念的起源及其含义之流变》,《南方论刊》2017年第7期。

② Eagleton T. *Ideology: An Introduction*. London: Verso,1991:222.

③ Freeden M. *Ideologies and Political Theory: A Conceptual Approach*. Oxford: Oxford University Press,1996:106.

④ Persson E , Neto L M. “Ideology and discourse in the public sphere: A critical discourse analysis of public debates at a Brazilian public university”. *Discourse & Communicatio*,2018(3):278-306.

着全球经济社会的发展，随着新的社会阶层涌现，利益多元化和价值多元化的总体特征也日益显著，网络信息技术在大众传播中的广泛运用及诸多变迁，使意识形态也越来越呈现出分化与融合并存的复杂状况。在这种背景下，有学者认为意识形态已经逐渐演变成为“一种用于识别政治立场的观念体系”[①]了。

第三节 “观念—实践”维度上的概念谱系

意识形态是作为“观念科学”诞生的，在马克思那里主要是作为上层建筑的一部分，主要用于表达统治阶级的意志和观念。可见，从观念视角来界定意识形态的概念一直是主流的做法。但是马克思又一直强调实践的优先性，“把实践作为观察、思索一切自然现象、社会现象和思维现象的基础和出发点”[②]。这也是马克思超越传统哲学家的地方。因此，在观念视角的基础上，马克思又让意识形态概念具有实践的基因，这种基因也在后继的一代又一代学者那里不断得到继承与发展，可谓蔚然大观。因此，对意识形态概念的讨论也可以看作是在沿着“观念—实践”两个视角展开。

一、观念视角的意识形态概念

如前所述，从观念视角来界定意识形态概念是讨论意识形态的基本出发点，并且一直是惯常的做法。在国家与社会的关系维度中，意识形态具有承担国家与社会之间心理连接的基本属性，这里的心理连

① 赵可金、马钰：《全球意识形态大变局中的人类命运共同体》，《国际论坛》2020 年第 2 期。
② 俞吾金：《论实践维度的优先性——马克思实践哲学新探》，《现代哲学》2011 年第 6 期。

接首先就是诉诸人们的、合法化特定国家与社会关系秩序的观念体系。从批判视角看，马克思的意识批判主要是采用观念视角，精辟地指出意识形态"……这在观念上的表达就是：赋予自己的思想以普遍性的形式"[①]。这种从观念视角上把握意识形态的做法也是大多数建构视角的研究者们所秉持的。把意识形态当作一种特定的观念体系来看待，是当代各种社会科学学科的一个共识。例如，意识形态在社会心理学家眼里是社会群体的解释框架；在经济学家那里则是人们"在解释他们周围世界时所拥有的主观观念（即模型和理论）"[②]；在政治学的视域里，则是带着某种政治倾向的观念体系，如人们常常争论的社会主义、民族主义等政治思想或社会思潮。但是诸多学科对意识形态的界定普遍有着一种泛化的倾向，其中一个极端的看法是把意识形态用于指称"生产各种意义与观念的一般过程"[③]。换言之，这些做法是将意识形态等同于文化或知识等概念。意识形态如果变成文化或知识这样的概念，那么其自身也没有存在的必要了。对此，有学者意识到了这个倾向，并且试图去厘清这些概念之间的关系。

首先，文化具有意识形态性，意识形态居于文化之中，并依赖于文化。但是"文化却并不是意识形态本身的总和……文化比意识形态更为复杂"[④]。例如，同样是象征现象，意识形态现象"更多的是围绕一个指导性的政治方案来组织的……而且它们经常与特定利益的辩护和维持相关联"[⑤]。这表明文化的外延要远远大于意识形态，而仅仅是在有限的意义上，文化可以被称为意识形态实践，只有在此时"文化和

---

① 《马克思恩格斯文集（第一卷）》，中共中央马克思恩格斯列宁斯大林著作编译局译，人民出版社 2009 年版，第 552 页。

② 诺斯：《制度、制度变迁与经济绩效》，刘守英译，上海三联书店 1994 年版，第 36 页。

③ 曼海姆：《保守主义》，李朝晖、牟建君译，译林出版社 2002 年版，第 60-73 页。

④ 罗尔：《媒介、传播、文化：一个全球性的途径》，董洪川译，商务印书馆 2012 年版，第 70 页。

⑤ 史密斯：《文化——再造社会科学》，张美川译，吉林人民出版社 2005 年版，第 50 页。

意识形态术语是可以相互交换使用的”[①]。

其次，随着知识社会学的兴起，学者们关注知识是不是都具有意识形态属性，以及如何为意识形态树立有效的评价标准等问题。其中大多数学者追随马克思主义传统，把意识形态视作“受到系统歪曲的知识——使之有利于产生并利用它的那些群体”[②]。这个界定也带来了困惑，即意识形态判断标准该如何确定，确定的标准本身也可能是一种意识形态。这导致一方面，知识社会学传统更多地关注意识形态作为知识的利益阐释或整合功能；另一方面，需要进一步厘清意识形态与知识的关系。对此，一个基本的看法是，意识形态更倾向于为某个或几个群体利益服务，而知识可以扩展为为所有群体所共享。

二、实践视角的意识形态概念

马克思虽然一直强调实践维度的优先性，但是他并没有对“实践”进行过清晰的界定。这也使马克思主义实践概念和实践哲学具有更加广阔的阐释空间。就像实践概念的复杂性一样，马克思以及后继学者们从实践视角对意识形态所做的概念界定也是丰富而多元的。这些界定可以根据它们处理意识形态与实践关系的方式不同，大致划分为三种类型，分别为反映论、融合论和超越论。其中，反映论的核心主张是存在决定意识，所以意识形态作为社会意识范畴反映的是作为社会存在方式的实践；融合论则认为反映论还不足以充分阐释意识形态与实践的关系，实际上，意识形态是融入实践的，如融入人们的日常生活，甚至融于不易觉察的惯习与无意识；超越论则主张要充分发挥意识形态通过实践活动改造世界的功能。

① 史密斯：《文化——再造社会科学》，张美川译，吉林人民出版社2005年版，第49页。
② 《新社会》杂志编辑部：《关于知识社会学》，子华译，《国外社会科学》1984年第1期。

(一)反映论

首先,反映论的核心表述是"意识形态是社会实践生活的反映",这种表述是基于马克思"不是从观念出发来解释实践,而是从物质实践出发来解释观念的东西"[①]的基本论断,这属于"新的哲学思维方式"[②]。其中,反映论的逻辑起点是"人们的存在就是他们的现实生活过程"[③],而人的本质体现为具有实践特征的"一切社会关系的总和",其中最能够体现马克思主义唯物论特征的是,在各种社会关系中,生产力与生产关系的关系是基础性的。意识形态所反映的就是具有这种实践特征的社会存在。葛兰西看到了这种反映论的复杂性,即社会实践活动决定意识形态不是简单的一一对应关系。社会实践的复杂性滋生了多种甚至相互冲突的意识形态与社会思潮,这需要人们在多种意识形态中去选择或服从某一种或几种。意识形态的反映论也蕴含了意识形态随着实践的推进而更新的发展观,同时也为判断意识形态是真实还是虚假的问题提供了实践维度上的检验标准。

(二)融合论

马克思将主体与客体融于实践的视角也启发了意识形态与实践的融合论,即认为意识形态融入实践,而且就是实践的组成部分。当然二者的区分是分析性的,而不是描述性的。阿尔都塞比较早就观察到人作为主体的"观念"意识形态都是存在于主体的行动中的。[④] 这些论述试图阐明意识形态是以观念的形态融入人们的社会生活实践的。

---

① 俞吾金:《实践诠释学:重新解读马克思哲学与一般哲学理论》,云南人民出版社2001年版,第5页。

② 任平主编:《当代视野中的马克思主义哲学:中国著名学者的马克思主义哲学观》,苏州大学出版社1999年版,第494页。

③ 俞吾金:《重新理解马克思:对马克思哲学的基础理论和当代意义的反思》,北京师范大学出版社2005年版,第72页。

④ 阿尔都塞:《保卫马克思》,顾良译,商务印书馆1984年版,第201页。

意识形态不是抽象地飘浮在空中，而是反映、存在和作用于日常生活这个最广泛的实践场域。由此，卢卡奇甚至赋予日常生活本体论的地位，认为在日常生活中，每个个体的人几乎无处不在地、有意识或无意识地参与意识形态的生产、分配与消费过程。[①] 对此，阿尔都塞做出一个激进的判断，即"人本质上是一种意识形态的动物"[②]。循着覆盖范围最广的日常生活维度，融合论也在不断地拓展意识形态概念的外延，使它在越来越多的维度上融入日常生活。例如，当代西方马克思主义学者们所讨论的那些潜藏在大众消费、流行文化、无意识甚至是景观中的不易觉察的意识形态控制。

（三）超越论

超越论认为意识形态对实践具有超越性，主要体现在实践中的意识形态批判功能上。这种批判的目光也大多聚焦于此，即认为资本主义意识形态大多掩藏在最容易被人忽视的、琐碎重复的日常生活场域，由此"对日常生活的重新占有就是对其进行革命，因为，日常生活虽被现代性掠夺过，但仍是总体性革命的基础，是社会变革的核心"[③]。其实超越论还应该体现在意识形态建构功能上，这体现在马克思的"实践"本身就具有一种价值指向，即在改变异化的社会政治关系基础上实现人的解放，并建立"一个自由人的联合体"。

第四节　意识形态概念的分布空间与立场

前文围绕"国家—社会""批判—建构""观念—实践"三个维度分

① Lefebvre H. *Critique of Everyday Life*. London: Verso Press, 1991: 67.

② 齐泽克、阿多尔诺等：《图绘意识形态》，方杰译，南京大学出版社 2002 年版，第 16 页。

③ 吴宁：《列斐伏尔日常生活批判理论探析》，《哲学研究》2007 年第 2 期。

别阐述了意识形态的概念谱系，本节首先将在这个基础上构建一个意识形态概念的分布空间；其次阐明正是意识形态概念的立场决定了意识形态概念在各个维度上的分布；最后在结构与行动者关系中提出一个统摄性的、更加具有解释力的意识形态概念。

一、意识形态概念的分布空间

前文从“国家—社会”“批判—建构”“观念—实践”三个维度展示了意识形态的概念谱系，这也反映了意识形态概念的“本质上可争议的”特征。这个特征体现在意识形态概念含义的“难以把握性”，不仅是因为意识形态概念本身与生俱来的复杂性和开放性，还在于界定意识形态概念本身往往被视为一种意识形态行为。“难以把握性”这个特征使关于意识形态概念的争论由来已久，并且还会一直持续下去。坦诚地说，本书所做的努力并不能缓解这种争论的激烈程度，仅仅试图为这些争论绘制一幅“作战地图”，用来标明各自的阵地在哪里、拥有什么样的资源、争夺的目标是什么以及如何实施战略等问题。这个“作战地图”如图 2-1 所示。

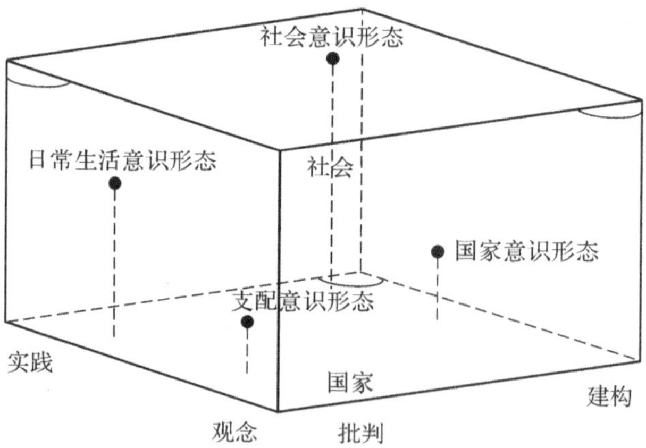

图 2-1　意识形态概念的分布空间

图 2-1 实际上呈现的是意识形态概念的分布空间。这是一个概念空间，由“国家—社会”“批判—建构”“观念—实践”三个维度构成，在每个维度上，又分别由两两对应的视角构成一个连续谱。这是一个三维空间，考察一个意识形态概念通常需要观察它在三个维度上的分布特征。这三个维度包含了六个视角（分别为“国家”“社会”“批判”“建构”“观念”“实践”），这些视角也分别蕴含了这三个对子之间的相互嵌入或互动关系。例如，国家视角认为，作为一个国家共同体的主流意识形态，其通常体现的是统治阶级的意志和观念，需要把它普遍化为全社会都可以接纳的意识形态，从而实现意识形态的政治合法化和社会整合功能。这里就涉及国家与社会的互动关系。反之，讨论社会视角的意识形态，也需要放在与主流意识形态的博弈中展开，表现为持续不断的冲突、磨合和压制等状态。

接下来，具体考察不同维度与视角在意识形态概念谱系空间里的分布情况。首先，越靠近底面部分，越偏向国家视角；反之，越靠近顶面部分，越偏向社会视角。当然无论是偏向哪个视角，都蕴含了国家与社会之间持续复杂的互动关系。其次，由表示批判与建构维度的线段的两个端点所形成的对立面，分别代表了这个维度上的批判视角与建构视角的两个极大值，大部分的界定是处在中间部分，不同比例地持着批判与建构的成分。最后，观念与实践的维度同样在剩下的两个对立面上构建了一个连续谱。这样就构成一个界定与分析意识形态概念的三维空间，可以根据一个概念在三个维度上的位置而综合确定它在这个空间里的位置。这种做法可以更加清晰地确定某一意识形态概念的类型以及其与其他概念之间的区别，甚至可以观察到意识形态概念是如何一直在不同的维度上不断移动和变化的。这个分布空间也可以展示动态的过程。例如，在西方马克思主义的传统中，很流行通过各种版本的“支配意识形态”概念强调国家视角下统治阶级的观念,这就属于批判理论。在意识形态话语分析兴起之前,采用这种概念的学者们比较侧重其观念维度的分析,并且倾向于"把从属阶级当成被动的观念容器,而观念便被由上而下地灌输至他们脑中"[①]。而偏向建构视角的国家意识形态则少了很多批判的成分,因此这两个概念的共同点与差异在这个分布空间图中一目了然。再如,日常生活意识形态与社会意识形态两个概念,它们在分布空间中的位置就非常清晰地阐明了它们的异同。其中,属于批判传统的日常生活意识形态被学者们用来分析消费文化、流行文化甚至无意识等议题,显然是偏向社会视角和实践视角,与它相邻近的社会意识形态概念则更加偏向社会视角与建构视角。

有意思的是,在这个分布空间里,根据研究问题的需要,又可以分化出三个子空间,分别为:(1)"国家—社会"与"批判—建构"构成的分布空间;(2)"国家—社会"与"观念—实践"构成的分布空间;(3)"批判—建构"与"观念—实践"构成的分布空间。如果只考虑三个维度中任何两个维度来对意识形态概念进行分类,可以采用对应的分布空间来做研究。例如,不需要考虑"观念—实践"维度时,就可以用(1)提供的分布空间来讨论意识形态概念。这些子空间的解释能力也是可以开发的。

二、意识形态概念的立场

这里又引出一个重要的理论问题。即使如前文所说,可以将复杂多元的意识形态概念置于一个分布空间里去比较和讨论,但是不能回答究竟是什么因素在影响人们对于意识形态概念的选择,从而使意识

---

① Callinicos A. *Making History: Agency, Structure, and Change in Social Theory*. 2nd ed. Leiden: Brill Academic Publishers, 2004:159.

形态概念呈现如此复杂的状况并且还会一直持续下去。而这个因素就是研究者界定意识形态概念时所采取的立场问题。立场问题可以表现为利益,也可以表现为价值关怀,这里所指涉的价值关怀大体上还是可以还原为利益问题的,只是这时的利益体现为在一个更大范围或者更加抽象层面上的利益。马克思较早就提出了关于意识形态的统治阶级立场问题,而社会视角的意识形态概念把"立场"的外延从维护阶级利益放宽到维护群体利益。批判视角所持的立场就是要去揭示这种通过特殊利益普遍化机制所掩饰的利益,而且通常把它们的立场放在价值观上,如马克思所追求的"人的解放"目标。这样,就明白了意识形态概念为什么如此"混乱"了,根源就在于这种立场的多元化,所追求利益与价值的多元化,且它们之间经常相互冲突。即使在一个研究者声明持有某种意识形态的情况下,也会存在这种冲突。例如,经常可以看到有人或组织用批判视角来攻击竞争对手的意识形态,而采用建构视角来看待自己所持的意识形态,原因就在于他们持有不同的立场。还有一种很复杂的状况,即并不是每个阶层或群体都那么明晰自己陷入或者所持有的意识形态,有时这种他们深信不疑的意识形态恰恰维护了别的阶层或群体的利益。遇到这种情况,可能只有那些智慧的旁观者才有能力去揭示真相。所以说立场与意识形态的关系并不是简单对应的关系,它们的复杂性也增加了意识形态概念的复杂性。

三、结构与行动者关系中的意识形态界定

尽管情况如此复杂,但是这并不表明本书对意识形态概念本身没有自己的偏好与主张。本书已经构建了一个意识形态概念的分布空间,用来比较各种各样的意识形态概念。但是本书还试图提出一个统摄性的概念,能够在更加抽象的层面来提炼出意识形态概念的核心要

义。结构与行动者（也有学者称之为“结构与能动”）之间的关系如何界定几乎构成了所有社会理论的或明或隐的基础。作为两个极端的例子，一种倾向是形形色色的结构主义无一例外地把结构视为可以支配人的力量，而另一种倾向是理性选择理论赋予了个体行动者自主性的本体地位。这两种倾向也不同程度地存在于马克思主义的思想里：一方面，强调结构的决定力量，如认为社会存在决定社会意识、经济基础决定上层建筑；另一方面，又强调行动者的主观能动性，如认为工人阶级具有前所未有的革命精神并被赋予了解放全人类的伟大任务。这两种倾向也相应地引发了两个一直处在“交战状态”的流派：结构主义的马克思主义和理性选择马克思主义。也有研究试图克服这两种要么过度结构化要么低度结构化的弊端，走中间路线，认为不如仔细去厘清二者的关系究竟是怎样的。例如，吉登斯的结构化理论和布迪厄的场域与惯习理论等。这里无意去铺陈这些理论究竟是如何展开的。仅仅引用在这些努力中做得同样比较杰出的柯林尼可斯(Callinicos) 的研究，并在梳理他的相关理论的基础上，使用图 2-2 中的分析框架来重新界说意识形态的概念。

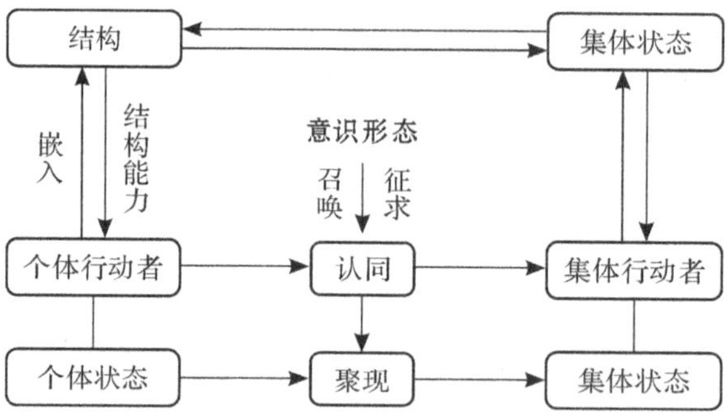

图 2-2　结构与行动者框架中的意识形态

在这个框架里，首先展示了结构与个体行动者的关系。一方面，个体行动者嵌入在特定的结构中，这种嵌入特征体现在网络节点、资源、规则、权力等要素上；另一方面，作为受信念与欲望所驱使的有意识的行动者，可以凭借自己在社会结构中的位置而拥有"结构能力"[①]。从分析的意义上，行动者一开始都是个体行动者，处于个体状态，为了实现共同的利益，人们必须相信大家拥有共同的身份认同，从而可以据此来协调配合彼此的行动，这个时候集体状态(collectivities)出现了。一个阶层形成不了集体状态就无法有效地维护或实现他们的利益。而且不同阶层或群体在构建集体状态方面的能力是不同的。一般而言，统治阶级的能力强于被统治阶级。而集体状态能否成形关键在于行动者的身份认同是否一致。在这个关键问题上，意识形态扮演了重要的角色，它是各种利益的勾连，行动者透过它而接受某种身份认同被"召唤"(或"征求")。[②] 这里"召唤"和"征求"都是勾连行动者与意识形态的机制，二者的区别在于行动者根据自己的结构能力接受和反思意识形态的能力是不一样的。其中，召唤偏向结构的形塑能力，而征求强调行动者的反思能力。在这个过程中，还有一个重要的描述个体状态如何形成集体状态的机制，即"聚现"(emergence)。这里的聚现机制描述了当两个或两个以上的要素聚合在一起时，产生了具有全新、不能被化约为它的组成部分的集体或系统属性的过程。在这个意义上，聚现机制也是意识形态促成个体状态转化为集体状态的关键环节。在这个框架里，可以观察到集体状态本身和社会结构通过它们之间的诸多机制又构成了互动关系。

在上述的结构与行动框架中，充分显示了意识形态以何存在以及为何存在的问题。由此，本书认为可以这样去描述意识形态：

---

① Callinicos A. *Making History: Agency, Structure, and Change in Social Theory*. 2nd ed. Leiden: Brill Academic Publishers, 2004:96.

② Callinicos A. *Making History: Agency, Structure, and Change in Social Theory*. 2nd ed. Leiden: Brill Academic Publishers, 2004:177.

> 在国家与社会互动的各种层次的场域里，作为体现群体利益的话语体系，意识形态召唤或征求个体形成相同的社会认同而聚现成为集体状态，从而可以通过协调一致的集体行动，实现共同体目标。

这里使用社会认同的概念是因为仅仅使用身份认同概念会使意识形态形塑的认同所涉及的内容过窄。总体上说，这种界定抓住了前面所述的关于意识形态的一些关键功能与机制，同时也有本书所强调的内涵与特征。

第一，本书倾向于将这种意识形态发生的范围限定在国家与社会互动的各种层次的场域里，这也是马克思最初界定意识形态时的基本主张。这种限定可以避免意识形态泛化。意识形态属于社会意识的范畴，但是社会意识不全是意识形态。社会意识可以有很多，其中只有那些卷入国家与社会的互动关系的才能被贴上意识形态的标签。这样也表明意识形态的发生范围与适用范围不是一回事。鉴于此，本书对意识形态的界定也适应于在更加广阔的国际社会领域里所讨论的意识形态概念。意识形态无论在哪个领域里使用，其核心要素与特征没有变，即为展示或界定特定国家与社会关系中群体利益的、可以运用认同机制和聚现机制来协调集体行动的话语体系。在这个意义上，国际社会中国家之间的意识形态之争其实是在竞争“谁的界说”更加有话语权。

第二，这种界定揭示了意识形态的关键特征与核心机制。意识形态的关键特征在于它是一种试图将广泛分散的行动者凝聚起来，从而可以采取协调一致集体行动的特定话语体系及其话语实践。意识形态的特定功能得以实现的核心机制主要是认同机制和聚现机制，其中，认同机制是通过“召唤”和“征求”两个机制实现的，而聚现机制是以认同机制为前提的，体现为个体状态如何形成集体状态的过程。鉴于此，不论意识形态是为谁服务，以怎样的方式来呈现，都必须具有这些特征与机制，否则就不能被称为意识形态。因此，这种理解可以纠正很多对意识形态概念所做的一些片面性的界定。例如，没有过多强调意识形态的支配性特征，也没有主张把意识形态的真假作为判断是不是意识形态的标准等。

第三，这种界定蕴含了不同阶层通过意识形态转变成集体状态的能力是不一样的这一观点。作为阶级意识反映的意识形态“不是阶级的‘客观’属性，而是阶级以构成集体状态的一种工具”[①]。对这种工具运用能力的差异也使不同阶级或阶层处于不对称的(asymmetrical)关系中，其中对于从属阶级而言，通常他们在转变为集体状态时所遭遇的困难会更大。

第四，这种界定更倾向于意识形态话语的实践特征，即通过意识形态话语的生产、分配与消费过程来召唤或征求行动者的社会认同，从而和更加广泛的社会结构与社会实践勾连起来。

第五，这种界定以一种更加抽象和更具解释力的方式继承了马克思主义意识形态批判和建构两个充满张力的面向。在这种概念框架中，既坚持了意识形态批判的传统，又坚持了其积极建构的功能。这两大功能如何实现，主要取决于具体的国家与社会关系模式构成的场域特征以及特定的问题意识。例如，在具有中国特色社会主义的国家与社会关系模式中，意识形态更多的是发挥着建构的功能，推进国家治理现代化目标的实现。而当我们需要反思当今人类社会普遍面临的现代性困难，尤其是揭示资本主义社会诸多新现象所隐藏的本质问题时，意识形态批判就起到了不可替代的作用。需要说明的是，这种概念界定的优势随着话语分析在意识形态研究中得到越来越广泛的使用而日益显著。

---

① Callinicos A. *Making History*: *Agency*, *Structure*, *and Change in Social Theory*. 2nd ed. *Leiden*: Brill Academic Publishers, 2004:157.

第三章　意识形态的话语分析

如前所述，本书将意识形态界定为"在国家与社会互动的各种层次的场域里，作为体现群体利益的话语体系，意识形态召唤或征求个体形成相同的社会认同而聚现成为集体状态，从而可以通过协调一致的集体行动，实现共同体目标"。这个界定明确了意识形态首先呈现的形态是话语体系，可以说"意识形态包含着含蓄的承诺、价值观和世界观，这些都充满了意义，基本上是由语言创造的"[①]。但是这种话语体系沉浸于勾连个体与集体关系的实践中。鉴于此，话语分析也是意识形态研究的一个较为重要的研究传统。事实上，在话语分析还没有成为一个明确的研究方法之前，马克思就洞察到了语言与意识形态的深刻联系，提出语言具有阶级性的观点。随后，无论是马克思主义传统还是话语研究的传统都逐步展开了意识形态研究的话语转向，尤其随着话语分析在多种学科传统中得到长足的发展，运用话语分析方法来研究意识形态也不断得到推进。

采用话语分析进行意识形态研究的过程是一个很长的故事。本

---

① Molloy K A, Heath R G. "Bridge discourses and organizational ideologies: Managing spiritual and secular communication in a faith-based nonprofit organization". *International Journal of Business Communication*, 2014(4): 386-408.

书试图就该“故事”展开一个学术史的简要梳理，目的是了解意识形态研究的话语转向过程中经历了哪些争论，以及这些思想的碰撞中蕴含了哪些洞见。这项工作可以使我们今天在运用话语分析来研究意识形态时，更加清楚这项研究的长处和边界。鉴于此，本章分三个小节展开。第一节，对话语分析的本体论和认识论基础做必要的归纳，有利于更好地讨论话语分析在意识形态研究中的运用。第二节，梳理跨度百年的意识形态研究的话语转向进程，以及该进程中纷繁复杂的研究路径和方法。第三节，概括意识形态话语分析面临的困难、疑问以及对此的回应与辩护。

第一节 话语分析的本体论和认识论基础

意识形态话语分析是一种勾连了宏观与微观视角的综合性研究方法。作为研究范式的话语分析方法，虽然流派众多，但仍保留了以问题为导向、以话语为中心的基本共识。在这个脉络里，意识形态通常被理解为现实的意义或建构，由此任何意识形态的话语事件都被看作是一个文本，一个话语实践的实例，以及一个社会实践的实例。就本书所讨论的话语分析而言，其研究对象更加侧重于那些社会政治领域的研究议题或问题。需要明确的是，话语分析作为一种方法论，背后是由对应的本体论与认识论来支撑的。因此要做到对一种方法论的把握，必须厘清背后支撑它的本体论与认识论。这是“方法论的自觉”的题中应有之义。具体而言，本体论要追问的问题是：现实的形式与本质是什么？是否存在一个客观真实的世界？对这些问题的回答决定了能够被认识的东西是什么，这也是认识论的核心问题。只有明确了什么东西能够被认识，才可以确定究竟哪些方法、路径能够被运用来实现这个认识的目标，这就到达了方法论的层面。本书基于这种逻辑展开对话语分析的本体论和认识论基础的讨论，而且这种本体论和认识论基础的确立也是一个多种主张逐渐融合和演进的过程。

一、哲学的“语言学转向”

美国结构主义语言学家哈里斯（Harris）于1952年发表论文《话语分析》，标志着话语分析研究方法的出现，并且从此话语分析开始在诸多领域蓬勃发展。而传统话语研究迎来了这种以“话语分析”方法论为标志的重大转向，其契机是20世纪上半叶开始的哲学语言学转向。1964年伯格曼（Bergman）首次提出“语言学转向”，其学术影响广泛，被认为“这种语言学转向对所有20世纪哲学都是共同的”[①]。其中一个代表性的看法认为，哲学问题是可以通过改变语言或者更多地理解我们现在使用的语言来解决的。[②]

这场哲学语言学转向的运动呈现出分阶段、多元化持续发展的特征。首先，在发展阶段上，大致经历了从20世纪前半期的“语义学转向”到20世纪70年代的“语用学转向”两个阶段。其次，在学术流派上，分析哲学和解释学的传统虽然可以追溯得更远，但是语言学转向使它们获得了新的发展方向和空间，二者甚至被看作“是语言学转向的两个互补的版本”[③]。其中，分析哲学作为一种以分析语言为哲学方法的哲学流派，通常被认为源自弗雷格，因为是他确定了整个分析哲学学派的基本共识，即哲学的目标其实是分析思维的结构，而这种分

---

① 罗蒂：《分析哲学与变革的哲学》，杨富斌译，《世界哲学》2003年第3期。

② Rorty R. *The Linguistic Turn: Essays in Philosophical Method*. Chicago: University of Chicago Press，1992：3.

③ 强乃社：《论当代社会哲学的语言学转向》，《华中科技大学学报（社会科学版）》2009年第1期。

析唯一合适的方法就是对语言的分析。[①] 随后以卡尔纳普、艾耶尔、奥斯丁和维特根斯坦等人为代表,"试图把从讨论经验向讨论语言的转变,结合为一种为了使之更科学而把该学科专业化的尝试"[②],这种对语言分析的重视被夸张地表述为"分析思想的唯一途径是通过语言分析"[③]。分析哲学着力于对语言逻辑结构的分析,并试图以此达到对实在的认识。目标为什么能够实现?依赖于分析哲学对语言的实在性特征所做出的全新界定,如从维特根斯坦的语言游戏论开始,语言先后被界定为"以言行事行为"和"完成行为式立场"等。通过对话语分析潜力的挖掘,滋养和激发了话语分析的发展。

二、从现代解释学到后结构主义

作为互补的版本,现代解释学(也称诠释学)以海德格尔、伽达默尔、哈贝马斯和德里达等人为代表,可以概括为"关于与'本书'(text)的解释相关联的理解程序的理论"[④]。其中伽达默尔的主张最为鲜明,提出"发生在理解中的视野融合是语言的特有成就"[⑤]。"依据视野融合"概念(也称视域融合)在社会研究中试图解释的客体本身就是一个先前解释过的领域,无论是作为分析家自身,还是作为解释对象的客体领域的主体,都是能够反思的能动者。在这个意义上,没有一个分析者和被分析者能够是"客观"的,所思所想所行无不受到所处环境——社会建构的"现实"——的影响,因此需要对阐释进行阐释的"双重阐释",即世界是由行动者来阐释的(第一个阐释层次),而他们

① Peters M A. "The last post? Post-postmodernism and the linguistic U-Turn". *Linguistic and Philosophical Investigations*, 2013(12): 34-46.

② 罗蒂:《分析哲学与变革的哲学》,杨富斌译,《世界哲学》2003年第3期。

③ 王庆丰:《辩证法理论的语言学转向》,《社会科学研究》2010年第5期。

④ 利科尔:《解释学的任务》,李幼蒸译,《哲学译丛》1986年第3期。

⑤ 江怡:《论伽达默尔的解释学对语言的理解》,《中国社会科学院研究生院学报》1991年第3期。

的阐释又是由观察者来解释的（第二个阐释层次），并且试图实现这两种视域的融合。解释学由此确定自己本体论的定位，深刻地塑造和催生了话语分析的深度解释学研究方法。

分析哲学和解释学对拓宽语言（或话语）的性质和功能有着诸多贡献，也构成了后结构主义的一些基本主张。后结构主义的话语分析是从一个特定的社会理论本体论出发，通过话语机制及其实践建立、维护和转化的一个领域。例如，对后结构主义来说，语言同样具有本体意义，通过语言的建构，各类事物被赋予了意义和位置。在这个意义上，观念和物质并不是完全区分的。当然，“这并不是说物质不重要，而是说它总是被话语调解”[①]。建立在后结构主义基础上的话语分析方法，在研究政治社会行为时，其理论以及本体的核心假定是表象与身份相互建构并在话语上相互联系。这种假定凸显话语起作用的机制，即主要通过对表象与身份的建构而对具体的社会行动产生直接影响，这是一个“通过利用特殊的身份建构来赋予物质内容意义的话语建构过程”[②]。这一研究路径与实证主义大不相同。

三、有限度的建构主义立场

在本体论诸多立场中，可以提炼出实证主义和建构主义两个主要的立场：一种是基础主义/客观主义/现实主义，它假定一个“真实”的“外部”世界，独立于我们对它的知识而存在；另一种是反基础主义/建构主义/相对主义，它将世界看成是一个社会建构的产物。[③]

① 汉森：《作为实践的安全：话语分析与波斯尼亚危机》，孙吉胜、梅琼译，世界知识出版社 2016 年版，第 29 页。

② 汉森：《作为实践的安全：话语分析与波斯尼亚危机》，孙吉胜、梅琼译，世界知识出版社 2016 年版，第 26 页。

③ 汉森：《作为实践的安全：话语分析与波斯尼亚危机》，孙吉胜、梅琼译，世界知识出版社 2016 年版，第 153 页。

话语分析所追随的分析哲学、解释学以及后结构主义等学术传统，大致都可以归于建构主义的本体论立场。正是基于这种建构主义的假设，话语分析致力于围绕着如何理解和解释社会现实，而对某种具体情况和过程的话语展开考察。世界是由人通过先验综合判断，即凭借所掌握的概念而认识的，真正的知识不仅源自符合我们经验的认识，而且是由能够进入我们认知体系的经验综合而成的。这种认识论的反转，经过诸多学术传统的长途跋涉，体现在话语分析中，使话语建构获得了认识论的根本途径，如话语可以构建身份、社会关系和社会现实等。

对此，一个极端的观点认为，这种建构又是被更加深层的话语建构的，如同俄罗斯套娃，不同的是，这里似乎可以一直套下去，永远有一个"N+1"的套娃等待被揭示。当然，也不能在本体论立场上走得太远，否则会陷于一种新的不可知论。因此，这个立场的主张也是有限度的，即仅仅认为"'现实'不具有独立于行动者/群体/社会对它的理解(而存在)的社会角色/因果力量"[①]。这种有限度的立场作为后结构主义话语分析方法论的基本主张，也被称作限制性建构主义。尽管话语分析的"内部"有效性和一致性问题仍然存在，但是为了避免被指责为一种"随心所欲"的方法论实用主义，限制性建构主义采取了一种自反性的方法论立场，使分析者能够在话语理论前提的约束下反思自己对社会现实的共建。[②]

在初步明确了话语分析的本体论和认识论基础后，可以就"意识形态研究的话语转向"来一次长长的旅行。

---

① 汉森：《作为实践的安全：话语分析与波斯尼亚危机》，孙吉胜、梅琼译，世界知识出版社 2016 年版，第 157 页。

② Marttila T. "Constrained constructivism in post structural discourse analysis". *Sociologia Internationalis*, 2010(1): 91-112.

第二节　意识形态研究的话语转向[①]

意识形态研究的话语转向通常是以话语分析作为独立的研究方法被应用于意识形态研究为起点的。事实上,意识形态研究在更早的时候就已经开始使用一些话语分析方法的洞见和策略。首先,这要追溯到马克思和恩格斯的语言阶级性观点,他们洞察到语言的双重属性,即一方面是语言与社会物质生活的密切关系,另一方面是语言与思维的不可分割性。其次,需要思考的是,既然语言与意识、社会密切相关,它就免不了受阶级和意识形态的影响。但是总体上看,这时关于语言阶级性特征的论证逻辑,尚显得有些含糊不清和模棱两可。事实上,马克思和恩格斯并没有在这个问题上做过系统的论述,但是他们的洞见启发了后继者,为后来的讨论提供了很多的问题意识和开放空间。意识形态研究的话语转向大致分为四个阶段。其中,20 世纪二三十年代是萌芽阶段,学者们分别从意识形态研究与语言学研究两个路径入手,拉开了意识形态话语研究的帷幕。在经过约 20 年的停滞后,20 世纪六七十年代是成形阶段,话语分析不仅成为独立的研究方法,而且为意识形态研究奠定了坚实的话语分析方法论基础。20 世纪八九十年代是鼎盛时期,出现了诸多意识形态话语分析的代表人物和研究派别,标志着该研究总体性的立场和方法论已经建立起来。21 世纪前 20 年是运用与修正阶段,学者们把前一阶段的研究成果推广到越来越多的领域,并在这个过程中进行一些修正或完善的工作。在对这四个阶段的叙述中隐含了一些充满张力的线索。首先是“结

---

① 本节主体内容已以论文形式发表,见王国勤:《意识形态研究的话语转向》,《高校马克思主义理论研究》2023 年第 1 期。

构—能动”的张力一直贯穿始终，其次是前文中为分析意识形态概念谱系而搭建的由“国家—社会”“批判—建构”“观念—实践”三个维度构成的概念空间中的种种张力。需要明确的是，话语分析方法总体上都是采取了实践的视角，因此对各种类型话语分析方法的特点和差异在概念空间的范畴内大致可以运用“国家—社会”“批判—建构”这两个维度来展开讨论。当然，在意识形态研究的话语转向叙述过程中，涉及的文献非常繁复，远远不是这节内容能够全部顾及的，只能在笔者阅读范围内结合其代表性予以阐述。

一、语言学阶段的意识形态话语研究

20 世纪二三十年代，带着“为什么发达西方国家的无产阶级失去了革命性？当代发达资本主义社会的革命力量究竟何在？”等问题，以葛兰西和巴赫金(Bakhtin)等为代表的西方马克思主义者又回到马克思这里，重新开启对语言阶级性问题的研究。

(一)葛兰西：意识形态话语与霸权

葛兰西在《狱中札记》中总结出了一个非常重要的结论：导致上述问题的一个基本原因或事实是，资产阶级在西方社会的特殊统治方式，即通过意识形态话语(语言符号)的控制和操纵，取得了统治的合法性。在葛兰西眼中，国家等于政治社会加市民社会，而资产阶级正是凭借意识形态霸权占领了市民社会。因此，在存在议会民主制度的条件下，无产阶级要取得革命的胜利，首先必须在意识形态领域与资产阶级展开争夺“霸权”的斗争。这种观点在当时影响甚大，从此西方马克思主义者对资产阶级的批判便转向了意识形态批判，也集中在意识形态/语言符号的领域。[①]

① 赵一凡：《阿尔都塞与话语理论》，《读书》1994 年第 2 期。

（二）巴赫金：意识形态符号论

与葛兰西从意识形态研究的视角出发实现意识形态与语言的结合相反，20 世纪 20 年代，巴赫金先从开拓语言哲学研究出发推导语言与意识形态的密切关联。这些成果集中体现在他 1929 年以伏罗什诺夫为笔名出版的《马克思主义与语言哲学》一书中。该书在近半个世纪后激起热烈反响，被西方学者认为是话语理论非常重要的一本起始研究著作。巴赫金的贡献主要在于提出“超语言学观念”“对话原则”和“意识形态符号论”等原创性知识。其中，“超语言学观念”提出，语言研究不能局限于对语言形式的研究，而要展开对语言背后的、社会历史情景里的语义分析。“对话原则”的核心理念是唯有“对话交际才是语言生命的真正所在之处”。[①] 这个观点属于整体的“对话”理论的一部分。“意识形态符号论”将语言视作符号，而且尽管其作为符号有自己的相对独立性，但是也必须存在于一种特定的意识形态语境之中。[②]

上述回顾显示了 20 世纪二三十年代马克思和恩格斯的语言阶级性观点踏上了具有开创性意义的“回归”之路。在这些做出贡献的研究者当中，葛兰西和巴赫金代表了两种相反的论证路径：一个是从意识形态到语言，将意识形态研究推向了一个高峰；另一个是从语言到意识形态，将语言理论引入了新的领域，最后殊途同归。尽管当时话语的概念还没有作为一个学术概念使用，但是事实上意识形态的话语研究已经拉开了帷幕，为后面的研究者指出了一条开阔的道路。

此后，世界先后遇到全球经济大萧条、第二次世界大战等大劫难。在这种大环境下，20 世纪四五十年代这方面的研究乏善可陈。到了

① 巴赫金：《陀思妥耶夫斯基诗学问题》，白春仁、顾亚铃译，生活 · 读书 · 新知三联书店 1988 年版，第 252 页。

② 伯克：《历史学与社会理论》，李康译，上海人民出版社 2019 年版，第 56 页。

20世纪60年代后半期,随着欧洲学生运动蓬勃兴起,语言阶级性的主张又再次回归,关于意识形态与话语的研究进入一个空前兴盛时期。

二、正式进入意识形态话语研究阶段

20世纪六七十年代,以法国1968年五月风暴为标志,开始了席卷西方大多数国家的学生运动,虽然运动很快烟消云散,但是给学术研究带来了巨大的影响。在这个过程中,伴随着欧洲的西方马克思主义学者越来越转向文化批判与意识形态批判,意识形态话语研究进入了一个全新阶段。这个阶段同样是两个进路:一是通过对话语分析的创造性发展去构建意识形态的话语研究范式,二是通过对意识形态结构与功能的挖掘而走向与话语分析的融合。前者是以福柯(Foucault)为代表的话语研究,后者是以阿尔都塞和拜肖为代表的意识形态研究。

(一)福柯:激活了话语概念

就像马克思激活了长期沉寂的意识形态概念并使之成为一个长盛不衰的社会科学核心概念一样,福柯在20世纪六七十年代通过创立一种新的话语分析方法,重新激活了话语概念。20世纪50年代虽然也有语言学家在谈论话语分析,但是主要聚焦对语法规则的研究。福柯对此不满,认为话语(discourse)不能仅仅被视为人与人之间交流工具的语言(language),而应该用来描述语言与社会现实之间的关系,属于一种关于社会以及主、客体特性与关系的集体建构,因此,话语也是社会影响人对现实的认识和形成观点的一种社会工具。在福柯眼里,人与世界的关系是一种话语关系,话语分析应该聚焦于如何通过话语进行知识或意义生产的问题,话语也因而具有实践的意涵。例如,在嵌入更广泛社会实践中不断变化的话语实践中,话语不仅广泛存在"互文性"的特征,而且是权力斗争的场域。总体上,福柯的话语分析主要包括“谱系分析”（genealogical analysis）和“批判分析”（critical analysis）。[①] 至此，福柯实现了话语分析焦点“从思想本身转向表达思想的媒介：言说、意象或文本”。也是“从福柯采用这个术语开始，它才传播到多个学科”[②]。

福柯深受马克思的影响，所以尽管福柯对当时使用的意识形态概念过于批评性的特征不满意，但是他的话语概念并不是对马克思意识形态概念的替代，相反是为意识形态研究提供了一种更为复杂的分析方式。首先，福柯话语考古学和谱系研究的作品开创了对具体意识形态分析的初步方法。其次，福柯话语分析方法的基本内核被后来的批评话语分析家们所继承，而且他对文本分析的忽略也得到了弥补，随后以文本分析为方向的批评话语分析开始蓬勃发展起来。最后，福柯的话语理论总体上延续了结构主义的传统。例如，福柯认为话语是一种集体建构的话语类型，而不是某个个体可以自主建构的。这种话语类型是一种结构力量，权力通过话语来形塑每个个体的话语选择和据此建构的社会现实。在话语类型面前，作为主体的人是消极的。但是到了晚期，福柯认识到个人不可能是如此消极的被规训者，又开始提出个人具有不同程度的能动性。事实上，哪里有权力，哪里就有反抗。尽管如此，他没有在根本上改变其话语理论的结构主义立场。

话语分析在意识形态研究中这种地位的确立，不是福柯一人的功劳，也离不开同时代一些学者的相似的洞见。例如，伯格（Berger）和卢克曼（Luckmann）认为，意识形态不能脱离话语来理解，因为话语在意识形态的产生和再生产中起着不可或缺的作用，而且这种作用充分

① 徐贲：《走向后现代与后殖民》，中国社会科学出版社 1996 年版，第 129 页。

② 伯克：《历史学与社会理论》，李康译，上海人民出版社 2019 年版，第 56 页。

体现在日常谈话和互动的微观实践中。[①]

(二)阿尔都塞与拜肖：建构意识形态的话语理论

第二种路径是以阿尔都塞与拜肖为代表的从意识形态研究入手进行构建话语理论的努力。

1. 阿尔都塞：意识形态国家机器

阿尔都塞深切感受到意识形态斗争对于西方共产主义运动的重要性，因此他坚持了马克思的批判立场，并把意识形态视为“表征个体与其真实存在条件的想象性关系”，而且属于一种“幻象”或“想象性扭曲”。[②] 为了展开意识形态批评，阿尔都塞在葛兰西的市民社会思想的基础上，提出国家由两部分组成：一部分是强制性国家机器(简称RSAs)，以政府、法庭等机构为代表；另一部分是意识形态国家机器(简称ISAs)，包括涉及宗教、教育、家庭、工会、文化设施等的民间组织。资本主义统治的核心在于市民社会，在于意识形态领域的资产阶级霸权，而这种霸权的实施方式比较隐蔽，它渗透在日常管理与社会生活的诸多环节中。阿尔都塞也曾探讨过用来研究意识形态的话语理论，并认为话语理论的核心问题是阐明意识形态话语的特性、结构和功能，从而将意识形态话语与别的社会话语区别开来。他同时也洞察到词语的意义并不是由它们的常见用法所固定的，而是有赖于它所在的话语体系的建构。虽然他没有提出系统化的理论框架，但是其洞见也深深地启发了后继者，例如他的学生拜肖。

2. 拜肖：唯物主义的话语理论

拜肖试图完成阿尔都塞未竟之事，建立一种“唯物主义的话语理论”。他的理论来源还包括当时流行一时的结构语言学与精神分析的

---

① 具体讨论参见 Berger P L, Luckmann T. *The Social Construction of Reality: A Treatise in The Sociology of Knowledge*. Garden City: Doubleday, 1967.

② 齐泽克、阿多尔诺等:《图绘意识形态》,南京大学出版社 2002 年版,第 161 页。

研究成果，而且也不难看出，他的话语理论与福柯的一些主张非常相似。他于1975年发表的《语言、语义学与意识形态》一文是这项努力的标志性成果。首先，他对话语进行了界定，提出话语是没有单个作者的，它是隐匿在人们的意识之下的各个群体话语。其次，他认为话语是各种社会生活斗争的产物，而且它们也一直处于相互冲突状态。在完成了这些理论准备后，拜肖还尝试把阿尔都塞式的意识形态研究进路和话语分析的技术工具综合起来，创立了"话语自动分析"的方法。至此，拜肖较好地起到了一个承上启下的作用，实现了意识形态研究与话语分析在当时看来的最具深度且有可操作性的融合。但依然存在一些难题需要解决，如结构主义的本体论也是其理论与生俱来的"硬伤"，而且在认识论方面，"区分话语和非话语的技术困难有待解决"[①]。恰恰是这些内在的紧张与缺陷开启了新的研究空间与方向。

同福柯晚期对其话语理论的结构主义立场有所反思相比，阿尔都塞比较坚持其"漠视人的中心地位"的结构主义立场，这被视为是他的一个重要"硬伤"，因为该立场"抹杀了人的应变能力，也否定了变革的可能"[②]。拜肖也接受了"结构主义者"的思想传统，将话语构型作为意识形态模式的组成部分，这些由若干话语构型组成的意识形态模式"决定了在一定的社会形态中哪些能并且必须被言说出来"[③]。拜肖深受精神分析家拉康的影响，进而把这种话语构型比附于拉康所说的"他者""想象的我"，进而认为他们才是真正的"话语主体"。[④] 这也是拜肖被批评"过于拘泥于阿尔都塞所概述的框架"[⑤]的一个重要原因。

---

① 赵一凡：《阿尔都塞与话语理论》，《读书》1994年第2期。

② 赵一凡：《阿尔都塞与话语理论》，《读书》1994年第2期。

③ 汤普森：《意识形态理论研究》，郭世平等译，社会科学文献出版社2013年版，第273页。

④ 汤普森：《意识形态理论研究》，郭世平等译，社会科学文献出版社2013年版，第275-276页。

⑤ Thompson J B. "Ideology and the analysis of discourse: A critical introduction to the work of Michel Pecheux". *Sociological Review*, 2011(2): 212-237.

在同时代，远远不只他们在做这项工作。经过了数年的学术积累与酝酿，尤其是到了20世纪70年代，越来越多的学者致力于意识形态研究与话语理论的融合工作。一个有趣的现象是，英国学者与欧洲大陆的学者在研究意识形态与话语理论时，研究的主题与方法上的差别比较明显。英国学者更多的是秉承了分析哲学的传统，比较注重话语的逻辑分析以及如何给意识形态研究搭建一套具有可操作性的话语分析框架。例如，古尔德纳于1976年提出，要从语言维度来研究意识形态，意识形态是用来实现公共计划的一套"符号系统"和"精心打造的编码"。[①] 具体到话语分析框架的建构上，代表性的成果有辛克莱等人的交流机构分析、萨克斯等人的回话结构分析和福勒等人的语法结构分析等。[②] 但是这些研究被认为没有把意识形态话语实践置于日常生活的场域中，对意识形态话语究竟在构建什么等方面也是语焉不详。[③]

至此，在20世纪70年代，"话语分析"终于作为一个领域出现，而意识形态的转变是在同一时间复杂的结构的语言转换，涉及一整套的语言机制。[④] 尽管出发点和理据有所不同，但这些转变最后殊途同归，都把话语分析与意识形态研究紧紧地联系在一起。这种研究状况直接催生了20世纪90年代批判话语分析流派的诞生，其根本主张是话语分析应该被视作意识形态研究的核心。

三、意识形态话语研究走向成熟

20世纪八九十年代是意识形态研究话语转向的高峰，在涉及该

---

① 汤普森：《意识形态理论研究》，郭世平等译，社会科学文献出版社2013年版，第94-95页。

② 汤普森：《意识形态理论研究》，郭世平等译，社会科学文献出版社2013年版，第94-95页。

③ 赵一凡：《阿尔都塞与话语理论》，《读书》1994年第2期。

④ Kress G R, Trew A A. "Ideological transformation of discourse; or how the *Sunday Times* got its message across". *Sociological Review*, 1978(4): 755-776.

研究领域的本体论/认识论和方法论等基本问题上的讨论也比较成熟了，诸多理论得到建构，方法论也在不断地完善，可以说这是一个相对成形的时期。这一时期首先是从齐泽克对福柯的批判开始的，他在吸收和运用诸多理论资源的基础上，提出重振意识形态批判的活力。拉克劳和墨菲在回应和修正齐泽克理论的基础上，创立了带有明显后结构主义特征的话语关系理论。汤普森继承了英语世界意识形态话语研究的传统，并吸收了解释学的基本内核，构建了意识形态话语分析的总体方法论——深度解释学。也是在这个时期，批判话语分析开始正式成为意识形态话语研究的一个重要派别。这个时期的成就涉及意识形态话语研究的方法、理论、流派等方方面面，可以说是达到了一个高峰，而后面 20 年的研究，基本上都是在这些成就下开展一些运用或修正的研究。

（一）齐泽克：重振意识形态批判的活力

20 世纪 70 年代初开始，在批判理论中，福柯的话语概念逐渐变成了一种“主符号”，甚至具有比意识形态概念更大的竞争优势。齐泽克对这种状况很是不满，他批判福柯理论通过将现存权力关系的对立性转化成差异性，将“阶级斗争的特殊逻辑”转化成“不同身份之间相互承认的横向逻辑”[①]，从而以对意识形态批判的否定抛弃了意识形态问题。齐泽克致力于扭转这种局面，回归马克思的批判传统，重振意识形态批判的活力。为了实现这个目标，齐泽克提出了其意识形态理论的核心概念：意识形态幻象。这个概念分三个环节：第一，纠正过去马克思批判传统中对意识形态虚假性特征的揭示，即“他们虽然对之一无所知，却在勤勉为之”，福柯的观点也是如此。意识形态虚假性特征

① Vighi F, Feldner H. “Ideology critique or discourse analysis? Žižek against Foucault”. *European Journal of Political Theory*, 2007(2): 141-159.

在后资本主义时代已经发生了重大转变，以一种新的面貌出现，即斯洛特戴克(Sloterdijk)所概括的“他们对自己的所作所为一清二楚，但他们依旧坦然为之”[①]，意识形态幻象就是指这种状况。第二，意识形态幻象的产生是为了“掩藏在意识形态普遍性下面的特定利益”[②]。第三，意识形态幻象并不是一种假象，也不是认识论意义上的“幻象”，它的真实性不是来自“知”而是“行”，即在实践中使这种幻象变为现实。至于这个幻象最终源自何处，齐泽克把这个问题引到了萦绕在现实的幽灵身上，而这个幽灵是为了弥补拉康的理论中“象征界”对“实在界”解释失败所打开的缝隙。至此，齐泽克对意识形态的批判的核心，就在于邀请我们穿越我们的意识形态幻象，直面我们的真实欲望。

齐泽克的幻象理论为重振意识形态批判的活力提供了新的方法。首先，与传统的意识形态批判一样，齐泽克适当地承认了话语分析的批判价值，并强调每一种意识形态立场是如何作为复杂的话语程序互动的结果而出现的。在这个意义上，齐泽克认同弗里登的观点，即“意识形态是话语的一种形式，但它并不能完全包含在话语概念中”[③]，但是不认同他把话语分析方法仅仅专注于现实的建构而放弃了话语自身的表征(认同)问题的做法，实际上福柯也是如此放弃了话语的自身表征(认同)问题。在齐泽克看来，意识形态概念应该包含上述的两个方面，并把话语的自我表征(认同)问题作为主体化过程的必要因素。由此，意识形态批判的焦点转向了话语的侵入性存在，即不是意识形态为了病态的利益而伪造现实(权力策略)，而是因为没有办法接近和概念化尚未被话语玷污的现实。这导致我们假设的每一种意识形态

---

① 齐泽克:《意识形态的崇高客体》，季广茂译，中央编译出版社 2002 年版，第 40 页。

② 齐泽克:《意识形态的崇高客体》，季广茂译，中央编译出版社 2002 年版，第 41 页。

③ Vighi F, Feldner H. “Ideology critique or discourse analysis? Žižek against Foucault”. *European Journal of Political Theory*, 2007(2):141-159.

立场,总是被一个错综复杂的话语工具网络所寄生,其功能是预先构建我们的观点,并默默地赋予它一种必然性的表象。

综上所述,齐泽克至少在两个方面突破了福柯的局限,发展了意识形态研究的话语分析方法。第一个方面是用意识形态幻象说代替意识形态假象说,从而完成了意识形态批判的对象从认识论到本体论的转换。第二个方面是把福柯式的几乎消失在话语概念中的意识形态概念重新找回来,并通过将意识形态幻象纳入拉康意义上"象征界"与"实体界"之间无法弥合的"虚空"中,为意识形态批判提供了张力和更加广阔的分析空间。意识形态与话语的关系由此得到重新界定,这一系列的操作实现了重振意识形态批判活力的目标。这些主张在很大程度上确实是基于当前后资本主义社会现实的观察,有一定的合理性和解释能力。但是如果把作为批判基础的意识形态幻象的来源诉诸无边无涯的无意识的幽暗,则又降低了其阐释或解释的有效性。这主要在于对它进行评估的依据究竟在何处依然没有办法做最低要求的定论。

(二)拉克劳和墨菲:后结构主义倾向的话语关系理论

喜欢把齐泽克作为理论对话对象的拉克劳和墨菲的话语关系理论,似乎是在给齐泽克的意识形态幻象划定边疆,使之具有讨论或对话的基础。如果说齐泽克的观点更多地融合了精神分析理论的观点,那么拉克劳和墨菲的观点则和当时流行的后现代主义关系更加密切。在这个意义上,齐泽克更多地带有结构主义的色彩,而拉克劳和墨菲则更多地带有后结构主义的倾向。

拉克劳和墨菲援引了以罗蒂、德里达和利奥塔等为代表的"反基础主义"和"反本质主义"等后现代主义思想资源发展出的话语关系理论(the relational theory of discourse),其基本主张是:话语并不只是如镜子那样反映社会其他部分(例如经济)所发生的过程。毋宁说,话语吸纳社会所有组成部分的因素和实践，组成一个新的东西。这就带出了话语被建构的过程（的问题）。这里拉克劳和墨菲引入了“链接”（articulation）的概念，用来描述“一种去除了本质含义的建立意义的联系”[①]。因此，它指这样一种偶然性逻辑的链接过程，即把不同的因素集拢起来，并将它们结合成为一个新的身份。这同时是一个把不同要素链接起来的一种话语“统一”（unity）过程，而且扩展到“被链接的话语与不同社会力量之间的一种关联”[②]。

在这种脉络里，拉克劳和墨菲的话语概念肯定了身份的关系性质，词、言说、行动和机构的社会意义只有在它们成为其中一部分的总体背景时才能得到理解。由此，话语具有了双重性：一方面，它是实际权力斗争的产物，体现了政治过程的博弈结果；另一方面，它又是能动的，影响人们对自我角色的理解。

拉克劳和墨菲将此语言模式扩展到对社会和政治过程的理解。第一步是将社会系统视为依据话语规则被解构的东西，从而强调社会关系的符号（symbolic）特征。当然，话语（因而社会）永远不是封闭的差异系统，因此，话语永远不会穷尽社会中现有的意义和各种身份。但是这里引发的问题是：如果身份从来就不是最终固定的，那么任何身份的标识何以可能呢？我们是否生活在一个没有意义的或混乱的世界中？也就是说，如果我们生活在一个没有任何结束的世界中，也就不存在任何确定的话语身份的可能性？这个问题类似齐泽克的问题，即突破意识形态幻象的同一性或真实性如何确立。拉克劳和墨菲的做法是引入“政治边疆”概念，并在朋友和敌人之间建构了一种对立（关系），通过这一方法，话语获得了身份。身份的确认与对立是置身于“hegemony”（通常译为“霸权”，有时译为“领导权”）概念之中的。

---

① 毕芙蓉：《霸权、话语与政治——论拉克劳、墨菲的后马克思主义》，《哲学动态》2019 年第 3 期。

② 毕芙蓉：《霸权、话语与政治——论拉克劳、墨菲的后马克思主义》，《哲学动态》2019 年第 3 期。

霸权概念的核心是谁将成为主人。也就是说，哪一种政治力量将决定（在既定社会背景中）行为和意义的支配（主导）形式。因而，它“比一种关系更多地指明由不同关系之间的张力所控制的空间：(1) 被领导的任务与它的‘自然的’阶级代表之间的关系；(2) 被领导的任务和领导它的阶级之间的关系”[①]。霸权政治实践有两个前提假定：一是划分政治边疆，区分不同的相互斗争的政治力量。霸权实践总是与权力的行使联系在一起，任何一方都试图将自己的意志强加在对方身上。二是霸权实践需要一种漂移的、意义不确定的能指（signifier），这样就能够聚合这些因变的要素，扩展政治工程，（部分地）赋予其意义。鉴于此，在话语分析中，争夺霸权以及通过政治工程建立霸权至关重要。

另外，拉克劳和墨菲接受了阿尔都塞关于主体是被意识形态实践建构的观点，但是又反对阿尔都塞观点中的决定论含义。怎么协调这种矛盾呢？他们提出要发展一种主体理论，其中“主体是一种去中心的、去整体的行动者，这种主体是在多种多样的主体位置的交叉点上被建构起来的”[②]。这里区别了主体位置和政治主体性这两个概念：前者指主体在各种不同的话语中所居的位置（这意味着个人可以拥有不同的主体位置），它揭示了社会行动者建构自身的多种形式；后者关注社会行动者采取行动（或进行决策）的方式。在此基础上，主张主体行动的可能性在于他们参与其中的话语（实践）是不确定的（并不是决定的），因此当他们的身份随机性被揭示时，他们可以以不同的方式采取行动。

为了克服齐泽克意识形态话语分析过度依赖精神分析而导致的相对主义倾向，拉克劳和墨菲一方面将他的话语分析纳入政治场域，

① 拉克劳、墨菲：《领导权与社会主义的策略——走向激进民主政治》，尹树广、鉴传今译，黑龙江人民出版社 2003 年版，第 52 页。

② 墨菲：《政治的回归》，王恒、臧佩洪译，江苏人民出版社 2005 年版，第 15 页。

另一方面在前者缩小研究范围的基础上，将话语建构的功能限定在划分政治边疆以便确定对立的身份关系，有助于争夺霸权的政治活动。为了避免阿尔都塞的结构主义倾向，他们也缩小结构主义发挥作用的地盘，即仅限于对不同主体位置的划分与确定。此消彼长，结构性的地盘缩小，就意味着主体能动性的提高。而且这种主体能动性主要体现在话语实践中，也导致了诸多不确定性的特征。

（三）汤普森：意识形态话语分析总体方法论

20 世纪 80 年代意识形态研究话语转向的代表人物齐泽克、拉克劳和墨菲均是代表大陆哲学的传统，他们的对话对象是阿尔都塞、福柯等学者。20 世纪 80 年代活跃的英国学者汤普森在讨论意识形态研究与话语分析的议题上和英语世界的研究著作进行对话。在发表于 1984 年的一项述评研究中，汤普森称"我的目的是批判性地概述近年来那些以不同方式涉及意识形态理论以及话语分析的英语著作"[①]。这里提到的"近年来那些以不同方式涉及意识形态理论以及话语分析的英语著作"主要是 20 世纪 70 年代的研究成果。汤普森首先肯定了这些学者抓住了意识形态理论与语言研究的密切关联性，提出"意识形态理论通常要考察意义或者观念会以何种方式影响社会世界中的个人与群体的想法或者行动"[②]。同时注重分析框架的构建，也是受到当时社会学蓬勃发展的影响。正是因为开始注重将日常生活语言"看作意识形态的真正所在，那么最为重要的就是要考察人们为分析日常话语而阐发过的那些方法"[③]。尽管当时已经有了上述洞见，但其结果至今一直都是令人失望的。总体上，话语分析与意识形态研究的主要任务没有被利索地整合在一起。其中，最明显的缺陷体现在他们普遍

① 汤普森：《意识形态理论研究》，郭世平等译，社会科学文献出版社 2013 年版，第 75 页。

② 汤普森：《意识形态理论研究》，郭世平等译，社会科学文献出版社 2013 年版，第 74 页。

③ 汤普森：《意识形态理论研究》，郭世平等译，社会科学文献出版社 2013 年版，第 107 页。

地丢弃了马克思意识形态理论的批判传统，将意识形态与统治批判之间的关联打破了，而夸大了意识形态的统一性和分立性，把意识形态粗略地说成一种“信念系统”、一种“思想系统”或一种“思想与语言的系统”。汤普森对之进行了严厉批评，认为“这种意识形态观念是如此的松散和一般，以至于它实际上是没有用处的”[①]。这些研究为什么会出现这种状况？问题究竟出在哪里？汤普森开始破中立论，提出这些研究遗漏了一个重要的内容，这个内容就是对意识形态与统治之间关系的承认。这里“统治”的外延被扩大了，认为只要是存在系统地不对称的权力关系，就是统治关系。这是汤普森试图超越马克思把统治关系仅仅界定为阶级之间的统治关系的观点。在他看来，性别关系、种族关系等都有可能存在系统不对称的权力关系，而且这些都是意识形态应该研究的统治关系。同时不满意近来学界对意识形态概念的中性界定，从而创造性地恢复马克思主义把意识形态分析同批判问题结合起来的传统，即把意识形态重新界定为“用来指特殊情况下意义服务于建立并支持系统地不对称的权力关系的方式——这种权力关系，我称之为‘统治关系’”[②]。这里，可以说汤普森与齐泽克构成了一个呼应，都是在重新振兴马克思主义的意识形态批判的传统，但是路径不同，齐泽克是沿着精神分析的思路来展开，而汤普森是重新把权力概念引入意识形态批判，在这个意义上，汤普森的研究也是对福柯权力泛化做法的一个调整。

汤普森的论证方式是将对权力和统治的分析置于结构与行动关系的框架内。在汤普森看来，结构与行动之间的关系体现在三个抽象的层次上，分别为最为直接的行动层次、作为中间层次的社会制度层次和最为抽象的社会结构层次。重要的是，“每一个层次都会表现出

① 汤普森：《意识形态理论研究》，郭世平等译，社会科学文献出版社 2013 年版，第 140 页。

② 汤普森：《意识形态与现代文化》，高铦等译，译林出版社 2005 年版，第 62 页。

权力现象的一个方面”[1]。在行动层次上，权力表现为一个人在追求自己目的和利益中的行动能力；在社会制度层次上，权力是一种制度上被赋予的资格；在社会结构层次上，权力又受到一些结构性条件的限制。这里所讨论的统治，就是在连接微观层次的行动能力和宏观层次限制条件的中间制度层次上建立起来的具有系统不对称性的权力关系。因此“研究意识形态就要研究意义(含义)服务与维持统治关系的方式”[2]。这是一项重要的基础性工作，但汤普森没有止步于此。其随后在1990年又做了一项基础性的工作，即搭建一个用于揭示意识形态中权力与统治关系的话语分析方法——深度解释学。汤普森明确指出，深度解释学仅仅是一种总体方法论架构，并不是对某个具体方法的替代。作为总体方法论，深度解释学包括三个主要阶段或程序，即“社会—历史分析”“正式的或推论性分析”以及“解释—再解释”循环。该分析框架涉及三个层次，每个层次研究的具体任务不一样，但是核心任务是一致的，就是设法阐明意识形态象征形式的意义与权力之间的相互关系。具体而言，在进行意识形态解释时，“社会—历史分析”关注构成社会体制与互动领域特点的统治关系；“正式的或推论性分析”集中于促进调动意义的象征形式的结构性特征；“解释—再解释”循环试图阐明象征形式推动的意义与该意义建立和支撑的统治关系之间的联系。汤普森所倡导的深度解释学继承了解释学的传统，认为解释的主体和作为对象的客体其实都是主体，我们对现实世界的认知都是自身的话语框架所塑造的，所以这里所作的意识形态解释往往需要对解释进行解释，而不论哪种解释，都无不带上了该解释主体的主观性。汤普森很清楚意识形态解释所面临的这种处境，并没有赋予深度解释学方法更为坚实或笃定的解释效力，而仅仅声称它为意识形态研究提供了一

① 汤普森：《意识形态与现代文化》，高铦等译，译林出版社2005年版，第144页。

② 汤普森：《意识形态与现代文化》，高铦等译，译林出版社2005年版，第145页。

种批判的可能性。

汤普森深知深度解释学所依赖的阐释主义传统的本体论、认识论具有与生俱来的缺陷,但是这种缺陷并没有对该研究方法的发展构成根本的威胁。总体上,对于意识形态研究的话语转向来说,汤普森是20世纪八九十年代一个重要的、起到承上启下作用的学者,吸收了第二次世界大战以后发展起来的关于意识形态和话语理论研究的诸多洞见,恢复并拓展了马克思主义意识形态批评理论的视域,把批评的对象转向了系统性的权力不平等的统治关系,并提出了勾连微观行动、中观制度和宏观结构的总体性方法论。这些成果影响深远,虽然汤普森没有明确把自己列入差不多同时代兴起的批评话语分析的流派,但是他的洞见基本上都为批评话语分析的代表人物所吸收。批评话语分析的理论虽然早在1979年由福勒等人提出,但是经过了20世纪80年代的学术积累,伴随着信息时代的到来和全球化趋势的加强,在20世纪90年代迎来一个迅速发展的时期。意识形态分析其实一直是批评话语分析的中心议题,并且这种状况一直延续至今。如果说可以把一个研究流派的诞生视作意识形态研究话语转向得以实现和定型的标志的话,批评话语分析可以承担其任。在整个20世纪八九十年代,最活跃、最具代表性的批评话语分析学者分别是费尔克拉夫和梵·迪克(van Dijk)。

(四)费尔克拉夫和梵·迪克:批评话语分析

1. 费尔克拉夫:以文本为方向的批评话语分析

批评话语分析延续了汤普森的观点,认为意识形态是代表和建构社会的特殊方式,它再现了不平等的权力关系——统治和剥削关系。作为批判话语分析发起人之一,费尔克拉夫一方面继承了批判语言学的基本主张,拨开意识形态的迷雾,在社会生活中重新阐释文本与话语的真实意义;另一方面发展了福柯的理论,他肯定了福柯在话语与权力、话语的建构功能等方面的杰出贡献，同时指出福柯缺乏对语言文本的关注，因而主张把福柯关于话语和语言的一系列见解整合到以文本为方向的话语分析之中。

为了更好地进行意识形态分析，费尔克拉夫搭建了一个以文本为方向的话语分析框架。费尔克拉夫也清楚，仅仅研究文本本身是远远不够的，需要把话语看作社会实践的一种形式。由此，费尔克拉夫于1995年提出了话语分析"三向度"框架，即任何话语"事件"都被同时看作是一个文本、一个话语实践的实例以及一个社会实践的实例。[①]话语实践是以"文本"的形式得到表达的（书写语言和口头语言）[②]，牵涉文本生产、分配和消费的过程。话语实践是建构性的：它有助于再造社会本身，它也有助于改变社会。

费尔克拉夫的主要贡献就在于，对意识形态的话语实践进行了比较全面的阐释。意识形态的话语实践体现了有助于维持或重建权力关系的功能。意识形态的话语实践牵涉文本生成、分配和消费的过程。其中，和生产一样，消费可以是个体或是集体的。各种机构通过特殊的日常事务来加工文本，而文本的消费导致不同的可变结果。意识形态的话语实践也受到社会的制约，不仅受到特定的社会结构、规范和习俗的限制，也受到其自身作为社会实践组成部分的特殊性质的制约。

至此，费尔克拉夫不仅构建了一个以意识形态的话语实践为研究对象的，打通文本、话语实践和社会实践三个向度的，系统化的理论框架，还提供了全方位的具有操作性的方法论。正是在这个意义上，他的话语分析模式可以说是批判话语分析流派中最为系统和完善的。同时费尔克劳夫也打通了诸多学科和理论视角的界限，融会贯通到他

① 费尔克拉夫：《话语与社会变迁》，殷晓蓉译，华夏出版社2003年版，第4页。
② 费尔克拉夫：《话语与社会变迁》，殷晓蓉译，华夏出版社2003年版，第66页。

的话语分析框架中,这种做法代表了一种趋势,被同时代和后代的学者发扬光大。但是费尔克劳夫并没有很有效地解决话语的建构性特征导致的话语分析与生俱来具有主观性特征的问题,这种阐释中“公说公有理,婆说婆有理”的困境势必影响了研究结论的客观性。另外,对于意识形态与话语之间究竟能不能画等号这个问题,费尔克劳夫意识到了,但也没有提供有效的解释。这些问题有的是批判话语分析的本体论和认识论假设本身很难解决的,有的是费尔克劳夫本人没有解决好的。同时代的另一位大师梵·迪克则对这些问题做了一些积极的呼应。

2. 梵·迪克:多学科理论视角的批判话语分析

梵·迪克从 20 世纪 90 年代开始致力于意识形态的话语分析研究,一直延续至今。作为这项研究的逻辑起点,也同样需要先对意识形态进行合适的界定。梵·迪克首先不同意人们长期以来把意识形态作为一个消极的东西来看待的做法,尤其是那种指责别人拥有的只是意识形态、而我真理在握的思维方式。那么如何解决这种片面看待意识形态的问题?梵·迪克不同于其他批判话语分析研究者通过明确意识形态研究的具体批判目标(例如揭示深层次的不平等权力关系)来给意识形态一个客观的、分析性的新定位,而是另辟蹊径,将意识形态和话语分析的联系置于社会认知的框架内来讨论。这种思路强调了意识形态的社会认知属性,从而可以视之为社会群体共享的心理表征。在此基础上,梵·迪克在 1995 年尝试建立了一个理论框架:

> 意识形态是社会认知的基本框架,为社会群体成员所共有,由相关的社会文化价值选择构成,并由代表群体自我定义的意识形态图式所组织。意识形态除了具有维系群体利益的社会功能,还具有组织群体的社会表征(态度、知识)的认知功能,从而间接

监测与群体有关的社会实践，进而监测群体成员的文字和谈话。[①]

在这个框架里，意识形态被转化成一个由社会群体成员所共享的一般性的基本思想体系，或者说一种更加具体化的群体意识。这种社会认知论的转化，也意味着意识形态功能的转换。这时意识形态作为一个群体所共享的社会信念，其功能主要集中在影响群体成员对社会生活的主要事件和行动的阐述和参与以及与其他社会群体的关系上。正是这种功能的转换，使意识形态与话语更加紧密地联系起来。当群体成员解释、激励或使其（基于群体的）行动合法化时，他们通常是运用意识形态话语进行的。因为意识形态主要是通过话语，即通过口头或书面交流互动来表达和获得的。在这个过程中，不仅是意识形态本身要在语言和文本等形式的话语中得到再现，意识形态的认知和建构功能也要通过它们在社会认知和话语中表述和再现它们社会地位和社会条件的方式得以实现。在此基础上，梵·迪克把这个方法命名为"话语—认知—社会三角"（the discourse-cognitive-society triangle）话语分析。

循着这个理论框架，梵·迪克逐渐发展出意识形态话语分析的一套方法。意识形态与话语之间的关系不是表面上描述的那么简单，一旦深究下去，就会发现实际情况比较复杂，因为人具有能动性和反思性的主体特征。对此，梵·迪克使用了源于当代认知心理学并得到扩展的话语加工理论来分析各种"有偏见的"话语的生产或理解所涉及的实际（认知）过程。这个理论包括了一系列关键概念，如语境、心理模型、知识、团体信仰、策略加工等。其中，语境因素强调的是话语的生产和理解，依赖并影响着语言使用者所解释的交际情境的相关属

---

① van Dijk T. "Discourse semantics and ideology". *Discourse & Society*, 1995(2):243-289.

性，而心理模型控制了话语的意义或“内容”。这两个因素虽然是个人和主观的，但是群体成员们还共享更普遍的社会知识和团体信仰等。上面这些因素都构成了限制性条件，语言使用者在这个基础上有策略地生产和理解谈话和文本，进行话语加工。这里简要展示了意识形态话语生产和理解的一些基本社会认知过程，可以发现意识形态和话语之间的关系是复杂的，受到多重因素的影响，甚至是间接的影响。

在这个基础上，梵·迪克探究意识形态结构与相应的话语策略。关于意识形态结构，梵·迪克曾做了一个系统的归纳，认为意识形态为了维护群体的利益，“不但告诉一个意识形态群体的成员什么是‘真’或‘假’，而且还告诉他们什么是‘好’或‘坏’，‘被允许的’或‘被禁止的’，如此等等”①。为此，需要构建一个话语中的意识形态图式，表明在意识形态话语中至少应该明确这些问题：群体身份和身份认同、活动、目标、规范和价值、群体关系和资源等。意识形态的话语策略主体上就是对意识形态图式的群体关系范畴的表达。鉴于该范畴的意识形态深层结构在很大程度上是两极的，所以梵·迪克构建了一个意识形态方阵来概括意识形态话语的基本策略与表达方式，如图 3-1 所示。

强调我们好的地方	强调他们坏的地方
淡化我们坏的地方	淡化他们好的地方

图 3-1 意识形态方阵

意识形态方阵所展示的基本策略可以概括为“正面的自我再现和负面的他者再现”②。综上所述，可以发现，诚如梵·迪克所言，他采取

① 梵·迪克：《话语研究：多学科导论》，周翔译，重庆大学出版社 2015 年版，第 351 页。
② 梵·迪克：《话语研究：多学科导论》，周翔译，重庆大学出版社 2015 年版，第 358 页。

了一种多学科的理论视角，并且这种尝试集中体现在其于1998年出版的《意识形态：跨学科的视角》[①]一书中。

批评话语分析在费尔克拉夫和梵·迪克这些奠基人的持续努力下，已经成为研究意识形态话语最具代表性的流派，这些奠基性的学者至今仍然活跃，持续地推动着这项研究。外界一直质疑批判话语分析。例如，如何确定哪些话语或话语中哪些成分具有意识形态的属性；话语分析也是基于某种意识形态的立场，这种状况导致批判话语分析缺乏起码的科学性或客观性；等等。这些疑问很多是批判话语分析所依赖的本体论或认识论本身带来的。其中20世纪90年代有个针锋相对的辩论一直在持续，一方面，认为新马克思主义意识形态批判已经失去了其传统的批判立场，体现了这些批判往往忽视了意识形态在合法化和维系不平等制度方面所发挥的作用，而且所批判的权力已经不是以经济和政治关系"铁笼"为特征的特权了。[②] 另一方面，当时流行的后现代主义认为，意识形态的批判性概念必须被放弃，因为不可能做到从另一个话语的角度来判断一个话语。也是从这个角度，后现代主义批评了福柯、鲍德里亚(Baudrillard)和利奥塔等代表人物，说"他们不知不觉中最后通过后门重新引入这个概念，从而与自己相矛盾"[③]。这种争论直到今天还莫衷一是，批判话语分析也是在与其所受到的这些疑问进行持续对话中进入21世纪的。

四、意识形态话语研究的推进与反思

20世纪八九十年代是个极具创造性的时代，可以说奠定了意识

---

① van Dijk T. *Ideology: A Multidisciplinary Approach*. London: Sage, 1998.

② Howe L. *Ideology, Domination and Unemployment*. Malden: Blackwell Publishers, 1994: 315-340.

③ Larrain J. "The postmodern critique of ideology". *The Sociological Review*, 1994(2): 289-314.

形态研究领域一些基本的、总体性研究框架，以至于到了21世纪前20年很少再有类似的大的理论建构工作或成果出现。表面上这些研究仍比较热闹，但是开拓性的研究较为匮乏，更多的情况是学者们主要在这个总体性的框架下展开具体的案例研究或理论探讨，而主要做一些修正或完善的工作。批判话语分析在这段时间里，总体上仍以揭示各种意识形态话语中的不平等权力关系或统治关系为主要研究目标。其中，如何通过话语去实施作为意识形态最主要的合法化功能，一直是意识形态话语分析的关键议题。信息时代的到来使意识形态话语实践越来越集中于日常工作或生活的各种场域，日常生活的意识形态话语实践得到越来越多的关注。随着全球化和信息时代的发展，各种政治或社会冲突也越来越围绕话语所建构的身份而展开，身份政治成了意识形态话语分析研究的重点。

（一）合法化的意识形态话语分析

合法化是最能够体现意识形态核心功能的运作模式。合法化是指合法性的有效建构或巩固，体现为支配关系被呈现为合法、公正和值得支持的。据此，“合法化是政治行为者所追求的主要话语目标”①，合法化尤其在政治话语中得到特别关注。合法化研究可以追溯的经典研究，首先是韦伯提出的合法性理想类型，即支配关系的建立和维持是基于理性的、传统的或魅力的理由。20世纪90年代，曾有学者用自然化（naturalized）概念来代替合法化，提出一种话语的自然化程度与其在社会中的效力之间的关系命题，即“一种话语的归化程度越高，它就越失去其可见的意识形态特征，而成为常识。一种话语保持常识的时间越长，它所产生的知识、信仰、社会关系和社会认同就越有可能

① Cap P. “Towards the proximization model of the analysis of legitimization in political discourse”. *Journal of Pragmatics*, 2008(39): 17-41.

变得根深蒂固，从而更难受到挑战”[①]。延续这个传统，范·鲁文提出了一套处理话语合法化问题的类型学分析，其中强调了合法化的四个主要类别：授权（指权威人物或传统）、道德评价（指价值体系）、合理化（指制度化社会行动的目标和用途）和神话故事（奖励合法行动的叙述）。[②] 雷耶斯较近的一项研究对这些策略进行了拓展和更新，提出社会行为者为实现社会目标而制定的五种关键的合法化策略，分别为情感（特别是恐惧）、假设性未来、理性、专业的声音和利他主义，而且这些合法化策略可以单独使用，也可以与其他策略结合使用。[③] 这些合法化策略在方法论层次上大多是建立在一个二元概念化的策略上，即通过建构“他者”不断地制造两方、群体和视角，换言之是通过两个不同的群体：“我们”与“他们”对品质和/或行为的归因来表现的。此外，合法化目标的实现，还在于话语的说服能力，对此，有学者提供了一个解释意识形态话语的政治说服对于构建合法性作用的概念性框架。[④] 在这个问题意识里，一些话语分析技术的研究也得到了发展。例如，将隐喻的认知理论建立在一个体验主义的框架之上，区分两种理想的隐喻动机：相关性和互文性。[⑤]

（二）日常生活中的意识形态话语分析

新媒体技术的广泛使用也深刻地改造了日常生活中的传播与沟通的结构、机制和过程。在这种背景下，发生在个人层面以及组织层

---

① Heather J. “Suit, tie and a touch of Juju'-The ideological construction of Africa: A critical discourse analysis of news on Africa in the British press”. *Discourse & Society*, 1995(4): 461-494.

② van Leeuwen T. “Legitimation in discourse and communication”. *Discourse & Communication*, 2007(1): 91-112.

③ Reyes A. “Strategies of legitimization in political discourse: From words to actions”. *Discourse Society*, 2011(6): 781-807.

④ 邦德、希普：《意识形态变迁与中共的合法性：以官方话语框架为视角》，周思成、张广译，《国外理论动态》2013 年第 8 期。

⑤ Zinken J. “Ideological imagination: Intertextual and correlational metaphors in political discourse”. *Discourse & Society*, 2003(4): 507-523.

面的日常生活中的意识形态话语也逐渐成为研究的焦点。例如,鉴于话语在政治活动中的重要性,布克哈特提出有必要建立"政治语言学",作为语言学和政治科学之间的分支学科,来专门从事政治话语分析工作。虽然这个努力还没有成功,但是他提出的用于意识形态研究的一套话语分析程序比较有创新性,其中包括了词汇—语义技巧、句子和文本—语义程序、语用学和文本—语言学技巧和符号学技巧等。[①]除了政治领域,一个更加开阔的日常生活领域不断地呈现在意识形态话语研究中,其中,认为意识形态话语发生在个人(日常谈话和对话)、组织(通常在小册子、口号、仪式等中倡导的组织价值观和承诺)和社会层面[②],已经成为研究共识。因此,意识形态话语研究也越来越多地延伸到对企业和非营利组织中的日常生活话语的研究。[③]

(三)身份政治的意识形态话语分析

当前世界范围内,无论理论研究还是实践活动,身份政治都是热点问题,因此它也自然是21世纪以来意识形态话语分析研究的重要议题之一。意识形态与身份认同的关系可以追溯到20世纪五六十年代的批判理论家阿多诺,一篇评析他思想的文章称"阿多诺将所有意识形态描述为身份认同"[④]。21世纪以来,意识形态话语的身份认同研究主要集中在那些社会冲突比较明显或激烈的领域,如社会运动和国际关系等。在社会运动研究中,意识形态话语得到重视也和当时社会运动研究中的"文化转向"有关,即开始产生一些构想集体行动文化

---

① 沃达克:《话语·政治·日常生活》,黄敏、田海龙译,浙江大学出版社2019年版,第9页。

② Alvesson M, Karreman D. "Varieties of discourse: On the study of organizations through discourse analysis". *Human Relations*, 2000(9): 1125-1149.

③ Molloy K A, Heath R G. "Bridge discourses and organizational ideologies: Managing spiritual and secular communication in a faith-based nonprofit organization". *International Journal of Business Communication*, 2014(4): 386-408.

④ Cook D. "Adorno ideology and ideology critique". *Philosophy & Social Criticism*, 2001(1): 1-20.

象征意义的概念。在这样的背景下，意识形态开始被看作是一种重要的动员行动者参与集体活动的文化资源，因此需要通过使用社会语言学分析来阐明意识形态的动员能力。[①] 其中，一项代表性的研究使用话语分析方法研究了法国报纸中关于2005年城市暴力事件的代表性观点，认为国民身份认同和民族主义的话语是构成“我们”和“他们”之间的标志性界限，而这种身份认同话语起到了重要的动员作用。[②] 在国际关系研究中，一项代表性的成果是汉森提出的政策—身份结合的理论模式。[③] 这个理论模式要回应的问题是对于国家政治行动而言，话语究竟能够起多大作用以及如何起作用？为此，汉森提出了两个重要的假设：一是强调话语的作用，“这并不是说物质不重要，而是说它总是被话语调解”[④]；二是通过政治话语构建身份产生与对外政策之间一种稳定的因果联系，即“对外政策话语可以被理论化为一种以在身份与政策之间建立稳定的联系为核心的简单模式”[⑤]。

21世纪前20年对理论构建的成果虽然乏善可陈，但是推动意识形态话语分析朝着更多学科、更多领域发展，这些成果也不是本章能够详细列举的。与此同时，这个时期的研究试图吸取实证主义和阐释主义多种本体论、认识论以及研究方法上的洞见，并尝试将它们融合起来构建起更加有解释力的一种研究范式。当然这些研究还在进行中，本章的回顾有助于我们更清晰现在的位置和前进的方向，并展示

---

① Platt G M, Williams R H. “Ideological language and social movement mobilization: A sociolinguistic analysis of segregationists' ideologies”. *Sociological Theory*, 2002(3): 328-359.

② Costelloe L. “Discourses of sameness: Expressions of nationalism in newspaper discourse on French urban violence in 2005”. *Discourse & Society*, 2014(3): 315-340.

③ 详细讨论参见汉森：《作为实践的安全：话语分析与波斯尼亚危机》，孙吉胜、梅琼译，世界知识出版社2016年版。

④ 汉森：《作为实践的安全：话语分析与波斯尼亚危机》，孙吉胜、梅琼译，世界知识出版社2016年版，第29页。

⑤ 汉森：《作为实践的安全：话语分析与波斯尼亚危机》，孙吉胜、梅琼译，世界知识出版社2016年版，第33页。

一个研究工具箱，以供随时调用。

第三节　意识形态话语分析的合法性论证[①]

前文第二节对意识形态研究话语转向的进程进行了简要的回顾，在呈现不同阶段涌现出的一个个闪耀智慧光芒的洞见的同时，也能看到它们遇到的诸多困难。这些困难一方面体现为内部的一些张力，需要自我修复；另一方面是来自外部的疑问，需要不断地为之辩护，以守护自己作为一种研究范式的合法性。对此，本节首先对体现在意识形态研究的话语转向进程中的三对张力——“结构—能动”“国家—社会”“批判—建构”——的演进情况进行简要归纳，其次对意识形态话语分析尤其是批判话语分析遇到的主要疑问以及如何回应做一个初步概括。

一、意识形态话语分析的内在张力与调试

意识形态研究对话语分析的运用，如前所述，可以追溯至 20 世纪二三十年代，形成于六七十年代，在八九十年代达到鼎盛。在萌芽阶段，学者们分别从意识形态研究与语言学研究两个路径入手，拉开了意识形态话语研究的帷幕。在经过约 20 年的停滞后，20 世纪六七十年代是成形阶段，不仅话语分析成为独立的研究方法，而且为意识形态研究奠定了坚实的话语分析方法论基础。20 世纪八九十年代是鼎盛时期，出现了诸多意识形态话语分析的代表人物和研究派别，该研

---

① 本节部分内容已以论文形式发表，见王国勤、王代月：《意识形态话语分析的张力与论争》，《浙江社会科学》2023 年第 8 期。

究总体性的立场和方法论已经建立起来。进入21世纪,学者们将前一阶段的研究成果推广到越来越多的领域,在涌现出智慧洞见的同时,也陷入了诸多困境。这里首先对意识形态话语分析在"结构—能动""国家—社会"和"批判—建构"三个维度上的内在张力及调试展开讨论。

(一)"结构—能动"维度上的张力

马克思和恩格斯洞见到语言的阶级性特征,但未进行系统论述,给继承者们留下相当大的争论空间。21世纪二三十年代,在"回归"马克思和恩格斯的语言阶级性研究中,葛兰西用"霸权"概念赋予意识形态话语结构主义色彩。巴赫金虽然是从语言学研究入手促进了意识形态与话语分析的结合,但是他所处的政治环境和所持立场使他和葛兰西在这些方面殊途同归,并无大的区别。

20世纪六七十年代,阿尔都塞继承了葛兰西强硬的结构主义立场,直接诉诸意识形态话语强大的结构力量。拜肖在相同立场上,使话语的结构力量多了一个新的来源,即拉康意义上的"他者"。福柯在总体上延续了结构主义的传统,认为在不同的话语类型面前,人的主体性是消极被动的。但到后期,福柯似乎不乐见人的这种处境,开始认可人面对权力时的反抗与能动性。或许因为他构建的话语理论本身没有给人的主体性留有多少空间,所以并没有改变结构主义的印象。

20世纪八九十年代,随着后现代诸多理论的涌现与发展,上述这些不同维度张力在意识形态话语分析的各个派别中呈现出更加复杂的状况。齐泽克用意识形态幻象理论重振意识形态话语的批判活力。他的批判理论带来的最大改变是意识形态幻象说代替了意识形态假象说,使意识形态批判的对象从认识论范畴转向了本体论的范畴。而他的意识形态幻象说同拜肖一样,将结构主义的特征延伸到精神分析领域,但是他比拜肖走得更远,直接将意识形态幻象纳入拉康意义上“象征界”与“实体界”之间无法弥合的“虚空”中。拉克劳和墨菲的话语关系理论启用了那个时代兴盛起来的后现代思想资源,对能动性作用的重视开始超过结构的影响力,在接受阿尔都塞话语的建构主体功能的同时,用政治主体性概念消解了其建构功能的决定论因素。新变化带来新的问题,即滋生了意识形态话语在生产、消费和分配等诸多环节中的众多“不确定性”。从此“不确定性”伴随着意识形态话语分析的发展。同一时代的汤普森深受解释学的影响,更偏向话语所体现的行动者的能动性特征。费尔克拉夫和梵·迪克有个共同点,就是通过强调多学科的融合来调适前面所列举的诸多张力,但是二人作为批判话语分析的奠基人,深受批判话语分析本身的本体论与认识论基础的影响,因而并没有实现调适的目标。和费尔克拉夫不同的是,梵·迪克越来越强调意识形态话语的社会认知特征,这种强调直接导致他对意识形态话语的界定越来越倾向于社会视角。21 世纪以来,后结构主义在意识形态话语分析中占据主流,大家开始普遍接受一种有限的建构主义的立场。

(二)“国家—社会”维度上的张力

意识形态通常具有承接国家与社会间心理连接功能的属性,但在具体意识形态概念的界定中,存在两种视角,分别是只承认主流意识形态存在的国家视角和强调群体利益意识形态存在的社会视角。自马克思把意识形态视为维护统治阶级地位的统治阶级思想,意识形态研究的主流观点是国家视角,即认为仅有国家层面的意识形态,并不存在社会层面的意识形态。在这个维度上,葛兰西的问题意识是如何推翻资产阶级的统治,他所使用的只能是国家视角的意识形态话语。巴赫金是从语言学研究入手促成了意识形态与话语分析的结合,但是他所处的政治环境和所持立场与葛兰西基本一致。阿尔都塞和拜肖也坚持从国家视角来看待意识形态话语。

相比之下，福柯似乎是个过渡人物，他赋予了意识形态话语更多的权力主体，致使他对意识形态话语的理解中模糊了国家与社会的界限。同为批判话语分析的奠基人的费尔克拉夫和梵·迪克都试图通过强调多学科的融合来调适前面所列举的诸多张力，但仍未实现调适的目标。其中，梵·迪克强调意识形态话语的社会认知特征，这种强调直接导致他对意识形态话语的界定更倾向于社会视角。

（三）"批判—建构"维度上的张力

马克思对意识形态概念的界定较为复杂，几乎同时开启了"批判—建构"两个维度的张力，即在功能上意识形态存有揭露虚假性的批判视角和关注意识形态建构功用的建构视角的张力。这里的"批判"意味着从一个特定的立场来评价社会的能力。在这个意义上，葛兰西倡导"回归"马克思的意识形态研究，本身就行使了意识形态话语的批判功能。其后，阿尔都塞和拜肖的意识形态话语分析充满了阶级特征。福柯虽与他们同属批判理论阵营，但福柯批判的目标指向了无处不在的权力本身。这也是福柯被后来的批判理论学者诟病的地方。

20 世纪八九十年代，随着后现代诸多理论的涌现与发展，上述这些不同维度张力在意识形态话语分析的各个派别中呈现出更加复杂的状况。齐泽克用意识形态幻象理论重振意识形态话语的批判活力。在他看来，传统意识形态批判存在一个问题，即它还仅仅是对人们错误地认为意识形态是对"真实"（或"更真实"）现实的扭曲表现的一种批判。[①] 因此，他给批判理论带来的最大改变是以意识形态幻象说代替了意识形态假象说，使意识形态批判的对象从认识论范畴转向了本

① Vighi F, Feldner H. "Ideology critique or discourse analysis? Žižek against Foucault". *European Journal of Political Theory*, 2007(2):141-159.

体论的范畴。汤普森拓展了马克思主义意识形态批评理论的视域,把批评的对象转向了系统性的权力不平等的统治关系,不仅是阶级统治关系,性别和族群等群体之间只要存在权力不平等而且这种不平等是系统性的,就是批判的对象。汤普森的这个批判主张在批判话语分析那里得到了继承和发扬。其中,批判话语分析认为任何话语都应该在权力关系的背景下被理解,因此,它包含两个基本要素,即或多或少对意识形态和权力在社会中的运作方式的政治关注,以及对语言如何促进、延续和揭示这些运作方式的特殊兴趣。①

列宁较早提出意识形态的建构视角,即将"意识形态"概念改造为任何一个阶级的思想体系建构视角的阶级性特征,也可以转化为社会的一种普遍性特征,如威廉斯认为,意识形态仅仅作为一种普遍意义和观念而存在②,其功能也越趋于建构性,意识形态"提供了社会形式的'缝合',或者促使行动者行动的'认识图谱'"③,并"起到'行动导向'与'团体导向'功能"④。

进入 21 世纪后,随着全球经济社会的发展,随着网络信息技术的广泛运用,阶层、利益和价值多元化趋势加剧,意识形态被认为已经逐渐演变成为"一种用于识别政治立场的观念体系"。⑤ 总体上说,21 世纪前 20 年意识形态话语分析并没有大的理论建树,而是在扩大运用领域和更广泛学科融合的两个进路上发展意识形态话语分析。与此同时,也在不断地加强对自身的反思,以及积极回应一直持续不断的、来自外部的疑问。

---

① Vighi F, Feldner H. "Ideology critique or discourse analysis? Žižek against Foucault". *European Journal of Political Theory*, 2007(2):141-159.

② 赵传珍:《"意识形态"概念的起源及其含义之流变》,《南方论刊》2017 年第 7 期。

③ Eagleton T. *Ideology: An Introduction*. London: Verso, 1991:222.

④ Freeden M. *Ideologies and Political Theory: A Conceptual Approach*. Oxford: Oxford University Press, 1996:106.

⑤ 赵可金、马钰:《全球意识形态大变局中的人类命运共同体》,《国际论坛》2020 年第 2 期。

二、对意识形态话语分析的疑问与辩护

对意识形态话语分析的疑问主要集中在批判话语分析流派，这些疑问与辩护主要是围绕以下三个问题展开：首先，话语不能等同于意识形态，那么又如何确定哪些话语是意识形态呢？其次，如何摆脱意识形态话语分析的立场也属于意识形态这个解释循环？最后，尤其对于批评话语分析而言，反对和否定之后又能如何呢？意识形态话语分析长期以来也一直是在对这些疑问不断进行辩护中得到发展的。

(一)如何确定哪些话语是意识形态？

批判话语分析长期以来都面对着令人不安的疑问："言语是否和如何证明或者至少是暗示话语参与者们的意识形态？"[①]这个疑问基于这样的一个前提：意识形态并不全表现为话语，反之亦然，话语也不全是意识形态。对于前者，意识形态可以体现在行动中，不是仅在话语中体现。而后者相对模糊，因为话语结构具有许多认知、互动和社会功能，不完全是意识形态的。换言之，话语不仅是为了表达或复制意识形态，还用来做许多其他事情，而如何确定哪些话语体现了意识形态就不那么容易了。在这点上，批判话语分析容易被诟病，被认为有对意识形态过度阐释的倾向，即容易陷入"当你手握一把钉锤，看什么都是钉子"的境况中。为此，批判话语分析大多延续了汤普森的传统来回应，即认为如果话语实践包含了有助于维持或限制权力的关系，那么它们就是意识形态的。假如这样，又产生了新的问题，即"所有类型的话语在原则上都是开放的，事实上无疑在一定程度上是开放的，

---

① de Beaugrande R. "Discourse studies and the ideology of 'liberalism'". *Discourse Studies*, 1999(3):259-295.

这并不意味着所有类型的话语在意识形态特性的赋予程度是一样的"[①]，这使问题在程度方面又变得复杂起来。

对此，有学者提出从功能视角用倒着推理的方法来解决，即"话语的形成不一定是内在的意识形态，而仅仅是因为它的用途；它是意识形态的话语的社会功能，而不是它自身的话语"[②]。有学者从意识形态功能发挥的角度来界定话语的概念，即"系统组织的谈话模式，其中特定的话语有自己的语言组织，包括产生特定意义的特定词汇集和句法结构。这些意义在这个话语发生的社会中起着意识形态的作用"[③]。

相似的观点认为，意识形态的含义往往是不透明的，并不能容易地从文本特征中读出来，因此，文本分析应该与生产和消费实践的分析相结合。[④] 面对这种状况，仅对文本本身进行分析是不够的，要从文本中"读出"以及"如何读出"意识形态，需要通过实践来检验，从话语实践延伸到社会实践，不断地去观察和比较。其中比较方法可以在两个维度展开：一是"从一组意识形态的相互对比中收集和比较有代表性的'解读'"[⑤]，二是进行历时性比较，在"过去的事件"转化为"当前的事件"的过程中，可以通过话语结构的比较，有效地解读出是哪些意识形态再现和改变了条件结构。话语分析所依赖的语料库越丰富和详细，就越有助于分析者敏锐地察觉到意识形态的话语痕迹。

---

① de Beaugrande R. "Discourse studies and the ideology of 'liberalism'". *Discourse Studies*, 1999(3):259-295.

② de Beaugrande R. "Discourse studies and the ideology of 'liberalism'". *Discourse Studies*, 1999(3):259-295.

③ Kress G. *Linguistic Processes in Sociocultural Practice*. Oxford: Oxford University Press, 1989:6.

④ Fairclough N. *Critical Discourse Analysis*. London: Longman, 1995.

⑤ Herzog B. "Discourse analysis as immanent critique: Possibilities and limits of normative critique in empirical discourse studies". *Discourse & Society*, 2016(3):278-292.

（二）如何摆脱意识形态话语分析的立场也属于意识形态的解释循环？

上述这些努力会不断地提高解决疑问的能力，但始终走不出汤普森的"解释—再解释"循环。因为，解释者不仅是特定话语过程中的话语主体，他们也是社会主体，拥有特定积累的社会经验，并拥有各种面向社会生活多个层面的资源，这些变量影响他们解释特定文本的方式。正是这些特点，引发了大家对批判话语分析的第二个疑问，即在对一种意识形态进行话语分析时所采取的立场也属于一种意识形态。换言之，这项研究容易陷入"一种意识形态只能从另一种意识形态的立场进行有效的反对或解构"[①]的窘境。很多人对批判话语分析提出批评也是基于这个原因，不仅质疑其方法论的科学性，还质疑研究者在进行话语分析时往往对自身摆脱不了特定的意识形态立场缺乏足够的自省。

为了应对这种批评，哈默斯利（Hammersley）提出，干脆将批评性话语分析的研究人员置于后结构主义的阵营里。他们是选择特定政治立场的人，所从事的批判性研究的核心目标是履行特定的政治职能，如揭露不平等、支配地位、不公正等，而不是出于传统实证研究的目的，如观察和解释现象等。[②] 因此，评价这种话语分析主要是考察他们对自己的立场能不能提供合理的依据。对于这种疑问，梵·迪克干脆退一步，坦诚这个问题是无法避免的，因而并不坚持批判话语研究是一套科学、中立的研究方法的观点，相反是"将其与一种鲜明的价值

① de Beaugrande R. "Discourse studies and the ideology of 'liberalism'". *Discourse studies*, 1999(3):259-295.

② Hammersley M. "On the foundations of critical discourse analysis". *Language and Communication*, 1997(3):242-245.

旨归——对民主和平等主义的追求——联系在一起”[①]。

赫尔佐格（Herzog）认为，大多数话语分析学者虽然并不认同内在批判的理念，其实，应该将辩证法的内在批判和话语分析结合起来。[②]这有助于解决话语研究的上述这些缺陷。具体的思路还是从批判理论本身对批判的界定开始，批判虽然有多重含义，但是大体上具有方法与规范的双重性特征。其中，批判的方法是指批判所遵循的特定程序，但是批判方法总是以特定性的规范为基础的规范性批判。在这里争议的焦点就是这种规范性批判所依据的规范的合法性问题，即规范性批判何以可能。这个问题在当前利益和价值观日益多元化的时代尤为突出。根据规范的来源，规范性批判大致可以分为外在批判和内在批判两种方式。外在批判是指依赖某种完全超越的立场评判现实社会，这种超越具体语境的“陌生”的外来规范的合法性很容易受到被批判对象的攻击。对此，批判学者们追溯马克思的内在批判传统，通过发挥内在批判方式的优势来解决规范性批判何以可能的问题。内在批判是指“一种从现有社会发展而来的规范性立场，它不仅揭示了社会变革的前景，而且有助于社会变革，它代表了如何证明规范性批判合理化问题的解决方案”[③]。这里的“现有社会”指涉了一种特定的语境，需要提醒的是，这种规范性立场既不能纯粹是某个特定语境内的规范，也不能完全是特定语境之外的规范。总之，这种内在批判最终“只有一个普遍的社会规范”[④]。对此，“应该避免（人为的）痛苦”这

① 常江、田浩：《托伊恩·范·迪克：批判话语研究是一种政治立场——新闻、精英话语与意识形态》，《新闻界》2018年第5期。

② Herzog B. “Discourse analysis as immanent critique: Possibilities and limits of normative critique in empirical discourse studies”. *Discourse & Society*, 2016(3):278-292.

③ Herzog B. “Discourse analysis as immanent critique: Possibilities and limits of normative critique in empirical discourse studies”. *Discourse & Society*, 2016(3):278-292.

④ Herzog B. “Discourse analysis as immanent critique: Possibilities and limits of normative critique in empirical discourse studies”. *Discourse & Society*, 2016(3):278-292.

个规范可以作为一个上位规范，用来衡量所有其他规范。[①] 同时，也有学者提出“内在批判是追求人的解放最为恰当的批判方法”[②]。

(三)话语批判之后又能如何？

还有一个疑问也一直困扰着批判话语分析，就是它“冒着许多左派和马克思主义批判所固有的风险，即似乎只提供反对和否定，而没有一个连贯的替代方案”[③]。现阶段意识形态的类型分布也深深打上了后现代社会的烙印。其中，某些意识形态话语似乎并不是主要聚焦于揭示意识形态所隐含的权力和统治关系的批判话语分析任务的。例如，赫尔佐格所归纳的“一系列根深蒂固但在生态上不健全的意识形态，如消费主义、个人主义、资本主义、自由市场主义等，而有效的反意识形态(counter-ideologies)甚至很少有既定的名称，更不用说有组织的追随者群体了”[④]。这些状况的出现，并不是宣布批判话语分析过时了，而是提供了批判话语分析新的发展空间。虽然暂时还不能明确如何去拓展这种新的空间，但是如何发展出批判话语分析的建构或建设功能应该是一个不错的方向。

在一些批判话语分析的学者眼里，意识形态话语依然可以被看作是受物质约束和社会实践制约的“结构性约束思想”，因而意识形态的运作是为了“干预”人们，使人们接受现状，有一种“看不到其他选择的可能性”的认命感和悲观情绪，这就维持了权力和阶级关系的结构。[⑤]

---

① Herzog B. “Discourse analysis as immanent critique: Possibilities and limits of normative critique in empirical discourse studies”. *Discourse & Society*, 2016(3):278-292.

② 周爱民:《人的解放与内在批判——再思早期批判理论的“活遗产”》,《哲学研究》2020年第3期。

③ de Beaugrande R. “Discourse studies and the ideology of ‘liberalism’”. *Discourse studies*, 1999(3):259-295.

④ Herzog B. “Discourse analysis as immanent critique: Possibilities and limits of normative critique in empirical discourse studies”. *Discourse & Society*, 2016(3):278-292.

⑤ Smith L H. “‘Blaming-the-poor’: Strengths and development discourses which obfuscate neo-liberal and individualist ideologies”. *International Social Work*, 2015(2):1-15.

三、马克思主义唯物论视域下的意识形态话语分析方法

在对意识形态话语分析方法进行系统梳理时，一项必不可少的工作是对其方法论基础进行必要的分析。为了更加准确地把握话语分析的特征及其运用，需要对话语分析的本体论和认识论基础展开必要的讨论。有了对方法论基础的客观把握，就可以较为系统地梳理意识形态话语分析方法的演进历史。总体上，在意识形态话语分析方法的演进历史里，一方面，内在地蕴含了在“结构—能动”“国家—社会”“批判—建构”三个维度上充满张力的竞争与冲突。最近的演进趋势基本上放弃了过于激进的后现代主张，认为意识形态话语应该被看作是受物质约束和社会实践制约的“结构性约束思想”，大多数研究尤其是政治学领域的研究者多偏向国家视角，并保持了较多的批判视角。另一方面，面对来自外部的诸多疑问，话语分析方法的维护者从马克思的内在批判方法等方面进行了积极的回应与辩护。例如，从功能发挥角度来确认话语是不是具有意识形态性，还有建议从话语事件的比较、大量语料库建设等具体研究方法的角度来识别意识形态，而发端于马克思的内在批判方法被认为应该能够有效地应对那些对意识形态话语分析本身也是意识形态的疑问。

上述这些学术梳理工作可以为更科学有效地运用话语分析奠定一定的认识论基础。但是到目前为止，意识形态话语分析的内在张力和外在疑问并没有解决，或许正是问题的存在以及解决办法之间的冲突才是该研究范式得以持续推进的根本动力。在这种背景下，为了在方法论层面推进这项研究，这里提出一个重要主张，即认为意识形态话语分析作为研究范式在不同的本体论与认识论中绕了大圈后，其实依然可以而且应该在马克思主义唯物论中找到比较合适的方法论基础。

首先，将意识形态话语分析方法置于马克思主义唯物论的框架中，可以避免其滑向后结构主义的“深渊”。在早期的争论中，马克思主义者通常依赖历史和社会的规范理论，但后结构主义者却认为所有这些总体化的元叙事都是无效的，而且可能具有操纵性。[①] 后结构主义也意识到了走得太远会陷入不可知论，于是提出限制性建构主义的主张。但是仍然没有走出过于淡化社会生活物质领域的基础作用的境况，继续将社会生活的物质领域降格为一种惰性的、非政治性的背景，而且认为这种背景只能通过语言或视觉表征获得政治意义。[②] 为了正本清源，需要回归马克思主义唯物论，只有认识到物质不能脱离“我们”，它在一定程度上构成了“我们”[③]，才可以有效地克服那些忽视物质性而过于强调表征意义的局限性，促使人们重新思考物质性及其政治地位。

在这种脉络下，在回归这种马克思主义唯物论基础上的理论建构中，“结构能力”概念的提出是具有代表性的一项成就。结构与行动者（也有称为“结构与能动”）之间的关系如何界定，几乎构成了所有社会理论或明或隐的基础。围绕着强调结构的决定力量还是强调行动者的主观能动性这两个不同的前提预设，各种人文或社会科学的理论流派、范式大致可以分为结构主义（实证主义）与阐释主义（建构主义/解释学/后结构主义）两大阵营。这两大阵营存在着要么过度结构化要么低度结构化的弊端，其各执一端的做法解决不了这些弊端。马克思主义唯物论认为，与其各执一端，不如仔细厘清二者的关系。马克思主义唯物论在方法论上要求“一方面从人们的社会存在来论证人们意

---

① Breeze R. “Critical discourse analysis and its critics”. *Pragmatics*, 2011 (4): 493-525.

② Breeze R. “Critical discourse analysis and its critics”. *Pragmatics*, 2011 (4): 493-525.

③ Lundborg T, Vaughan-Williams N. “New materialisms, discourse analysis, and international”. *Review of International Studies*, 2015(1): 3-25.

识的形成……另一方面从人们最基本的满足生成需要的生产活动及其生产方式来论证社会的经济基础和上层建筑……”[①]与此同时，又要求发挥行动者在改造社会中的主观能动性。这两个看似矛盾的主张，可以通过厘清它们的互动机制来实现它们之间逻辑的自洽。因为行动者是嵌入特定结构的，但是行动者作为受信念与欲望驱使的有意识的能动者，可以凭借自己在社会结构中的位置而拥有“结构能力”。[②]正是这种结构能力，是意识形态话语发挥作用的基础。

从行动者的“结构能力”概念出发，意识形态作为一种意向机制发挥着行动者的主观能动性。这种理解有助于从机制层面分析意识形态话语的功能，即处于个体状态的行动者可以被意识形态话语所召唤或征求并形成社会认同，从而聚现成协调一致参与集体行动的集体状态。意识形态话语的这种认识论基础，也意味着回到了马克思关于意识形态的基本主张，即将意识形态发生的范围限定在国家与社会互动各种层次的场域里。只有那些卷入国家与社会的互动关系中的社会意识才能贴上意识形态的标签，这种限定避免了意识形态泛化现象。同时，这种理解更倾向于意识形态话语的实践特征，即通过意识形态话语的生产、分配与消费过程来召唤或征求行动者的社会认同，从而可以和更加广泛的社会结构与社会实践勾连起来。最后在方法论层面采取一种更具解释力的方式继承了马克思主义意识形态批判和建构两个充满张力的面向，即认为是批判还是建构，主要取决于具体的国家与社会关系模式构成的场域特征，以及特定的问题意识。例如，中国作为社会主义国家，正在致力于推进国家治理现代化建设和实现

---

① 魏小萍：《关于唯物史观理论的再认识——根据对〈德意志意识形态〉（MEGA2 试行版）的重新解读》，《哲学研究》2009 年第 3 期。

② Callinicos A. *Making History: Agency, Structure, and Change in Social Theory*. 2nd ed. Leiden: Brill Academic Publishers, 2004:96.

国家与社会的良性互动，而在这种场域里，意识形态主要发挥着话语建构的积极功能。无论是批判还是建构，都展现了马克思主义意识形态理论的基本话语特征，即其所持的超越外在批判的内在批判，作为唯物主义的规范性立场，决定了其有资格评估社会上正在发生的事情，而且有适当的标准来进行这种评估。①

至此，马克思主义唯物论作为方法论基础，对推进意识形态话语分析研究所具有的巨大潜力还没有得到充分的挖掘。这里所展开的探讨也试图为这项学术任务提供一点有价值的基础工作。

① Breeze R. "Critical discourse analysis and its critics". *Pragmatics*, 2011(4): 493-525.

第四章 国家与社会关系的话语建构

第二章在铺陈意识形态概念谱系的基础上，搭建了一个意识概念的分布空间，并根据这个分布空间所展示的意识形态诸多维度和特征，提出了一个更具有统摄性的意识形态概念，第三章回顾了当前意识形态研究中话语分析方法的运用、历程和反思情况。这两章内容结合在一起，试图阐明可以在本书所倡导的意识形态概念框架下运用已经成熟的话语分析方法来展开意识形态研究，即强调在国家与社会互动的各种层次的场域里，通过分析意识形态的话语实践，来观察意识形态是如何通过召唤或征求个体行动形成相同的社会认同而聚现成为集体状态，从而可以通过更加协调一致的集体行动，实现共同体的目标。在这个框架里，显然还有一对重要的概念范畴需要进一步展开讨论，即贯穿前面两章讨论的一个关键线索，就是"国家"与"社会"以及二者的关系。

国家与社会是一对非常复杂的概念，它们有着悠久的概念演化历史，而且与不同的历史政治社会条件相适应，国家与社会也在不同的话语体系中被建构，以及被赋予诸多的内涵与关系模式。当前人们在使用国家与社会概念的时候，往往并不清楚国家与社会所包含的话语建构历史、丰富的话语模式争论与演变，导致很多在概念指涉上的张冠李戴，甚至陷入多种话语错综交织的混沌之中而不知所云的情况。黑格尔第一次将国家与社会分离开来并作为一对范畴展开讨论，但是现在有些文献将国家与社会二元论的话语框架强行安到古希腊、古罗马、中世纪和近代欧洲早期的哲学家们的话语体系中，这种做法属于错读古人。梳理下来，可以发现，国家与社会的概念范畴，大致具有哲学话语与政治话语两种大的话语模式。但是现在学者更多的是使用政治话语模式来讨论国家与社会，即把国家与社会化约为权力结构的重要维度。这是不完整的，因为其忽视了哲学话语揭示的更深层次的一些结构性根源，尤其是马克思、恩格斯在唯物论基础上对国家与社会关系所做的深刻洞见。需要将政治话语与哲学话语结合起来，才可以尽可能做到对国家与社会关系的完整把握。

本书将意识形态话语实践作为主要的分析对象，正是在话语实践中，国家与社会进行着持续的互动。那么应该如何继承和取舍学术史所积累的、非常繁复的对国家与社会的概念及其关系的界定与讨论？如何在关于国家与社会关系的哲学话语与政治话语的密林中确定自己的立场或位置？对这些理论问题的探讨是非常必要的。鉴于此，首先，本章讨论黑格尔和马克思分别是怎样构建关于国家与社会关系的哲学话语。其次，讨论国家与社会关系的政治话语转向，以及政治话语与哲学话语之间的关联。最后，在以马克思唯物论为基础的哲学话语与政治话语相融合的视域下，讨论国家与社会在意识形态话语实践中的互动机制。

第一节 国家与社会关系的哲学话语变迁[①]

在西方思想史上,源于古希腊时期的“市民社会”概念,历经了古罗马时期、中世纪、近代欧洲等阶段,虽然其概念和理论也在不断演变,但是一直没有和国家概念区别开来。相反,国家与社会(这两个后来人们使用的概念)所指涉的内容都涵盖在“市民社会”这个统称之中。这种状况是由黑格尔彻底改变的。在《法哲学原理》中,黑格尔对过去时代国家与社会不加区分的状况进行了系统性批评,并在此基础上,首次将国家从“市民社会”中独立出来,并且对它们的概念进行了全新的界定。其中,“市民社会”被认为是由各个成员通过自发的相互作用,无意识地、客观地形成一个整体的社会,这个整体的社会其实也包含实体的国家在内。但是在黑格尔这里,“市民社会”被贬低了,只是“私利的战场”。[②] 而从“市民社会”中“脱嵌”出来的国家是可以“促进普遍的利益”的“绝对自在自为的理性东西”。因此,分离后的国家与社会的关系首次在伦理意义上得到确定,即由国家决定“市民社会”,而“市民社会”需要国家的力量来实现普遍利益。

从黑格尔开始,国家与社会开始区别开来,并构成了一对紧密联系的范畴,开启了国家与社会关系模式的讨论。在这个议题上,深受黑格尔影响的马克思反过来超越了黑格尔。首先,马克思从唯物论出发,对“市民社会”和国家又重新进行了界定。其中,“社会”是受制于生产力发展的人的社会关系的总和,而“市民社会”更多的是作为“社

---

① 本节主体内容已以论文形式发表,见王国勤:《国家与社会关系的话语建构:从哲学话语到政治话语》,《浙江社会科学》2021 年第 8 期。

② 黑格尔:《法哲学原理》,范杨、张企泰译,商务印书馆 1962 年版,第 198 页。

会"的一般名称；国家是"从社会中产生但又自居于社会之上并且日益同社会相异化的力量"[①]。这里，马克思继承了黑格尔区分国家与社会的做法，但是对它们的概念和关系界定是颠覆性的，即认为"决不是国家制约和决定市民社会，而是市民社会制约和决定国家，因而应该从经济关系及其发展中来解释政治及其历史，而不是相反"[②]。在马克思眼里，国家不再是黑格尔理想中的"伦理理念的现实"，而仅仅是阶级矛盾不可调和的产物。经过黑格尔和马克思所创立的关于国家与社会（有时称"市民社会"）关系的哲学话语模式——"良好的社会秩序如何构建"这个人类社会根本性的问题——也成了一个经久不衰的研究范式。但是两个人的哲学话语模式又如此对立，其中，黑格尔代表了国家本体主义，而马克思代表了社会本体主义。这两种哲学话语模式都深深影响了后面的国家与社会关系的政治话语转向。为了更清楚地了解黑格尔和马克思所做的贡献，下文首先简要回顾在黑格尔之前的"市民社会"概念的演变情况，其次阐述黑格尔的"国家—社会"理论，最后讨论马克思的"国家—社会"理论。

一、黑格尔之前"市民社会"的话语建构

黑格尔的"市民社会"概念的形成，被普遍认为"一方面是从古希腊和中世纪自然法传统中汲取了营养，另一方面则直接依托于16世纪以来资产阶级的兴起"[③]。古希腊和古罗马时期关于"市民社会"(civil society)的讨论，可以被称为古典市民社会理论。"市民社会"概

---

① 《马克思恩格斯文集(第四卷)》，中共中央马克思恩格斯列宁斯大林著作编译局译，人民出版社2009版，第189页。

② 《马克思恩格斯文集(第四卷)》，中共中央马克思恩格斯列宁斯大林著作编译局译，人民出版社2009版，第232页。

③ 张一兵、周嘉昕：《市民社会.资本主义发展的自我认识——来自于马克思主义的一种谱系学分析》，《南京大学学报(哲学·人文科学·社会科学版)》2009年第2期。

念最早可追溯至亚里士多德，用来表示城邦形式的政治实体，其中，国家与社会没有区分，都属于城邦这个共同体。换言之，“市民社会”就是城邦。亚里士多德的名言“人是政治的动物”，实际上，这里的政治就是指城邦，因此更符合亚里士多德本意的表达应该是“人是城邦的动物”。需要提醒的是，这里的人指自由民（公民），大量的外邦人和奴隶是被排除在城邦公共生活之外的。以雅典城邦为例，外邦人和奴隶占总人口的三分之二。个人与城邦之间是个体与整体的关系，而且个体是从属于整体的。事实上，城邦的利益高于一切，个人积极参与城邦公共事务，不是出自现代意义上的公民权利，而是每个人对城邦的责任与义务。为了城邦，牺牲个人和家庭都是在所不辞的责任。鉴于此，可以理解柏拉图为什么会在《理想国》中提倡放弃家庭。事实上，另一个城邦国家斯巴达就是这么实践的，在城邦时期，国家与社会浑然一体。所以不论是事实情况还是哲学家的话语建构，都没有把国家从社会中分离出来，而是把它们作为一个整体的“市民社会”来看待。

这种情况一直延续到古罗马时期，但是稍有变化的是，“市民社会”的外延被西塞罗放大了，也被用来描述城市共同体的生活状态。[①]另外，“市民社会”内部出现了新的结构形式，如把政府管理和政府之外的“社会”管理区别开来，前者依据的是“实定法”，而后者依据的是传统、习俗与道德的力量。“法人”的观念开始出现，一个具体的政治实体包括个人开始具有了权利与义务的统一属性。尽管如此，在古典市民社会理论的传统中，“市民社会”就是指政治社会、政治共同体或政治国家，其中国家与社会是融为一体的。“市民社会”对内的对应概念是个人、自由民和公民，但是外邦人和奴隶是被排除在外的。“市民社会”与个人的关系是整体和个体的关系，个人在“市民社会”之中，个

① 石德生、李云：《“国家与社会”理论模式的历史演进》，《求索》2009年第10期。

人服务于“市民社会”。“市民社会”对外而言，以文明社会自居，对应的是野蛮社会，其中处于野蛮状态的人们只能过着没有自由、没有幸福的生活。

具有古希腊和古罗马时代特征的古典市民社会理论传统影响深远，后来不仅被中世纪和近代早期的哲学家直接或间接延续，而且在当代仍然能够激起思想上的回响。中世纪是一个重要的转折时期，主要体现在罗马帝国崩溃以后，基督教会开始通过信仰的制度化过程形成一种与世俗王权抗衡的力量。在神学哲学家的眼里，世界分为宗教世界与世俗世界。由此，人类生活中同时拥有世俗权威和宗教权威。这使得“国王们在教会的面前也往往不得不低下他们那尊贵的头颅”[①]。这种变化，其实是在政治社会之外增加了一个它必须服膺的权力实体——宗教权威。当然，至此还远远没有实现黑格尔将国家从社会中独立出来的愿景。可以说，并没有从根本上改变古典市民社会理论中国家与社会的关系。还有学者生硬地用后来才产生的国家与社会的关系模式来分析中世纪的这种状况，如称“基督教的兴起是社会对抗国家的第一次大规模的有组织的尝试”[②]。但显然这种解读预设了国家与社会的对立，并把教会看成是社会的一部分。事实上，这套话语是当时的话语体系所难以理解的。中世纪给市民社会理论带来的最重要的改变，应该是将原来国家(城邦、“市民社会”、政治社会等概念都可以指称的政治实体)高于一切的地位拉下神坛，而高高在上的是新的神坛主人——上帝。这种二元权威代替一元权威的状况，逐渐让人们意识到国家的价值也是有限的，也为后来盛行的消极国家观念埋下了种子。

在中世纪，“市民社会”对应着并服膺于新出现的地上天国，地位

① 唐士其:《西方关于国家与社会关系的理论》,《国际政治研究》1994 年第 4 期。

② 唐士其:《西方关于国家与社会关系的理论》,《国际政治研究》1994 年第 4 期。

下降了。但是随着近代欧洲经济与社会的发展,文艺复兴运动将人从宗教那里解放出来,工业时代的国家贸易竞争的加剧和国家之间战争的频繁发生,使“市民社会”再次成为哲学家思考的热点。在摆脱宗教权威的过程中,尤其是伴随着代表“市民社会”的国家开始以民族国家的形式出现并且成为新的共同体竞争单位等全新的时代特征出现,“市民社会”又开始变得高高在上了。从早期的强调国家利益高于一切的“马基雅维利主义”,到提倡国家具有绝对性、永久性和至高性的主权的博丹国家主权论,都强调了国家的本体主义特征。

但是真正为“市民社会”的重新崛起提供哲学证明的是以霍布斯、洛克、卢梭等人为代表的契约论思想家。他们仍然延续古典市民社会理论的传统,都是在国家的意义上使用“市民社会”概念。当然,思想家们往往使用了不同的概念来指代“市民社会”,但不同的是,古典市民社会理论是将它与野蛮社会进行对比,中世纪是将它与地上天国进行对比,而社会契约论则是将它与人的自然状态进行对比。虽然都是对比,但是方式不一样,“市民社会”与野蛮社会对比,是为了论证“市民社会”的权威;“市民社会”与地上天国对比,是为了论证“市民社会”的权威是有限度的;而“市民社会”与自然状态对比,是为了论证“市民社会”的合法性来源。在社会契约论者的眼里,自然状态相当于社会①,但是处在一种非政治状态和无政府状态,人类最初曾处于这种社会之中。正是通过社会契约,具有国家形式的“市民社会”产生了。由此可见,在社会契约论那里,国家与社会并没有被真正区分开来。

尽管社会契约论没有把国家从“市民社会”概念中独立出来,但是为此打下了重要的理论基础。这体现在从社会契约论开始,市民社会理论开始被置于关于如何构建社会秩序的话语体系中,这一次的话语

---

① 丛日云:《论黑格尔的“市民社会”概念》,《哲学研究》2008年第10期。

重构引发了市民社会理论的一系列重大的话语转向。首先,近代资本主义时代商品经济的迅速发展,促使社会经济摆脱了政治的牵制。以斯密为例,他把市场比作“看不见的手”以倡导经济领域可以独立于政治领域而发挥作用,以至于认为“每一个人处在他当时的地位,显然能判断得比政治家或立法家好得多”[①]。政治和经济这两个领域的分离造成了前所未有的社会秩序重构问题,这在哲学话语上的反映,就是如何改变“市民社会”话语体系内部政治领域与经济领域的混淆状态。这个任务后来是由黑格尔来完成了。

其次,带来了“市民社会”政治话语的转向,集中体现在将社会秩序的基础逐渐转化到权力结构的合理配置上。在市民社会理论中,国家与社会还没有分离的时候,作为社会秩序基础的权力结构有两个相反方向的思路。这种权力结构被很多人想当然地理解成是国家与社会之间关系的权力结构,实际上国家与社会在此阶段并没有分离,所以这段时期的思想家研究此类问题时实际上关注的是国家(与“市民社会”同义)与个人之间的权力结构。其中,一是国家权力至上的思路。其代表人物霍布斯延续了马基雅维利和博丹的思路,认为国家是提供和平和安全的“利维坦”,因此统治者的权力就应该是无限的和不可限制的。[②] 二是有限国家权力的思路,其中一个最具代表性的观点是由洛克提出的,即人们通过社会契约仅仅让渡了部分权利,因而国家的权力是有限的。[③] 沿着这条线索,潘恩看到了个人权利,提出“公民权利就是人们作为社会的一分子所具有的权利”[④],这里的“社会”也是包括国家在内的共同体概念。洛克除了提出有限国家权力理

---

① 斯密:《国民财富的性质和原因的研究(下卷)》,郭大力、王亚南译,商务印书馆 1972 年版,第 26 页。

② 霍布斯:《利维坦》,黎思复、黎廷弼译,商务印书馆 1985 年版,第 33 页。

③ 洛克:《政府论(下编)》,叶启芳、瞿菊农译,商务印书馆 1986 年版,第 98 页。

④ 潘恩:《潘恩选集》,马清槐等译,商务印书馆 1981 年版,第 55 页。

论，还创造性地提出将国家权力划分为立法权、执行权和对外权的分权学说以实现对国家权力的制约。孟德斯鸠发展了这种分权理论，进一步系统阐发了立法、行政和司法三种权力的相互分化、相互制衡。这些思潮和它们所处的时代汇集在一起，促生了黑格尔给市民社会理论带来的重大话语转型。

二、黑格尔关于国家与社会关系的话语建构

如前文所述，黑格尔首次将“市民社会”从政治国家中独立出来，并在对“市民社会”“这个传统概念进行最大胆的改造”[①]的基础上，“第一个且最成功地将这一概念拓展为关于社会秩序的复杂理论”[②]，从而开启了讨论国家与社会关系模式的一套新的话语体系。黑格尔市民社会理论充分吸收了前面所提到的，尤其是近代欧洲思想家们关于市民社会理论的诸多洞见，因此是“一种学理综合”[③]。但是这种吸收是典型的扬弃过程，黑格尔对社会契约论混淆国家和社会的做法进行了系统的批判，并在这个基础展开了对将国家与社会区别开来的以及各自内在规定性的哲学论证。

在这个论证过程中，黑格尔将逻辑与历史统一起来，“有巨大的历史感做基础”[④]。黑格尔提出人类社会结合共有三种形式：家庭、“市民社会”和国家，其产生对应着不同的历史阶段。这三种形式虽然首先表现为现实中的组织类型，但是从哲学层面看，它们分别是绝对理念

---

① 李佃来：《古典市民社会理念的历史流变及其影响》，《武汉大学学报（人文科学版）》2007 年第 5 期。

② 张一兵、周嘉昕：《市民社会：资本主义发展的自我认识——来自于马克思主义的一种谱系学分析》，《南京大学学报（哲学·人文科学·社会科学版）》2009 年第 2 期。

③ 张一兵、周嘉昕：《市民社会：资本主义发展的自我认识——来自于马克思主义的一种谱系学分析》，《南京大学学报（哲学·人文科学·社会科学版）》2009 年第 2 期。

④ 《马克思恩格斯文集（第二卷）》，中共中央马克思恩格斯列宁斯大林著作编译局译，人民出版社 2009 年版，第 602 页。

发展的三个阶段。首先，作为低级人类社会共同体形式的“家庭”，是建立在感觉基础上的“伦理”形式，是一种不成熟的理性形式。其中，个人和整体是融为一体的，尚未区分各自的特殊性。黑格尔称之为“直接的或自然的伦理精神”[①]。

其次，“市民社会”作为绝对理念发展中家庭和国家之间的中间阶段，是社会发展到一定阶段的产物，本质上是一种新事物。但是在黑格尔这里，“市民社会”的地位被降低到知性的领域，表现为一种“抽象的普遍性”。这种普遍性只表现为一种外在的联结，即仅仅是把一个个独立的不相干的个体事物集合起来而已。黑格尔继承了“市民社会”概念中作为国家(外在形式的国家)与社会统一体的传统界定，在这个意义上，相当于近代契约论学派的国家概念。同时，黑格尔不仅没有把“市民社会”理想化，反而把“市民社会”作为低于“国家”的伦理形式。原因在于“它赋予特殊性以全面发展和伸张的权利”[②]，导致特殊性与普遍性没有实现真正的内在的统一。黑格尔对“市民社会”存在的诸多问题的揭示，实际上是以哲学的方式对近代资产阶级社会及其内在矛盾所展开的深刻剖析。

最后，需要一种更高的精神通过“促进普遍的利益”来解决“市民社会”的这种困境，这就是完善的国家。在这个意义上，就必须将国家从“市民社会”中独立出来，而且作为“自觉的伦理的实体”的国家是高于“市民社会”的。因为“只有国家才能有效地救济市民社会的非正义的缺陷，并将其所含的特殊利益融合进一个代表着普遍利益的政治共同体，也就是国家高于社会”[③]。在这个意义上，国家本身是目的，个人和社会是为国家而存在的。

① 黑格尔:《法哲学原理》，范杨、张企泰译，商务印书馆 1962 年版，第 173 页。

② 黑格尔:《法哲学原理》，范杨、张企泰译，商务印书馆 1962 年版，第 198 页。

③ 王建生:《西方国家与社会关系理论流变》，《河南大学学报(社会科学版)》2010 年第 6 期。

综上所述，国家不仅是政治范畴，而且是一个最高的伦理范畴。黑格尔把国家从“市民社会”中独立出来，因此只能由国家来解决“市民社会”的困境。这些国家与社会关系的哲学话语建构，不仅是对过去市民社会理论的继承与改造，也是与黑格尔所处的时代和当时的德国状况息息相关的。前文提到过，随着资本主义商品经济的迅速发展，经济开始与政治分离；当时四分五裂的德国急需一个国家理念来实现德国的统一与强盛。黑格尔目睹了他那个时代欧洲国家所经历的各种革命、混乱与动荡，深感需要构建良好的社会秩序。无论是社会结构本身的分化，还是国家的统一需要，黑格尔都需要在哲学层面去构建适应新的时代需要的、这种新型的国家与社会关系的话语。这些话语建构无疑是其重要的理论贡献，具有深刻的理论意义。但是黑格尔对“市民社会”提出了“唯心主义的外在伦理式的历史批判……虽然已经接近于正确地提出问题，但却无力做出真正科学的解答”[①]。他也因此受到了马克思的批判。尽管如此，黑格尔对“市民社会”性质的分析以及他对社会历史的解释，为马克思研究“市民社会”奠定了一定的理论基础，尤其是其中包含的唯物主义倾向。[②]

三、马克思关于国家与社会关系的话语建构

讨论马克思关于国家与社会关系的哲学话语建构，需要以黑格尔的思想为参照，因为马克思继承了他将国家从“市民社会”中独立出来的观点。但是马克思的继承是批判性的继承，可以说是对黑格尔市民社会理论的根本性改造。首先，马克思对国家与“市民社会”的概念进

---

① 张一兵、周嘉昕：《市民社会：资本主义发展的自我认识——来自于马克思主义的一种谱系学分析》，《南京大学学报(哲学・人文科学・社会科学版)》2009 年第 2 期。

② 《马克思恩格斯选集(第二卷)》，中共中央马克思恩格斯列宁斯大林著作编译局译，人民出版社 1995 年版，第 42 页。

行了重新界定，把黑格尔在伦理形式上的国家与社会拉回到了唯物论的框架中。与黑格尔将“市民社会”看作是绝对理念发展中的一个阶段不同，马克思将市民社会理论的哲学基础从唯心论提升到了唯物论的层次，提出“对市民社会的解剖应该到政治经济学中去寻找”[①]。在这个意义上，“市民社会”除了用来指生产关系，还是一种体现经济关系的社会组织。[②] 但是后来“市民社会”被用来专指资本主义社会，而在更广泛意义上，被“社会” 概念代替。对社会的话语表达也因此转换为“生产关系总和起来就构成所谓社会关系，构成所谓社会，并且是构成一个处于一定历史发展阶段上的社会，具有独特的特征的社会”[③]。（这里需要说明的是，由于涉及马克思、恩格斯不同时期的文本，本书随后将交替使用“市民社会”与社会的概念，也比较容易根据所讨论的议题来确定是在哪个意义上界定的“市民社会”。）另一个重要的概念——国家——也不再是黑格尔所谓的“绝对自在自为的理性的东西”了，相反，国家从至高无上的伦理地位下降到一种用来维持社会秩序的、具有组织形式的暴力机器。恩格斯对此提供了一个唯物论基础上的功能主义解释，即认为国家不是从来就有的，而是社会发展到一定阶段的产物，是阶级矛盾不可调和的产物，并且与社会构成了特定的辩证关系。

根据以上界定，可以比较清楚地归纳出国家与社会的概念，从区别上看，国家主要集中于政治领域，社会主要体现在经济领域。从二者关系上看，马克思颠倒了黑格尔式的国家决定“市民社会”的逻辑，

① 《马克思恩格斯全集（第十三卷）》，中共中央马克思恩格斯列宁斯大林著作编译局译，人民出版社1962年版，第8页。

② 傅如良：《马克思何以设想市民社会将取代国家？——兼评诺曼·莱文对马克思市民社会理论的理解》，《中国人民大学学报》2012年第1期。

③ 《马克思恩格斯选集（第一卷）》，中共中央马克思恩格斯列宁斯大林著作编译局译，人民出版社1995年版，第345页。

提出“市民社会”制约和决定国家,即国家也是在社会中产生的,是社会发展到一定阶段的产物。国家问题归根到底应从社会经济生活中得到解释,“政治国家没有家庭的自然基础和市民社会的人为基础就不可能存在”[①]。尽管如此,马克思并不认为国家完全是社会的附属物,相反他强调了国家对于社会又具有相对独立性,国家一经产生就成为一种外在于社会的力量而凌驾于社会之上。但是这种相对独立性不仅是有限度的而且最终会因为社会的发展使国家重新回归社会而消失。讨论到这里,可以发现马克思和黑格尔相似,均是采用了宏大的历史变迁视野来阐述国家与社会的关系。

从国家与社会关系模式的变迁来看,随着私有制的产生,尤其是阶级差别与阶级对立到无法调和的时候,就出现了一个新的组织形式——国家,其担负着维持社会秩序和公共利益的功能。而且居于统治地位的人们,在把自己的利益上升为普遍的“共同利益”时,国家便逐渐脱离社会而独立,变成统治阶级进行统治的工具。这时国家从社会中分离出来,但是社会反而因为生产力落后、商品经济不发达等原因造成自身软弱而缺乏独立性,必须依附于强大的国家机器。这是古代社会和中世纪的一种普遍状况。国家与社会又以这种方式融为一体,国家崇拜形成,并且国家被认为是决定历史发展的主要力量。到了资本主义社会,随着市场经济的迅速发展,国家和社会由此分化为政治和经济两个主要的独立领域。这种转变被马克思认为是近代资本主义发展所取得的一个重大成果。[②] 但是有意思的是,国家作为社会发展到一定阶段的产物,从强大到可以控制社会,然后是与社会分离成一个二元化结构,最终还会因为社会发展到高级阶段,再次实现

① 《马克思恩格斯全集(第三卷)》,中共中央马克思恩格斯列宁斯大林著作编译局译,人民出版社 2002 年版,第 12 页。

② 王英津:《国家与社会:马克思主义经典作家之阐释》,《江苏行政学院学报》2004 年第 2 期。

国家与社会的一体化，国家将会仅仅作为一个社会管理机关服务于社会并以这种方式实现“国家的消失”。

综上所述，马克思也是在阐述国家与社会关系的过程中不断完善唯物史观的，其中在根源上，强调“市民社会”是经济基础，而国家与社会的关系可以被概括为经济基础与上层建筑的关系。[①] 而且更为深刻的是，上层建筑并不是以游离于经济基础之外的方式来和经济基础发生联系，而是部分地嵌入经济基础构成其重要组成部分。这些讨论开辟了马克思哲学及其宽广的话语空间，启发的不仅是哲学者，也包括众多研究政治、经济和社会的学者。

马克思开始把“国家”界定为公共权力的载体，并且带有强制性特征。这些观点启发了政治学对国家与社会关系的研究，国家的功能开始被视为通过对暴力的垄断、通过行使公共权力来实现维护特定的统治关系和社会秩序。由此，当社会秩序开始被界说为主要靠国家与社会的权力结构来维系时，也开启了政治话语转向。

第二节 国家与社会关系的政治话语转向[②]

严格来讲，国家与社会关系的政治话语转向是在马克思重建国家与社会关系理论之后开始的。一是因为黑格尔才将国家从社会中独立出来，所以之前学者所讨论国家权力的政治话语并没有在国家与社会关系的框架中展开。二是因为马克思才把国家与社会置于政治权

① 傅如良：《马克思何以设想市民社会将取代国家？——兼评诺曼·莱文对马克思市民社会理论的理解》，《中国人民大学学报》2012 年第 1 期。

② 本节主体内容已以论文形式发表，见王国勤：《国家与社会关系的话语建构：从哲学话语到政治话语》，《浙江社会科学》2021 年第 8 期。

力的结构中进行讨论,之前市民社会理论所讨论的国家权力,所对应的概念主要是个人权利而不是社会权力。不仅如此,马克思虽然主要是从哲学角度来讨论国家与社会的关系,但是所采纳的唯物历史观以及提供的诸多洞见,为国家与社会关系的政治话语转向提供了一些基本的理论资源。例如,马克思把国家视为组织形式的社会暴力,深深影响了韦伯对国家的理解,即"国家者,就是一个在某固定疆域内肯定了自身对武力之正当使用的垄断权利的人类共同体"[①]。韦伯的界定可以说是后来学者讨论国家与社会关系的政治话语时一个被广为接受的概念共识。值得一提的是,马克思关于国家与社会关系的哲学话语也被一代又一代的西方马克思主义学者继承和发展,并为批判理论提供了深刻的理论资源与范式方法。

需要明确的是,国家与社会关系的诸多政治话语共享一个具有核心地位的问题意识,即国家与社会关系所构成的权力结构状况是现代社会秩序(包含政治秩序)的基础。因此,研究国家与社会关系,主要目标就是研究社会秩序何以可能、何以优化的问题。这个话语框架是民族国家产生之后的现代社会的产物,但是一经产生,就被用来重新阐释一些传统国家,如城邦、封建国家、继嗣帝国、中央化官僚帝国的社会秩序问题。这里需要澄清一个问题,从古典市民社会理论到社会契约论学派的市民社会理论,它们的核心问题是一样的,都是关注社会秩序问题。但是它们并没有使用国家与社会关系的话语框架,因为如前所述,那些时代的学术话语中,国家还没有从"市民社会"中独立出来。有意思的是,之后的学者在重新阐释这些传统的市民社会理论时,经常无意中把国家与社会关系框架这件武器强行塞在传统时代的思想家手中,这显然有点牵强附会。除此之外,有两种合理的阐释方

① 韦伯:《学术与政治》,钱永祥等译,广西师范大学出版社2004年版,第197页。

法可以使用,分别针对不同的研究对象:第一种是用国家与社会关系的话语框架去还原和阐释传统市民社会理论自身的逻辑;第二种是用国家与社会关系框架直接去分析传统时代国家与社会关系的实际状况。这两种方法不能错位,否则就会犯“把现代才有的武器塞到古人手中”的错误。

这里主要讨论国家与社会关系的政治话语发展与变迁的基本状况,以及如何评价它们。研究国家与社会关系的理论,虽然充满分歧并纷繁复杂,但大致可以从中梳理出权力对比、结构关联程度和互动特点等三种维度,而诸多主张及其演变也可以循着这三个维度进行观察。首先,从权力对比的维度看,可以分为国家中心论和社会中心论两个代表性的观点,前者主张国家决定社会,而后者认为社会决定国家。其次,从结构关联程度的维度看,可以分为二元论与互嵌论,前者更多是从哲学角度把国家与社会各自视为一个整体来看待,而后者则在实证层面上探究国家和社会分别在哪里以及如何呈现的问题,使用了“嵌入论”的视角。最后,从互动特点的维度,可以分为统治论和治理论,前者认为国家统治社会,表现出强制性的特征,而后者则强调社会的参与性以及实现从统治到治理的转型。

一、国家中心论与社会中心论

国家与社会的关系问题,首先体现在权力的运作机制上,而权力的运作在国家与社会之间首先体现为权力在二者之间的对比。大家对此意见不一,但是大致上可以分为国家中心论和社会中心论。黑格尔的市民社会理论属于典型的国家中心论。此前也有所谓的国家中心论,但那时国家和“市民社会”没有分开,所以国家中心论对应的不是社会,实际上是个人权利。例如,以霍布斯为代表的安全国家模式(the security state),强调国家是个权力不受限制的“利维坦”。相反,凡是强调个人权利的思想家们均主张有限国家权力的观点。例如，以洛克为代表的立宪国家模式（the constitutional state），开始强调有限国家权力，因为滥用国家权力是危险的。以潘恩为代表的最小限度国家模式（the minimum state）以及托克维尔提出的社会制约国家的理念，认为没有社会制约的国家权力总是危险的。[①] 源于社会契约论的有限国家权力理论也被认为是近代自由主义国家观。在黑格尔和马克思开创了国家与社会关系模式的讨论之后，原来的国家权力与个人权利的关系变成了国家权力与社会权力的对立统一关系。需要说明的是，所谓的国家中心论与社会中心论，仅仅是对国家权力优先于（或强于）社会权力，还是社会权力优先于（强于）国家权力等状况的一个大致概括，实际情况要复杂得多。这里的国家权力，有时指整体性的国家权力，有时又被化约为政府权力，所以这些概念也是一个动态的连续谱概念。

相比而言，发端于近代自由主义的有限国家权力理论一直是国家与社会关系的主流理论。如何制约国家权力，又分为两条路径：一是孟德斯鸠和洛克等人倡导的国家权力内部的分权制衡学说；二是托克维尔倡导的社会制约国家权力的学说。随着市场经济的发展以及斯密"看不见的手"理念的盛行，源于有限国家权力学说的"小政府、大社会"理念也成了西方学界以及制定政策的主流思想。但是后来随着无节制的市场经济的发展，马克思所揭示的社会化大生产与生产资料私人占有之间的矛盾所演化的经济危机周期性地爆发，尤其是 20 世纪二三十年代席卷全球的经济大萧条，终于使学界进行反思。在自由主义的话语中，问题就是过于追求有限国家权力而造成的"市场失灵"状况。为了应对"市场失灵"的危机，人们赋予政府更多的公共职能，政

---

① 石德生、李云：《"国家与社会"理论模式的历史演进》，《求索》2009 年第 10 期。

府代表国家权力又冲上前台开始发挥积极的管理与控制作用。近代市民社会理论中的国家中心论传统以这种方式复活。显然这种极度不平衡的权力结构非常脆弱，在给世界带来巨大灾难后寿终正寝了。当时苏联的社会主义模式也是靠着强大的国家调控能力有效地应对了当时横扫资本主义世界的经济危机，但是国家与社会的权力结构依然不平衡，存在很大的隐患。西方国家以凯恩斯主义为代表，国家开始广泛地介入了社会生活的领域，加大对经济的宏观调控，增加社会福利。福利制度很早就发端于欧洲一些传统的资本主义国家，但是这次经济危机后，开始为越来越多西方国家所重视，福利国家开始形成。这种变化反映到政治话语上，就是强调"小政府、大社会"的传统自由主义开始转变为强调国家干预和福利政策的新自由主义。

到了20世纪70年代，人们发现国家干预降低了效率，福利政策导致政府的负担越来越重，出现了"国家超载"的状况，借用过去的"市场失灵"一词，人们开始用"政府失灵"来形容西方国家这个时代面临的困难。此时，"回归"传统自由主义、强调"弱政府、强社会"理念的保守自由主义开始盛行。全球化的进程如火如荼，引发了影响深远的社会变迁。作为对这种形势的回应，保守自由主义一方面强调自由市场的至上性，另一方面批判国家中心主义，主张所谓"公民社会"扩张和全球治理兴起。[①] 以布坎南为首的公共选择学派、哈耶克的"自发秩序"理论、诺齐克"最弱意义国家"理论等都是在阐释保守自由主义的立场。当然，保守自由主义的"弱政府、强社会"主张确实提高了市场经济的效率，但是也带来很多的问题，导致一个国家内部甚至是全球范围内，贫富分化加剧、不平等现象增多，开始出现各种暴力事件频发

① 庞金友：《全球化进程中国家与社会关系模式的理论之争》，《教学与研究》2008年第2期。

等现象。面对这种情况，人们又重新反思保守自由主义对国家与社会关系的主张。

20 世纪八九十年代也是一个思想比较活跃的时代。首先，西方左翼学者开始普遍使用 20 世纪 60 年代由结构主义马克思主义提出的“国家相对自主性”概念[①]，来批判保守自由主义的消极国家观。作为新左派代表人物的哈贝马斯则重点批判了在全球化进程中的晚期资本主义国家普遍存在的合法性危机。以吉登斯为代表的“第三条道路”理论主张兼顾新左派与保守自由主义两条路线，建议走中间道路。20 世纪 90 年代的新自由主义又开始回归“强政府”理论，这反映在西方政治学界，即以米格代尔（Migdal）、斯考切波、埃文思为代表的国家回归学派的出现。国家回归学派强调以国家为中心，重新拾起了国家自主性理念。

前面简要回顾了关于国家与社会的权力关系在不同历史时期的话语实践，其中国家权力和社会权力就像是坐在跷跷板的两端，一直此起彼伏。到了当代，大家终于认识到其实不需要这个跷跷板，就可以将国家与社会都做强，可以在良性互动中促进良好社会秩序的形成。当前流行一个关于国家与社会权力对比关系的矩阵分布，如果将二者各自的强弱两种类型进行两两组合，就划分出“强国家—强社会”“强国家—弱社会”“弱国家—强社会”和“弱国家—弱社会”四种类型。其中，“强国家—强社会”的模式致力于国家与社会之间的良性互动，因而得到的认可最为广泛。[②]

---

① 范春燕：《国家相对自主性理论视野中的资本主义国家与社会之关系》，《学术论坛》2009 年第 9 期。

② 刘安：《社会学的“品格”和“国家与社会”关系之框架》，《学术交流》2010 年第 11 期。

二、从二元论到嵌入论

从黑格尔和马克思开始，国家与社会开始分离。在此后的很长时间里，学界都是采取国家与社会二元论的视角：国家归国家，社会归社会。而且国家与社会关系的提法本身就预设了二者至少在分析意义上是相互独立的概念。在实际使用中，二者关系很多时候被视作“零和博弈”，要么是国家决定社会，要么是社会决定国家。当后来用政府这个更具有操作性的概念来替换国家概念时，就成了政府强还是社会强的问题。前文所讨论的国家中心论与社会中心论都是在二元论的框架中展开的。

在经历了“大政府”理论、“弱政府”理论等系列争论后，人们开始发现，随着现代全球化、信息化、福利制度与公众参与等的持续发展，国家与社会的关系也越来越相互嵌入。例如，吉登斯发现新的工业社会阶段，人们的社会生活逐步被国家通过各种手段所渗透。[①] 在理念上相互独立的国家与社会，回到现实中，它们就不是独立的角色，而是相互渗透、相互嵌入的关系。在这个过程中，传统的二元论逐渐被嵌入论所代替。

在20世纪90年代体现这种转变的代表性观点中，影响较大的有米格代尔提出的“国家在社会中”理论。首先，米格代尔批评了“国家中心主义”将国家看作一个统一整体且根据自身利益最大化采取理性行动的观点，认为这种观点掩盖了国家在其形成的过程中争夺控制权力进行斗争的复杂性。其次，为了论证国家与社会是如何相互嵌入的，需要重新审视国家和社会的概念。一是认为，需要将国家自上而

---

① 吉登斯：《民族-国家与暴力》，胡宗泽、赵力涛译，生活·读书·新知三联书店1998年版，第2页。

下地分为最高决策中心、中央政府、地方政府和执行者等不同的层次。二是认为，社会由正式组织、非正式组织等不同的力量组成。最后，鉴于以上缘由，国家与社会的互动是多层级上的、多元性的互动。这样，国家与社会的互动就摆脱了“零和博弈”的境况，而且根据情境的不同，至少有四种可能的结果，即国家全面控制社会、国家与现存社会力量合作、现存社会力量改变国家以及国家未能有效整合社会等。其中，当今世界第二种和第三种模式比较常见。[①] 作为嵌入论的代表性研究还有埃文思（Evans）的“国家与社会共治”理论和奥斯特罗姆（Ostrom）的“公与私合作伙伴关系”等，国家与社会在合作和互动中互相形塑。[②]

上述关于国家与社会嵌入论的政治话语也常常被批评为是一种还原主义的研究方法，即将国家分解为政府等各种机构，将社会化约为各种生活组织。这种做法也是受行为主义政治学研究范式的影响，即将自然科学中的研究思路用于政治学的研究，强调研究对象的可观察和可测量性。这样的转变则将国家与社会关系的讨论彻底地拉入了经验研究的政治话语，离国家与社会关系理论的哲学话语尤其是其所包含的批判视角已经越来越远了。

三、从统治论到治理论

前文叙述了政治话语中的国家与社会关系从权力的“零和博弈”关系转到正向的“非零和博弈”关系、从国家与社会二元论转向嵌入论两个相关的过程，其实国家与社会关系第三个维度（互动特征）的变迁——从统治论到治理论——也与这两个过程息息相关。其中，统治

---

① 李姿姿：《国家与社会互动理论研究述评》，《学术界》2008 年第 1 期。

② 邓正来：《国家与社会：中国市民社会研究》，北京大学出版社 2008 年版，第 251-253 页。

论基本上与二元论中的"零和博弈"关系状况相对应，而治理论则伴随着嵌入论中的"非零和博弈"关系状况而出现。

对国家与社会互动特征的解释一开始就是统治论的传统，即认为要解决社会问题必须由国家控制社会。这是从功能的视角来讨论国家如何产生的问题，从社会契约论认为国家出于帮助人类社会摆脱自然状态、黑格尔把国家视为最高伦理形式，到马克思认为国家是控制阶级冲突的需要等学说，都阐述了一个共同的逻辑，即国家产生于社会的需要。尽管他们在哲学话语上对国家与社会的界定不同，但从起源或逻辑秩序来看，社会是第一性的，国家是第二性的。一旦落脚到权力实施的现实中，国家就高高在上地统治社会了。在黑格尔那里，国家也是以伦理的形式高高在上的，由马克思把国家与社会关系置于阶级关系冲突的控制机制这个唯物论基础上进行考察。在阶级社会中，国家对阶级冲突以及一般政治冲突的控制是通过代表了统治阶级利益的国家以一种公共权力的身份凌驾于社会之上才得以实施的。因此，统治论反映的是阶级社会中国家与社会关系的最基本特征——强制性。但是不能把这种强制性特征理解为狭义上的赤裸裸的权力关系，同时需要对这种统治关系进行必要的正当化，使国家与社会之间在强制性关联底色上也有情感、信任与正当性的因素。马克思所展开的意识形态批判工作也是以这种国家的统治论为基础而展开的，即揭示国家这个公共权威背后所代表的统治阶级的利益特殊性。在这个基础上发展出来的批判理论，仍然坚持统治论的基本内核，一直致力于揭示这种统治关系随着时代变迁而具有越来越复杂的隐蔽特征。

当代国家与社会关系的互相嵌入以及"非零和博弈"关系越来越多，相应的，国家与社会的统治论也变得越来越弱。尤其是后来越来越带有实证主义倾向的研究开始将具有整体性特征的、更具抽象色彩的国家简化成一个更具有操作化特征的概念——政府。这样国家与社会的关系逐渐被政府与社会的关系所替代。国家的含义要远远比政府这种具体形式丰富，因此这种替代，就屏蔽了很多国家所蕴含的深层次的政治关系，表现为国家概念所带有的批判性被政府概念消解掉了。统治论越来越弱的过程还伴随着另外一个范式——国家与社会互动理论——的兴起。国家与社会互动理论强调国家与社会之间的嵌入性和相互依赖性特征，表现为它们之间日益加深的相互制约和相互合作关系。

随着治理理论的兴起，国家与社会互动理论开始发展为"国家与社会共治"理论。这里的共治指公共治理，治理本身就是用来指国家与社会等诸多主体一起合作共同对公共事务进行治理。因此有别于统治论和治理论讨论的范畴。提出者埃文思认为，国家与社会、公与私之间的界限是模糊的，可以相互合作来实现国家与社会共同治理。[①]埃文思还在共治的背景中将嵌入性理论推进了一步，用来指政府官员参与社区的日常生活，从而获得社区成员的信任和认同。这和当下很热的社会资本理论又建立了关联。社会资本就是对这种群体内部以及跨群体之间（包括官员群体与社区群体之间）的信任、网络与规范的概括。在这种理论视角下，社会资本越丰厚的区域，国家与社会的共同治理绩效就越好。在当代，良好的政治稳定与社会秩序都有赖于国家与社会之间在共同治理中持续的良性互动。

总之，在当代，学者们更多的使用政治话语模式来讨论国家与社会，即把国家与社会化约为权力结构的重要维度。事实上，这是不完整的，因为其忽视了哲学话语揭示的更深层次的一些结构性根源，尤其是马克思、恩格斯在唯物论基础上对国家与社会关系所做的深刻洞见。

---

① 李姿姿：《国家与社会互动理论研究述评》，《学术界》2008年第1期。

需要将政治话语与哲学话语结合起来，才可以尽可能做到对国家与社会关系的完整把握。当然，采取何种形式的批判也有赖于语境的差异。

第三节　国家与社会互动中的意识形态

前文所述，国家与社会关系的讨论主要是在哲学话语和政治话语两个话语体系中展开的，其中哲学话语揭示了国家与社会关系更深层的伦理根源（以黑格尔为代表）或阶级根源（以马克思为代表），而政治话语阐明了国家与社会关系的权力结构以及它们与社会秩序的关联。马克思作为一个开拓者，一个承上启下的哲学家，他对国家与社会关系的话语建构也是一个逐渐从哲学话语向政治话语展开的过程。他承接了之前黑格尔等哲学家关于国家与社会关系的哲学讨论，也在唯物论的基础上为后来政治话语中对国家与社会关系的讨论奠定了基本的问题意识。在厘清这些话语建构后，可以更加清楚地讨论意识形态的概念、功能与发挥作用的机制。哲学话语中的意识形态，在马克思那里，主要是用于意识形态批判，即要揭露统治阶级是如何通过将自身特殊利益普遍化的机制来合法化其统治的。这种意识形态批判为后来的批判理论所继承，并不断地推进。它后来和话语分析结合起来，整合成批判话语分析理论。这是一条一直延续到今天的意识形态研究的重要线索。马克思后来又把意识形态转到政治话语中来讨论，将它与国家和社会之间的权力关系以及社会秩序紧密结合起来。国家是暴力机器，但是国家不能全部依靠暴力来维护社会秩序，必须在国家与社会之间建立情感、观念和价值等的连接。主要起这种连接作用的是意识形态，意识形态以哲学话语和政治话语两种形式与国家和社会关系理论建立了联系。本节将围绕这些联系就国家与社会视域下的意识形态话语实践的分析方法展开初步讨论。

一、国家与社会关系视域下的意识形态

第二章对意识形态的概念谱系进行了较为系统的概括与分析，并在这个基础上归纳出本书对意识形态概念的界定，即“在国家与社会互动的各种层次的场域里，意识形态作为体现群体利益的话语体系，召唤或征求个体行动形成相同的社会认同而聚现成为集体状态，从而可以通过更加协调一致的集体行动，实现共同体的目标”。首先，这种界定首先，回归马克思主义传统，将意识形态发生的范围限定在国家与社会互动的各种层次的场域里，将意识形态与其他社会思潮区别开来，在各种社会意识中只有卷入国家与社会的互动关系中的才能贴上意识形态的标签。这可能是最可靠的区别方式，否则容易让意识形态与一般的社会意识混为一谈，当意识形态无所不包的时候，它作为概念就没有存在的必要了。而且这种界定方式还可以容纳一种社会意识与意识形态之间相互动态转化的情形。例如，如果一种社会意识仅仅是在社会层面被使用，那么仅仅是社会意识，但是当突然被用来建构、维护甚至试图改变国家与社会关系的时候，就摇身一变成为意识形态了。反之亦然，当一种意识形态不再用于建构或试图改变国家与社会关系时，就回归社会意识了。例如种族主义，如果仅停留在社会层面发挥着话语建构功能，其实类似的歧视现象在社会上比较常见，但仅仅是社会思潮。它一旦卷入了政治话语中试图去建构或改变国家与社会关系时候，就是意识形态了。

其次，意识形态作为话语体系是如何起到建构、维护或改变现有的国家与社会关系的呢？这个问题就涉及意识形态独特的功能与实现机制了。在批判性的哲学话语中，意识形态主要通过特殊利益普遍化机制来掩盖不平等的权力关系，即统治关系。而在更加偏向实证性

的政治话语中，意识形态被视为国家为了动员群众去实现国家建设、整合社会等目标的、一套起支配作用的思想与观念体系。进而言之，国家建设是"将不同社群和不同领土上的单位统合进同一国家的制度框架，随之而来的是以这一国家主流意识形态所规定的象征性共同体替换共同的政治认同感和忠诚感"[①]。正因为具有这种功能，意识形态也成了国家建设理论中的关键概念。

最后，当前讨论意识形态的政治话语日趋成为主流，但是如前所述，这种话语体系容易忽视哲学话语揭示的更深层次的一些结构性根源。在本书看来，需要将政治话语与哲学话语结合起来，才可以尽可能做到对国家与社会关系的完整把握；对嵌入国家与社会互动的意识形态的讨论，也需要将政治话语与哲学话语两个话语体系整合起来，这样才可以比较科学地把握意识形态的概念。在这个脉络里就可以理解，先不用问真假，先要问意识形态是不是作为体现群体利益的话语体系，是不是起到了召唤或征求个体行动相同的社会认同而聚现成为集体状态，从而可以通过更加协调一致的集体行动，实现共同体的目标。如果可以肯定回答这些环节的问题，那就是意识形态在起作用。那么先不问真假，不是说就不问真假。这里所说的意识形态真假问题，换种表述，就是有没有通过特殊利益普遍化的机制来发挥意识形态功能。这里语境的作用在于，因为经济社会条件等构成的语境决定了被普遍化的利益究竟是谁的利益，如果是特殊利益，就是虚假的意识形态，这是批判理论需要做的揭示工作。如果真正能够代表普遍利益，就是真实的意识形态，这是社会主义国家的本质需求和奋斗目标。

---

① 麦考尔：《国家建设和市民社会之教训》，黄觉译，《国际社会科学杂志（中文版）》2008年第3期。

二、作为研究方法的“意识形态话语实践”

在话语分析还没有成为一个明确的研究方法之前，马克思就洞察到了语言与意识的深刻联系。之后西方马克思主义传统和话语分析的传统都逐步展开了意识形态研究的话语转向，运用话语分析方法来研究意识形态也在多种学科领域得到长足的发展。第三章梳理这项研究的丰富历程、诸多争论与洞见，最后提出了应该把“意识形态的话语实践”作为一个研究对象，坚持这种类型的话语实践是发生在国家与社会互动的场域中的。

其实，“意识形态的话语实践”既是一个研究对象，也是一套研究方法。其蕴含的基本思路，较为详细地体现在费尔克拉夫的系列主张中。其中，意识形态可以被视作现实的意义或建构，而且体现在话语实践的形式或意义的各种向度。在研究方法上，任何意识形态的话语事件都被同时看作是一个文本，一个话语实践的实例，以及一个社会实践的实例。“意识形态的话语实践”可以说衔接了“文本向度”“话语实践向度”和“社会实践向度”三个向度的研究。首先拾起福柯所忽视的文本话语分析，并把它作为研究的首要对象，然后去观察这些文本话语是怎么在具体的话语事件中被生产、消费与分配的，以及在这个过程中话语是如何构建身份、社会关系与社会事实的，这属于“话语实践向度”。话语分析为了避免类似于后现代主义容易被诟病的、过于强调主观性的阐释而缺乏起码的客观基础这个缺点，增加了“社会实践向度”，即将话语实践置于具体历史社会条件的语境中进行分析。这套思路体现在汤普森所构建的意识形态话语分析总体方法论架构——深度解释学——的分析框架内。深度解释学包含了三个主要阶段或程序，即“社会—历史分析”“正式的或推论性分析”以及“解释—再解释”循环。由此，可以看出意识形态话语实践的三向度分析方法可以被视为对深度解释学的三程序分析方法的具体展开与运用。

这里仅仅是搭建了一个如何展开意识形态话语分析的基本框架，在具体展开对某项议题的研究时，还会运用到更多的具体的话语分析路径和方法。这些具体方法层面的细致研究将是本书研究的必然延续。

三、意识形态话语实践中的国家与社会

作为研究方法，鉴于意识形态承担国家与社会之间心理连接的这个基本属性，需要去观察意识形态的具体运作过程，其中，意识形态在国家与社会之间的互动机制可以具体表现为主流意识形态的话语模式与社会日常生活的话语模式之间遭遇、冲突、融合、利用和控制等一系列的互动过程。可以说，在这个国家与社会互动的场域里，意识形态的功能发挥是通过一个个具体场域的话语实践来实现的。这里"话语实践"概念表达的是意识形态话语的实际操作和发挥功用的具体状态。因此，需要去探究意识形态作为理想与价值或一个改造社会的计划如何通过各种实践技术渗透到地方或基层社会和人们的日常生活，或者说，它作为一系列的社会实践、表象和仪式，如何在一个地方和一个处在底层的普通人身上展现。

这项研究强调主流意识形态的话语模式[①]与社会日常生活的话语模式之间遭遇、冲突、融合、利用和控制等一系列的互动过程。这两套话语模式背后又交织着各种力量的对比、冲突和妥协。人们的行为选择为这种妥协所限制，因为各种力量的不均衡和不断流变的状态在很大程度上决定了人们在哪种层面或以何种方式去运用意识形态的话语或参与意识形态的话语实践。

---

① 本文采用吉对"话语模式"的界定，即通常是人们(自觉或)不觉地拥有的"理论"(故事情节、图像、解释框架等)，并使用这些"理论"来认识世界，认识他们在世界中的经验。(吉：《话语分析导论：理论与方法》，杨炳钧译，重庆大学出版社 2011 年版，第 73 页。)

在意识形态的话语实践中，国家权力通过意识形态的话语模式试图进入社会日常生活的方方面面，实现其对社会的动员、整合和秩序维护功能。同时，意识形态所传递的国家权力和话语又常为地方性的社会权力和日常生活话语所消解和利用，这可视为熟人社会或民间价值体系对意识形态的策略性应对甚至反抗。具体而言，可以提炼出两个关系性命题：

第一，在主流意识形态话语模式与社会日常生活的话语模式之间的距离越远、张力越大的情况下，现实政治权力推行意识形态的力度越大和采取的策略越有效时，意识形态的话语模式越容易被扭曲，表现为其价值成分会被逐渐忽视，工具化的程度越来越高。

第二，意识形态话语模式渗透社会的程度或控制社会的效力与其同日常生活话语模式的嫁接或者融合程度相关。一般而言，意识形态与社会规范融合度越高，国家权力在话语实践中越能得到民间社会的支持与合作。

这两个命题是笔者在早些年所做的实证研究中得出的结论，仍然可以在实践中得到有效的验证。此外，这些命题也说明了一个重要的关系机制，即意识形态话语实践中国家与社会的互动过程及特点是关系到社会秩序能否有效维持的重要基础。需要警觉的是，在实证意义上作为互动两大主体范畴的国家与社会，更多的是政治话语中的概念，但是如果没有哲学话语的介入，对这种互动的讨论是肤浅的，容易沦为对现状的辩护。反思与建构是一个硬币的两面。因此，本章就国家与社会的话语构建所展开的讨论，也可以说是在为国家与社会互动的场域里运用意识形态话语实践分析框架提供必需的知识基础，同时也为唯物论哲学话语上的反思与建构提供必要的理论准备。这种知识基础对下文讨论当代中国语境中意识形态与国家治理之间的关系尤为重要。

第五章　国家治理现代化与意识形态

意识形态是国家为了动员群众去实现国家建设、整合社会等目标的一套起支配作用的思想与观念体系。中国改革开放40多年来，随着政治结构及其逻辑的变迁，意识形态建设也一直是国家建设的一项重要任务。意识形态建设需要与社会转型和国家形势的巨大变化协调一致。习近平总书记强调，"意识形态工作是党的一项极端重要的工作"[①]。需要明确的是，当前意识形态建设是在国家治理体系和治理能力现代化的背景下展开的，因此需要在结构与功能上做与时俱进的调适。在这种背景下，走向国家治理现代化的意识形态建设是重中之重。这项重要建设反映在理论上，就是理顺意识形态与国家治理的关系，而要理顺二者关系，需要扎实的理论和方法论基础。

前面各章都是在为这个目标做理论准备工作。首先，在马克思主义的理论基础上提出了一个更加具有解释能力的意识形态概念。其次，就话语分析在意识形态研究的运用做了较为充分的讨论。最后，梳理了国家与社会的话语构建，为意识形态话语实践分析框架的运用提供必需的知识基础。就本章而言，主要吸收前面各章的洞见，围绕

① 习近平：《论党的宣传思想工作》，中央文献出版社2020年版，第14页。

国家与社会互动场域中的意识形态话语实践，讨论意识形态与国家治理的深刻关联。为此，本章首先讨论在中国语境中国家治理概念的提出及其要解决的核心问题；其次讨论国家治理现代化进程中意识形态结构与功能调适的时代背景与要求；最后讨论意识形态与社会治理的关系以及社会治理中的意识形态话语实践等问题。

第一节　国家治理中的国家与社会

随着治理理论的兴起，国家与社会的互动关系开始被置于治理理论中进行讨论，并且被赋予了重要的理论地位。这种转变集中体现为实现了国家与社会关系从统治论到治理论的理论转型。在这种新的话语体系中，治理概念用来指国家与社会等诸多主体一起合作共同对公共事务进行治理。相比之下，国家治理概念是在中国语境中发展出来的，它尤其重视对国家与社会关系的处理，甚至可以说国家与社会如何互动构成了国家治理的一个核心问题。鉴于此，本节首先讨论当前中国是怎样提出国家治理概念的，包括概念的演变过程及其所体现的问题意识；其次讨论国家治理概念的内涵，包括其理论源流以及如何经过中国化而成为一个系统化、整体化的国家治理话语体系；最后在前面两个议题讨论的基础上，落脚于国家治理最为核心的问题，即国家与社会关系的重塑。

一、推进国家治理现代化目标的提出

中国于2013年提出“国家治理体系和治理能力现代化”的重大命题，这是第一次在国家发展战略的层面上使用“国家治理”的概念，并构建了一套涵盖经济、政治、社会、文化、生态文明等各个领域的全新

的话语体系。这也是中国在新的历史阶段关于如何界说自身过去、现在和未来的一次话语革命，把新时代中国特色社会主义建设置于一套全新的话语体系中进行阐释。这次话语革命是一个渐进地酝酿的过程。2002 年，党的十六大报告第一次提出“坚持党的领导、人民当家作主和依法治国有机统一起来”的“党领导人民治理国家”基本方略，“治理”一词开始进入最高级的官方表述。2007 年，党的十七大报告在表述上进行了微调，对“党领导人民有效治理国家”提出了制度保证方面的要求。2012 年，党的十八大报告对这种制度保证进行了拓展，并且围绕“治理”提出了一系列的新概念，“国家治理”“社会治理”“城乡社区治理”“综合治理”“全球治理”等逐渐成为一些“热词”并传播开来。2013 年，党的十八届三中全会把“推进国家治理体系和治理能力现代化”作为一个国家层面的系统工程提出来。从此，国家治理现代化成为中国新时代治国理政的主话语框架。之后的表述就是围绕这个主话语框架展开。例如，2017 年党的十九大提出“不断推进国家治理体系和治理能力现代化”，2018 年党的十九届三中全会提出“加快推进国家治理体系和治理能力现代化”，2022 年党的二十大提出未来五年的主要目标任务之一是“国家治理体系和治理能力现代化深入推进”。

中国的治国理政历来有坚持问题导向的、与时俱进的适应性特征，所以国家治理现代化目标的提出，也是对当前复杂国际国内局势下中国存量或新出现的各种问题与挑战的积极回应。对于这些问题与挑战，徐湘林教授进行了细致的分类，即转型危机与治理危机，而且提出必须区分好这两种危机，才能真正地厘清这些复杂的问题并据此做出科学的应对。[①] 其中，转型危机是指由于经济与社会层面发生重

① 徐湘林：《转型危机与国家治理：中国的经验》，《经济社会体制比较》2010 年第 5 期。

大结构性变迁而引发的大量社会问题，且这些问题是经济与社会领域无法自行解决而必须由国家通过各种治理手段进行处理。治理危机则是一种经济社会领域的混乱状态，一般是国家作为最重要的治理主体无法有效控制社会矛盾和协调社会冲突而导致的。可以说，造成转型危机的原因是客观的，是每一个处在快速发展时期的国家都几乎难以摆脱的，而造成治理危机的原因则具有主观性，即是否会产生治理危机很大程度上取决于治理主体的治理能力。

就当前的中国而言，这两种危机都不同程度地存在。首先，在转型危机方面，在全球一体化背景下，以民族国家为基本单位的国际竞争日趋激烈。随着经济与社会的发展，中国经历了举世瞩目的大规模的社会流动，面临着日益深刻的社会分化和社会多元化，同时，不断加速的社会变化与日益增强的社会复杂性、不确定性也与之相伴随。其次，在治理危机方面，很多是由转型危机对国家治理能力提出更高要求引发的。例如，全球一体化背景下竞争加剧的新趋势需要国家加强在凝聚政治认同和社会共同体方面的治理能力；社会分化、流动性特征被互联网的普及强化，这要求国家加强社会整合方面的治理能力。历史经验发现，治理危机的出现，很大的原因是国家治理体系和能力往往具有滞后性，如果不能及时有效地化解转型危机就容易引发诸多的继发问题。换言之，解决问题的方式和能力会引发新的问题。正是这些问题意识共同促成当前中国提出新的推进国家治理现代化发展战略和举措。

二、“国家治理”内涵的话语体系

国家治理概念是当代中国语境中产生的一个专门概念，有自己特定丰富的内涵。要厘清它，就必须先梳理它的三个来源以及从这些源流中所汲取的要素与成分。这些来源分别是中国传统政治文化，历史经验、社会主义的政治传统以及当代西方的治理理论。

“治理”一词在中国古已有之，主要表达统治意义上的治国理政，其中蕴含了中国传统政治文化中丰富多元的、不断发展的治国理政思想，如礼治、德治、法治、仁政、民本主义以及无为而治等诸多理念，这些治理理念在历史上均能找到相应的实践经验。这些具体的内容，本书不再赘述，但是必须承认这些治理理念中的一些要素穿越千载至今仍然对治国理政产生了深远影响。今天我们讨论国家治理，也需要进行仔细的梳理，实现传统治理文化的现代化转化与再创造。

传统意义上的治理概念转变成一个重要的学术概念始于20世纪90年代西方“治理”(governance)概念在中国的引介与广泛运用。但是当时还仅仅是使用单个的“治理”概念，而把“治理”与“国家”联系起来，则经历了一个过程。20世纪90年代提到国家治理时，基本上是把国家作为主体的治理，因此可以说是在强调由国家这个主体对具体某个领域或事项的治理。到了2000年后，学者们开始把“国家治理”概念作为一个专用名词使用。但是这个过程中，对国家治理概念的界定也在发生变迁。一开始只看到国家作为治理主体的作用，如认为国家治理一般是指国家最高权威力量，通过对行政、立法、司法权力的分离以及在国家与地方间进行分权，来进行社会控制与管理的某种过程。[①]这时的治理观还保留了传统的国家统治的意涵。后来，开始吸收西方治理理念中多元主体共同参与治理的理念，提出国家治理概念应该理解成“它强调国家政权的所有者、管理者和利益相关者等多元行动者、政府、市场、社会等多种力量合作管理的重要性”[②]。这里引出一个重要的问题，即该如何看待这种对西方治理理念的引入呢？需要先弄清楚西方治理理念产生时的问题意识。

---

① 徐湘林：《转型危机与国家治理：中国的经验》，《经济社会体制比较》2010年第5期。

② 燕继荣、何增科、叶庆丰：《关于国家治理现代化的对话》，《科学社会主义》2014年第1期。

西方学术界在20世纪七八十年代一方面经历了“市场失灵”和“政府失败”之后需要重新思考政府、市场与社会的关系；另一方面，二元论的传统范式已经无法有效地解释全球化、信息化时代的社会转型与变迁了。在这种背景下，不同于传统的统治与管理理念的、强调多元主体化协同合作的治理理论开始流行起来。治理与统治相比，更加强调主体多元、协商共治、平等参与等理念。因此在政治哲学的视野中，从统治到治理，才是人类政治发展的坦途。进入21世纪后，“多一些治理，少一些统治”的理念更是深入人心。西方治理理论所蕴含的这些理念与价值，当然可以说是代表了人们对公共生活的美好期待与理想图景。但是实际上，在西方资本主义社会，其与生俱来的经济基础上的不平等是无法真正实现这个美好理想的。而且不管有多少治理主体的参与，国家始终是最重要的治理主体，这是国家的基本功能决定的。在此意义上，西方的治理理论还没有很好地理顺国家与社会的关系问题。治理理论被引入中国后，在完成了对中国传统治理概念改造的同时，也被赋予了既不同于统治关系，又能更多体现当代价值的内涵。尤其是国家治理概念的提出，不仅意味着这种改造吸收了中国传统政治文化的合理要素，还表明这种改造实现了与社会主义传统的科学融合。这种融合，首先蕴含了马克思主义国家理论的基本逻辑，即国家不仅是阶级统治的工具，也是社会公共秩序最重要的维护者。因此，国家治理概念实现了国家阶级性与公共性的统一，是对马克思主义国家理论的创新发展。

党的十八大以来，中国围绕“国家治理”提出了一系列的概念，如“国家治理体系”“国家治理能力”和“国家治理现代化”等。在这个过程中，国家治理概念本身也逐渐被构建成一个统摄国家、政府、市场、社会各个领域改革的系统性、整体性概念。根据治理不同的领域、层次、方式等诸多维度，一个庞大的国家治理概念群出现了，如国家治理、政府治理、社会治理、社区治理、治理体系、治理能力和治理方式等。

在这个意义上，可以把国家治理现代化理解为一个过程与目标相结合的复杂概念。其中，从国家统治到国家治理的转变体现其作为过程的作用；而它作为目标就是构建起完善的系统性、整体性的国家治理体系，并具备能够充分体现社会主义核心价值观的国家治理能力。

三、国家治理视域下的国家与社会关系重塑

随着治理理论的兴起，国家与社会的互动关系开始被置于治理理论中进行讨论，并且被赋予了重要的理论地位。这种转变集中体现在实现了国家与社会关系从统治论到治理论的理论转型。在这种新话语体系中，治理概念用来指国家与社会等诸多主体一起合作共同对公共事务进行治理。在中国语境中发展出来的国家治理概念，是一个有丰富内涵与外延的复杂概念，它是一个统摄国家、政府、市场、社会各个领域改革的系统性整体性概念，其基本属性强调国家政权的所有者、管理者和利益相关者等多元行动者、政府、市场、社会等多种力量合作管理的重要性。其中，国家治理最为核心的问题就是处理好国家与社会的关系，即通过各种制度设计来重构国家与社会关系，真正实现二者之间的良性互动。

国家治理对重构国家与社会关系的诉求是马克思主义国家与社会关系理论的新发展。马克思主义国家与社会关系理论既是一种批判理论，也是一种建构理论。作为批判理论，它深刻揭示了当前自由主义治理观中国家与社会二元对立的悖论或困境。这种悖论是马克思当年所批判的现代市民社会（资本主义社会）二重性特征的延续。这种二重性体现为现代市民社会既是由享有同等权利的市民所共同形成的社会，同时也是由资产阶级所构成的社会。这里所说的同权市

民社会发端于简单的商品交换领域，以及在资本主义的生产方式中所形成的市场交换这一领域，其中核心的要素便是所有权平等与人格平等。表面上看，这是一个令人向往的平等自由的社会，但本质上是资本主义社会，是一个在生产资料私人占有基础上的资本剥削劳动的社会，这种平等自由仅仅是一个"纯粹的假象"。[①] 这种二重性在今天的资本主义社会并没有得到解决，反而在自由主义的治理观中以更加隐蔽的方式存在。所以说国家治理理论对国家与社会关系的重构，首要是对这种体现在自由主义治理观中的国家与社会二重性的批判与超越。

中国作为社会主义国家，这种超越首先体现在经济基础上，要以公有制为主体、多种所有制经济共同发展来消除国家与社会二元对立的经济根源，同时，通过完善社会主义市场经济体制，提高生产力来加速实现共同富裕的目标。如果说，国家治理现代化对国家与社会关系的重构，对外需要展开对自由主义治理观中国家与社会二重性的批判，那么对内需要超越的是改革开放之前特定历史条件下形成的国家与社会关系模式。

改革开放之前国家与社会关系的一个重要特征，即为了应对复杂严峻的国内外形势以及艰巨的赶超型发展任务，过度依赖国家作为治理主体的作用，而忽视社会的治理作用。鉴于此，到了新的历史阶段，提出进一步推进国家治理体系和治理能力现代化的目标，也是要超越这种国家与社会关系，重构新型的国家与社会关系。鉴于核心的治理主体依然是国家，国家治理体系与治理能力现代化的推进，首先要加强国家建设，发挥好国家的治理主体作用，同时要加强社会建设，培育治理的能力，真正实现国家与社会的良性互动。

---

① 王代月：《马克思主义与自由主义在国家治理观上的实质分歧》，《马克思主义研究》2018 年第 6 期。

第二节　改革开放前后意识形态结构与功能调适

中国的国家建设从传统走向现代的过程，也是其意识形态话语向社会不断渗透与传播的过程。从晚清到民国时期虽然已经启动了走向现代的国家建设，但国家主流意识形态并未实现对全社会的渗透，尤其是在广大乡村社会。在战争与革命年代，中国共产党非常重视意识形态的力量及其运用，在合法性建构与社会动员方面充分激发了意识形态的强大潜能。在中华人民共和国成立后的很长一段时间，属于总体性意识形态时期，主要特征是为了达到重建国家与整合社会的目标。国家灵活运用了各种意识形态手段来动员人民群众，并产生了良好的效果，但是存在的问题也比较突出。改革开放以后，国家与社会关系发生了较大的变化，通过持续的反思与建构，包容性意识形态逐渐取代了总体性意识形态。到了新时代，在推进国家治理现代化的过程中，为了适应新的需要，意识形态的结构与功能进一步地得到调适。本节就是运用话语分析的叙述方式，阐述中华人民共和国成立后，在意识形态建设的不同阶段，意识形态结构与功能的不断调适是如何发生的及其前景展望。

一、改革开放前的意识形态建设

中华人民共和国成立后一直到改革开放前，国家意识形态话语在国家持续的大规模政治动员和社会整合过程中实现了对社会的全面渗透和覆盖，体现为在国家治理中过度依赖意识形态的状况。长期以来，意识形态在对国家权力合法性认同的构建中，过于重视道德主义的因素，如“为劳苦大众求解放”“全心全意为人民服务”“大公无私”

等,而没有把法律的、程序的要素置于重要的位置。出现这种状况的原因,可以用路径依赖机制来解释,但是这种解释并不能提供有效的知识。更为重要的是一些结构性条件的限制,如"特别是在旧中国遗留下来的制度化遗产相当稀少、物质化调控手段短缺、旧权威散失的情况下,充分利用意识形态调控资源就显得非常必要"①。这里比较敏锐地观察到了对意识形态的高度依赖同国家治理制度化水平较低两种现象之间的关联。另外一种解释认为,"一种技术与人才的不足极大地限制了领导者获取信息及分析政策选择后果的能力的政治体制中,意识形态将成为确保下级干部服从的一个重要工具"②。这种结构性分析也揭示了一种复杂的互为因果机制,即制度化体系与能力水平不高促使国家治理中过度依赖意识形态,反过来过度依赖意识形态也会继续影响着制度化体系与能力的建设。

改革开放前的意识形态,有学者称之为"革命意识形态",其特征被归纳为"强调斗争性、追求单一性和遵循零和性"等。③ 鉴于意识形态要解决的根本问题是国家与社会的关系问题,因此,在概念的使用上,"总体性意识形态"似乎比"革命意识形态"更加能够展示这段时期意识形态塑造国家与社会关系的主要特征。事实上,"每一个现代政治系统都有鼓动性"④,不管哪种类型的意识形态要解决的根本问题都是国家与社会的关系问题。所以,意识形态的话语实践首要的特征是体现了国家与社会的某种互动模式以及相应的一套机制。由此,在概念的使用上,本书认为"总体性意识形态"似乎比"革命意识形态"更加

---

① 戴长征:《意识形态话语结构:当代中国基层政治运作的符号空间》,《中国人民大学学报》2010年第4期。

② 李侃如:《治理中国:从革命到改革》,胡国成、赵梅译,中国社会科学出版社2010年版,第71页。

③ 范秋迎:《革命型意识形态与和谐型意识形态比较研究》//杨河主编:《社会主义和谐社会与意识形态》,北京大学出版社2009年版,第137-141页。

④ 巴拉达特:《意识形态:起源和影响》,张慧芝、张露璐译,世界图书出版公司2010年版,第3页。

能够展示这段时期意识形态勾连国家与社会关系的这层基本含义。

总体性意识形态源于总体性社会概念。[①] 总体性社会是指国家控制着大量社会资源，并造成一种独特的由国家和民众构成的两层社会结构。在这个意义上，总体性意识形态就是这种致力于构建、塑造和再生产总体性社会的意识形态。从结构上看，总体性意识形态首先包括共产主义和社会主义信仰及其内在的一套世界观与方法论，其次是作为实现信仰与理念的主要行动策略：阶级斗争和群众运动。其主要特点是超越性和排斥性。其中，"阶级斗争和群众运动是意识形态行动—策略层面的最鲜明的特征……它们以阶级身份的归属和由此承载的具体的经济社会权利的享有，实现了国家与社会的联系"[②]。

从国家与社会关系的视角来看，总体性意识形态在那段特殊时期曾经一度充满了理想主义色彩的革命化与极端化特征，其话语"霸权"对社会实施了全面、有效的动员和控制。这段历史经验也表明，在国家意识形态话语模式与社会日常生活的话语模式之间的距离越远、张力越大的情况下，现实政治权力推行意识形态的力度越大和采取的策略越有效时，意识形态的话语模式中表现其价值的成分会被逐渐抛却，工具化的程度会越来越高。

二、改革开放后的意识形态建设

改革开放初期，邓小平对刚刚过去的特殊时期里党和国家领导制度的"非制度化"状态以及运动式治国模式进行了深刻反思。这个时期也恰是国家治理过度依赖革命化和极端排他性的总体性意识形态

① 孙立平：《改革前后中国国家、民间统治精英及民众间互动关系的演变》，《中国社会科学季刊》1994 年第 2 期。

② 陈明明：《政治话语的转换—改革开放以来主流意识形态的调适性变迁》//景跃进、张小劲、余逊达主编：《理解中国政治：关键词的方法》，中国社会科学出版社 2012 年版，第 11 页。

时期。首先，1978 年邓小平支持“实践是检验真理的唯一标准”大讨论，很大程度上改变了意识形态在政策过程中的作用，即很难再出现“各种政策主要诞生于一系列的意识形态原则，并因此获得合法性”的状况了。[①] 其次，通过对意识形态的创造性解释，“使革命意识形态逐渐转化为对市场经济与对外开放方针具有论证功能的、与改革开放新时期相适应的意识形态的理论话语”[②]。最后，邓小平于 1980 年提出“领导制度、组织制度问题更带有根本性、全局性、稳定性和长期性”[③]。因此，推进改革，不能仅仅停留在意识形态和道德层面，还需要回到技术和制度层面，需要扎扎实实、稳步前进的办法，去解决现行制度的改革和新制度的建立问题。这种改变也被认为符合世界各国的历史经验，即“意识形态和道德的争论经常导致一些具体的制度和技术问题提高到意识形态和道德的高度。相反，对制度技术的争论常导致改革”[④]。

改革开放 40 多年来，随着政治结构及其逻辑的变迁，国家主流意识形态开始由超越性回归到世俗性，其排斥性的特征被世俗化所消解或软化，逐渐呈现出包容性的趋势。[⑤] 范秋迎用“和谐型意识形态”来描述这种包容性意识形态，其特征被概括为“注重包容性”“呈现多元性”和“倡导共赢性”等。[⑥] 萧功秦也顺着这个脉络讨论改革开放以来中国意识形态建设与发展阶段。他认为，第一个阶段以“实践真理论”“初级阶段论”与“三个代表论”为标志的意识形态创新过程，旨在“寻

① 沈大伟：《中国共产党：收缩与调适》，吕增奎、王新颖译，中央编译出版社 2012 年版，第 152 页。

② 萧功秦：《中国的大转型：从发展政治学看中国变革》，新星出版社 2008 年版，第 155 页。

③ 《邓小平文选(第二卷)》，人民出版社 1994 年版，第 333 页。

④ 霍尔比格：《当代中国的意识形态重构：决定因素、进展和局限》，吕增奎译，《国外理论动态》2009 年第 12 期。

⑤ 陈明明：《政治话语的转换——改革开放以来主流意识形态的调适性变迁》//景跃进、张小劲、余逊达主编《理解中国政治：关键词的方法》，中国社会科学出版社 2012 年版，第 1 页。

⑥ 范秋迎：《革命型意识形态与和谐型意识形态比较研究》//杨河主编：《社会主义和谐社会与意识形态》，北京大学出版社 2009 年版，137-141 页。

找能包容发展性、开放性、同时又能满足意识形态对执政党的合法性保护功能的、最有助于表达改革开放理念的符号元素”。而第二个阶段的“政治文明论”与“和谐社会论”,可以看作是执政党在意识形态方面寻求整合社会的新的精神资源的努力。现在意识形态创新到了第三个阶段,主要是“如何维持主流话语与现实生活的逻辑关联,这是主流意识形态颇为困窘的问题。在这个意义上,主流意识形态的演变仍然面临着尖锐的挑战”。[①] 这是因为中国革命过程所构筑的总体性意识形态的传统话语结构依然存在,并对国家治理的政治生态构成了一种内在的制约。因此,需要解放思想,逐步地突破这些制约。

从国家与社会关系的变迁角度看,改革开放 40 多年来无疑发生了巨大的变化,前述的总体性意识形态所依托或者所试图达到的国家对社会资源和社会生活的全面控制状况也已经一去不复返了。社会力量在不断增长,社会的自主性逐渐增强,社会中存在着不同群体,也具有不同的观念与行为模式,这需要在建构更具有包容性、共赢性的国家意识形态过程中,重塑一种国家与社会在意识形态话语实践中可以实现良性互动和共同进步的基本关系模式。尽管如此,萧功秦提出的这个“颇为困窘的问题”在陈明明的表述中,即中国革命过程所构筑的总体性意识形态的传统话语结构依然存在,并对国家治理的政治生态构成了一种内在的制约。因此,需要解放思想,逐步地突破这些制约,“表现在意识形态的变革上,就是意识形态必须重塑它的价值—信仰,创新它的认知—阐释,调整它的行动—策略”[②]。这项任务到了新时代改革开放阶段显得尤为迫切。

---

① 萧功秦:《中国的大转型:从发展政治学看中国变革》,新星出版社 2008 年版,第 163-167 页。

② 陈明明:《政治话语的转换——改革开放以来主流意识形态的调适性变迁》//景跃进、张小劲、余逊达主编:《理解中国政治:关键词的方法》,中国社会科学出版社 2012 年版,第 21 页。

三、新时代国家治理现代化中的意识形态建设

新时代,作为全面深化改革总目标之一的"推进国家治理体系和治理能力现代化",其核心内容是一个国家的制度和制度执行能力现代化,这也延续了邓小平高度重视国家制度建设的理念。在这种背景下,如何恰当处理意识形态建设与国家治理现代化的关系这个议题的重要性又再度显现。换言之,新时代的意识形态建设是在国家治理体系和治理能力现代化的背景下展开的。由此,应该把意识形态建设与国家治理制度体系和制度能力的现代化建设结合起来,在厘清二者区别的基础上实现它们在功能上的互补。

新时代是一个全球化、市场化和信息化的时代,这也是一个大变革、大发展和大调整的时代。国际范围内各个领域的竞争加剧,国内处于社会快速发展和转型时期,利益、观念等方面的分化与冲突也日益复杂起来。一方面,国家治理在国家与社会的互动层面上主要依靠制度化、规范化和程序化的治理方式。也是在这个脉络里理解"国家治理体系和治理能力是一个国家制度和制度执行能力的集中体现"①这个重要论断。这要求各方面制度更加科学、更加完善,善于运用制度和法律治理国家,提高党科学执政、民主执政、依法执政水平。另一方面,需要更加科学合理地加强意识形态建设,这要求做到"巩固马克思主义在意识形态领域的指导地位,巩固全党全国人民团结奋斗的共同思想基础"②,从而为全面深化改革和推进国家治理现代化提供强大的合法性基础与动员力量。鉴于此,全新的国家治理理念与治理方式不断被提出来,国家治理现代化理念的提出也可以看作是努力实现国

---

① 习近平:《习近平谈治国理政》,外文出版社 2014 年版,第 91 页。

② 习近平:《习近平谈治国理政》,外文出版社 2014 年版,第 153 页。

家与社会在达成共识基础上的良性互动。意识形态建设也要积极回应这些新问题和新要求。这要求"认真研究国家治理过程中出现的新问题,在马克思主义话语框架下做出学理阐释,及时提出和运用新思想、新理念、新办法"[①]。

针对国家治理现代化的需要构建新的意识形态系统,并使其结构要素在新的时代条件下发挥积极正向功能。在这种背景下,中国现阶段的意识形态建设迎来了"治理转向",即为了适应推进国家治理现代化的需要,实现意识形态系话语体系在结构和功能上的调适。为了从现代治理视角合理建构我国意识形态话语体系,有学者创造并提出了"治理型意识形态"概念[②],用来概括新时代国家治理视域下意识形态话语体系的基本特征。与时俱进的意识形态话语体系在结构上涵盖价值、规则和操作等,体现国家治理现代化的基本内涵与具体要求。和现代治理的主体多元和途径多元要求相一致,意识形态建设也要能够起到"高效整合社会资源,凝聚全社会共识"[③]的作用,换言之,也可以说是旨在"站在意识形态转型的高度进一步解放思想,为改革赢得更多社会共识和智力支持"[④]。

据此,任剑涛和朱丹主张应该把意识形态与国家治理绩效充分结合起来思考,从国家治理绩效的角度来思考如何进行意识形态的调适。[⑤] 为了提高国家治理绩效,基于以往的经验教训,不能将意识形态的政治动员视作国家治理的单一动力,而应该将意识形态建设作为国

① 朱文琦、祝志男:《国家治理效能:基于意识形态视角的分析》,《求实》2020年第3期。

② "治理型意识形态"被界定为"在维护政府权威和执政党领导地位的前提下,积极引入政治协商模式,拓宽政治参与渠道,改变公权力的单向度流动,形成多方合作、协调共治的国家治理结构。在这一过程中,意识形态的主要功能其实已经由社会变革初期的革命动员转向现代化建设中的治理进步"。具体讨论参见张敏:《转型中国治理型意识形态的构建》,《江汉论坛》2017年第2期。

③ 杨仁忠、赵梦宸:《新时代意识形态治理理念的基本意蕴及其创新价值》,《河南师范大学学报(哲学社会科学版)》2019年第3期。

④ 张敏.《转型中国治理型意识形态的构建》,《江汉论坛》2017年第2期。

⑤ 任剑涛、朱丹:《意识形态与国家治理绩效》,《学海》2018年第2期。

家治理体系和能力建设中的一个重要环节，科学有效地发挥好意识形态在国家治理中的积极功能。特别是在大数据时代，尤其要实现意识形态治理与大数据的深度契合，不断增强主流意识形态的吸引力、凝聚力与说服力。[①]

同时，任何一种意识形态不仅要针对内部国民，而且也要考虑其外在影响力。只有整合了内部人民核心价值和外部世界共享价值的因素，意识形态才能得以重建，才会展现出持久的生命力。这要求意识形态创新需要汲取人类文明的价值成果。这项努力的最重要的标志是2012年党的十八大把社会主义核心价值观界定为“富强、民主、文明、和谐，自由、平等、公正、法治，爱国、敬业、诚信、友善”。

从国家与社会关系的角度看，随着社会建设的发展，意识形态建设也越发重视社会能力的作用。所谓社会能力，是指社会自身也具有一定程度的独立于国家的能力，也可以认为“是由一套社会规则的知识所构成，这些规则使得人们可以非常熟练和理性地行动，进而可以展现出他们的熟练和理性”[②]。因此，当意识形态的话语模式借助民间社会传统规范来实施社会控制时，会激发民众在某种程度上自发地参与合作，而民间社会也一直试图利用意识形态的话语模式实现他们的传统规范与生活逻辑。换言之，意识形态话语模式渗透社会的程度或控制社会的效力，与其同日常生活话语模式的嫁接或者融合程度相关。一般而言，意识形态与社会规范的融合度越高，国家权力在话语实践中就越能得到民间社会的支持与合作，亦即“嵌入话语实践的意识形态在其被弄得自然化或获得常识地位时，效力最大”[③]。

---

① 肖唤元、秦龙：《论大数据与意识形态治理》，《社会主义研究》2016年第2期。

② 波特、韦斯雷尔：《话语和社会心理学：超越态度与行为》，肖文明、吴新利、张擘译，中国人民大学出版社2006年版，第55页。

③ 费尔克拉夫：《话语与社会变迁》，殷晓蓉译，华夏出版社2003年版，第82页。

运用意识形态话语实践的分析框架，可以更加清晰地剖析现状和提出对策。例如，鉴于"宣传教育方面仍然普遍存在形式老套、内容僵化等问题，缺乏感召力、说服力"[①]等老问题，应该注重"把握社会主义意识形态与日常生活的关系"[②]，在传播上，"重视受众心理与需求，建立和谐互动的传受关系"[③]。更重要的是"在日常生活领域，只能在尊重差异中扩大政治认同，在包容多样中增进思想共识"，在这个过程中，"用自己的意识形态的合理性和合法性来'引领'社会思潮"。[④] 总之，不断发展中的包容性和世俗性的国家主流意识形态话语模式将因为更加容易和社会日常生活话语模式之间达成和解和共识，从而可以更好地发挥意识形态在国家治理中的政治调控能力。

---

① 肖巍、顾钰民：《当代中国马克思主义研究报告(2011—2012)：核心价值与意识形态建设》，人民出版社2013年版，第8页。

② 冯刚：《新形势下意识形态相关问题研究》，光明日报出版社2014年版，第5页。

③ 郭文亮、杨菲蓉等：《当代国外社会主义意识形态发展导论》，人民出版社2010年版，第302页。

④ 陈锡喜：《马克思主义：意识形态和话语体系》，华东师范大学出版社2011年版，第7页。

第六章　社会治理现代化与意识形态

在讨论了意识形态与国家治理的关系之后，应该再去讨论意识形态与社会治理的关系以及社会治理中的意识形态话语实践等问题。对社会治理中意识形态话语实践的讨论，首先从厘清社会治理与国家治理两个概念的关系开始，从实践和分析框架两个维度梳理“社会治理”话语体系是如何建构的，着重进行社会治理中国家与社会互动模式的类型分析并初步提出关于社会治理中意识形态话语实践的分析框架。

第一节　“社会治理”的话语体系建构

一、“社会治理”的提出与内涵

中国学者从 20 世纪 90 年代开始讨论引入的“治理”理论，在经过有效的本土化重建后，俞可平等学者于 21 世纪初较早提出“社会治理”这个本土化概念以及就如何实施善治展开热烈的讨论。[①] 在学界和各方的积极推动下，2013 年，党的十八届三中全会提出要创新社会治理，2017 年，党的十九大报告对如何推进社会治理现代化提供了较为完整的表述，集中体现在“打造共建共治共享的社会治理格局。加强社会治理制度建设，完善党委领导、政府负责、社会协同、公众参与、法治保障的社会治理体制，提高社会治理社会化、法治化、智能化、专业化水平”等表述中。这个话语事件也被视作中国社会治理模式转型的重要标志。[②] 官方话语聚焦于操作层面，比较清晰具体，但是学界对社会治理的理论阐述呈现出了另外一番景象。“有关‘社会治理’的观点之繁多、内涵之复杂，甚至到了对‘社会治理’也必须进行‘治理’的地步了。”[③]

事实上，社会治理是一个具有中国特色的本土化概念[④]，其特色就在于“治理”的前缀“社会”，表明其“社会化”特征，旨在扭转“过度行政化”的社会管理方式，积极推动社会事务多主体参与合作治理[⑤]。因此，社会治理也被视作一个综合性的系统，对社会治理概念的界定主要围绕“为什么治理？谁来治理？治理什么？如何治理？”这些问题展开。[⑥] 所有对社会治理众多维度或视角的讨论基本上都是在这个基本话语框架下展开。

由此可见，“社会治理”是一个中国化的概念，而且无论是理论上还是实践上，其内涵和外延都很复杂。尽管如此，还是可以找到一个简约的、可以达成共识的界定，如“社会治理可以定义为社会各

---

① 俞可平：《中国的治理改革（1978—2018）》，《武汉大学学报（哲学社会科学版）》2018 年第 3 期。

② 陈华：《地方社会治理：演进逻辑、多重约束与实践创新》，《甘肃社会科学》2018 年第 6 期。

③ 文军：《社会治理的认识困境及其未来转向》，《上海城市管理》2019 年第 1 期。

④ 洪大用：《变与不变：新中国社会治理 70 年》，《社会治理》2019 年第 2 期。

⑤ 吴晓林：《“社会治理社会化”论纲：超越技术逻辑的政治发展战略》，《行政论坛》2018 年第 6 期。

⑥ 燕继荣：《社会变迁与社会治理：社会治理的理论解释》，《北京大学学报（哲学社会科学版）》2017 年第 5 期。

种机构、组织和个人等行为角色主体，共同参与解决社会共同体面临的麻烦和问题的过程”[①]。其中“社会共同体”表明“社会治理”概念中的“社会”并不是指与国家对应的那个社会，而是包括国家与社会在内的整个共同体。而多个行动角色主体的共同参与则体现了“社会治理”区别于“统治”和“社会管理”的关键特征。当然，社会治理概念和国家治理并不是一个层次的概念，国家治理如前所述是一个统摄国家、政府、市场、社会各个领域改革的系统性整体性概念，而社会治理特指对一个特定的共同体的治理，国家与社会均嵌入其中。因此，国家治理的体系包括社会治理，社会治理是国家治理的一个重要概念，所以研究意识形态与国家治理的关系，自然也落脚于意识形态与社会治理的关系中；而国家治理现代化过程中意识形态话语体系的结构与功能的调适也同样要落脚于社会治理现代化的过程中。

二、社会治理中国家与社会互动模式的类型

如前所述，在这个国家与社会互动的场域里，意识形态的功能发挥是通过一个个具体场域的话语实践来实现的。因此，研究社会治理中意识形态的话语实践，需要以社会治理中活生生的案例和大量的文本作为实证资料，采取话语分析的一些具体操作方法展开研究。为了这项研究更加科学可靠，有必要对社会治理中国家与社会互动模式构建一个有效的分类方案。

关于社会治理中国家与社会互动关系的基本模式，可以根据两个维度上的两两相对情况，列出一个分类矩阵，如图 6-1 所示。

---

① 燕继荣：《社会变迁与社会治理：社会治理的理论解释》，《北京大学学报（哲学社会科学版）》2017 年第 5 期。

	常态	非常态
合作	A 常规化治理	B 运动式治理
冲突	C 制度化抗争	D 非制度化抗争

图 6-1 社会治理中国家与社会互动模式的类型

其中,第一个维度是社会治理中国家与社会主要是合作还是冲突的关系;第二个维度是社会治理中这些合作和冲突是常态还是非常态的。A 类型"常规化治理"指国家与社会在社会治理中需要寻求在话语和行动上一定程度的合作,如日常的政治动员、宣传、协商、考评等需要合作的治理活动。B 类型"运动式治理"指在社会治理常规任务之外的少数临时性的治理活动,如地方政府的各种创建活动和上级布置的专项治理行动等。这些临时性的任务,也需要国家和社会之间一定程度的协作,但是与"常规化治理"相比,更多依赖意识形态和其他考核手段的政治动员和督促。C 类型"制度化抗争"指分别代表国家与社会的行动者之间发生利益冲突时,行动者在制度化的框架内采取诉讼、信访等方式进行的利益诉求或抗争活动。D 类型"非制度化抗争"同样属于社会抗争,但是大都诉诸制度化框架之外的手段,如非法上访、群体性事件等。

这种类型学分析为研究社会治理中的意识形态话语实践提供了重要的知识基础。据此,可以分别对上述四种类型的案例和文本中所呈现的意识形态话语实践进行话语分析,并在此基础上比较不同类型案例和文本中的意识形态话语实践,考察在不同类型的社会治理中,意识形态话语实践各自有哪些关键的特征,形塑这些关键特征的关键机制有哪些,以及这些关键机制又是如何在不同的案例和文本中进行排列组合的。当然这些考察的目标是探讨如何更好地进行意识形态建设以便更好地发挥意识形态在推进社会治理现代化中的积极功能。

三、社会治理场域中意识形态的话语实践

社会治理可以简约地界定为由多个行动者参与的、以解决集体问题为目标的集体行动。因此,在研究社会治理时,可以沿着行动者、互动过程(集体行动)和共同体目标三个观察点展开。其中,行动者不仅受利益驱动,还会受价值或情感支配,并形成社会结构中的行动者网络。正是这些复杂的驱动力使行动者有自己的个体目标,但是在"囚徒困境""搭便车现象"等的作用下,这些个体目标往往与共同体目标发生冲突。而社会治理作为社会共同体层面的集体行动,就聚焦于如何有效地协调或解决这些冲突。这些"协调或解决"就包括了一系列多元行动体之间的互动机制或过程。在这种意义上,可以更加清楚地看到意识形态在社会治理中所发挥的积极作用,因为意识形态的关键特征在于它是一种试图将广泛分散的行动者凝聚起来以采取协调一致的集体行动的特定话语体系及其话语实践。

社会治理体现为国家与社会诸多主体之间在各个层面或维度上的互动,意识形态的关键特征与核心机制也是在这些互动中得以呈现。鉴于社会治理中国家与社会治理互动模式大致可以划分为常规化治理、运动式治理、制度化抗争和非制度化抗争等四种类型,意识形态的认同机制、聚现机制以及促成集体行动的功能,均可能在不同的类型中呈现出不同的内容与形式。尤其是这些互动也可以看作是行动者之间的一种多元博弈。其中,每个行动者依据自己掌握的资源而具有不同的谈判力量与行动能力①,而且还要遵守特定场域中的价值与规则。因此,权力关系也必然是一种组织成员间的不平等关系。在

① 克罗齐埃、费埃德伯格:《行动者与系统》,张月译,上海人民出版社 2007 年版,第 54 页。

这个脉络里,“权力”作为集体行动的核心机制作用就凸显出来。由此,意识形态话语也可以为不同的行动主体所运用。至此,意识形态的运用主体不仅是国家层面的治理主体,而且也可以是社会层面的诸多主体。尤其在社会冲突的治理中,可以观察到,不论是制度化还是非制度化抗争,社会层面的诸多主体热衷于意识形态话语的运用,因为这些话语可以作为他们诉求或集体行为的合法性基础。于是,这些过程可以通过呈现意识形态话语的生产、分配与消费过程来召唤或征求行动者的社会认同,并试图将广泛分散的行动者凝聚起来以采取协调一致的集体行动。当然,不同的行动者(们)通过意识形态转变成集体状态的能力显然是不一样的。

正如一些经典议题所讨论的那样,社会治理中的意识形态话语实践,也可以呈现为主流意识形态的话语模式[①]与社会日常生活的话语模式之间遭遇、冲突、融合、利用和控制等一系列的互动过程。这两套话语模式背后又交织着各种力量的对比、冲突和妥协。其中,国家权力通过意识形态的话语模式试图进入社会日常生活的方方面面,实现其对社会的动员、整合和秩序功能。同时,意识形态所传递的国家权力和话语又常为地方性的社会权力和日常生活话语所消解和利用,这可视为熟人社会或民间价值体系对意识形态的策略性的应对甚至反抗。基于这种状况,在推进社会治理现代化的过程中,要致力于提高意识形态与社会规范的融合度,这样可以使国家权力在话语实践中得到民间社会的更多支持与合作。

综上所述,本章的核心主张是在把意识形态建设与国家治理(包括社会治理)制度体系和制度能力的现代化建设结合起来的过程中,

① 本文采用吉对“话语模式”的界定,即通常是人们(自觉或)不觉地拥有的“理论”(故事情节、图像、解释框架等),并使用这些“理论”来认识世界,认识他们在世界中的经验。(吉:《话语分析导论:理论与方法》,杨炳钧译,重庆大学出版社 2011 年版,第 73 页。)

去实现它们在功能上的互补。具体在实践层面，如何在意识形态的话语实践中实现国家与社会的良性互动，无疑是一项理论与实践相结合的重要课题。

第二节 “枫桥经验”的话语实践与治理图景[①]

20 世纪 60 年代，经过毛泽东的肯定性批示，浙江诸暨枫桥干部群众创造的用于化解基层矛盾的“枫桥经验”诞生了。之后的半个多世纪，“枫桥经验”一直受到政界和学界的高度关注，其机制与方法也不断地得到创新，以适应于不同历史阶段的治理目标。2013 年，习近平总书记专门指示要求各级党委和政府“把‘枫桥经验’坚持好、发展好”[②]。在新时代，从中央到地方，从官方到学界都对“枫桥经验”再展雄风充满期待，希望它能够继续引领社会治理现代化不断前进，能够继续作为成功的典型经验得到广泛推广。

可以说半个多世纪以来“枫桥经验”不断发展，因此很多学者在讨论究竟是什么原因使“枫桥经验”历久弥新。但是已有的研究总体上要么是停留在外围原因上，如认为它反映并契合了中国社会结构变化的历史趋势[③]或者体现了现代治理和传统治理体系的有机结合[④]等；要么还停留在就事论事的阶段，如认为因为其核心内容是“矛盾不上交”[⑤]等。其实最需要在学理层面厘清：“枫桥经验”在机制层面究竟

① 本节主体内容已以论文形式发表，见王国勤：《“枫桥经验”的话语实践与治理图景》，《江西师范大学学报（哲学社会科学版）》2020 年第 3 期。

② 习近平：《把“枫桥经验”坚持好、发展好 把党的群众路线坚持好、贯彻好》，《人民日报》2013 年 10 月 12 日第 1 版。

③ 胡承槐：《“枫桥经验”55 年历史演变所蕴含的历史逻辑》，《治理研究》2018 年第 5 期。

④ 陈立旭：《现代治理与传统的创新性发展——“枫桥经验”的启示》，《治理研究》2018 年第 5 期。

⑤ 余钊飞：《新时代“枫桥经验”——乡村治理中的“三治融合”》，《人民法治》2018 年第 14 期。

做对了什么？如何准确概括其内核？但是，“枫桥经验”并没有一个十分明确的概念界定[①]，这样它很容易被当作一个概念筐，只要有关联的做法都往里装，因此被学者质疑“如果‘枫桥经验’什么都可以是，那么，它也可以什么都不是了”[②]。这种状况也是因为对“枫桥经验”的理论研究其实是滞后于其充满活力的实践的。从“枫桥经验”到“枫桥理论”的提升还做得不好，主要表现在“理论解构和模型建构维度的研究相对薄弱欠缺”[③]，这样影响了“枫桥经验”在国际范围内的理论对话能力[④]。

鉴于此，无论是理论研究还是实践发展，都迫切需要厘清：“枫桥经验”的核心要素即“枫桥经验”的内在规定性到底是什么？这个问题直接关系到在新时代社会治理现代化背景下能否科学有效地打造“枫桥经验”升级版。从这个核心问题出发，本书采用话语分析方法展开这项研究，试图依次阐明内在逻辑高度关联的三个问题：“枫桥经验”话语结构的核心要素是什么？“枫桥经验”在多年来的研究文献中经历了什么样的话语实践？“枫桥经验”在新时代社会治理现代化背景下究竟可以提供什么样的知识与图景？以上这些努力也是一项正本清源的工作，即试图阐明过去很长时间里在理论和实践上，曾经对“枫桥经验”有过哪些误读或忽略，我们应该回归“枫桥经验”的本源，发掘其在新时代推进社会治理现代化的理论与实践两个层面的价值与潜力。

为了实现上述的研究目标，本书所使用的话语分析方法主要运用

---

① 徐镇强、何彩英：《“枫桥经验”研究述评》，《中国人民公安大学学报（社会科学版）》2013 年第 4 期。

② 吴锦良：《“枫桥经验”该如何坚守与发展》，《公安学刊》2013 年第 3 期。

③ 王犇、常小龙：《“枫桥经验”研究的总体态势与前沿问题——基于 Bibexcel 的文献计量与可视化分析》，《公安学刊》2018 年第 5 期。

④ 杨学科：《弹性治理：枫桥经验生发的阐释》，《治理研究》2018 年第 5 期。

了当代英国语言学家费尔克拉夫的一些洞见。例如,他把话语视作社会实践的一种形式,不仅是表现世界的实践,而且是在意义方面说明世界、组成世界、建构世界,在这个意义上,任何话语事件都被同时看作是一个文本,一个话语实践的实例,以及一个社会实践的实例。而话语实践是以"文本"的形式表达的,牵涉文本生成、分配和消费的过程,可以说都关联着话语得以产生的特殊的经济、政治和制度背景。因此,话语分析应该侧重于在话语实践中对文本及其所依赖的社会环境的变化过程的描述。[①] 鉴于官方和学者们从 20 世纪 90 年代开始对"枫桥经验"展开了持续近 30 年的研究,所以本书以这些跨度近 30 年的学术论文、著作等为话语分析的文本对象,而且这项研究也是建立在作者数年来所积累的观察经验与调研资料的基础上的。

一、"枫桥经验"的核心要素

如前所述,"枫桥经验"的话语实践历经了半个多世纪,由于担心"枫桥经验"变成一个无所不包的概念筐,学者们也一直关注"枫桥经验"的核心内涵究竟为何的问题,但是并没有提供让人满意的讨论。为了给出一个更加清晰的"枫桥经验"的概念界定,必须追本溯源,把"枫桥经验"的产生作为一起话语事件,通过分析当时特定的时代背景和事件经过,打通其在文本、话语实践与社会实践之间的内在关联,从而做到正本清源,揭示"枫桥经验"之所以是的核心要素。

20 世纪 60 年代,国内外的形势比较复杂,全国都在开展农村社会主义教育运动。在这个过程中,枫桥地区广大干部群众在大讨论中达

① 费尔克拉夫:《话语与社会变迁》,殷晓蓉译,华夏出版社 2003 年版,第 4 页,第 60 页,第 66 页。

成共识，即“武斗斗皮肉，外焦里不熟；文斗摆事实、讲道理，以理服人”[①]，由此创造出“少捕，矛盾不上交，依靠群众，以说理斗争的形式把绝大多数四类分子改造成为新人”的做法。1963 年底，毛泽东作了重要批示，要求“各地仿效，经过试点，推广去做”[②]，“枫桥经验”开始登台亮相。

这本来仅仅是地方性的一个做法，突然成为全国瞩目的经验，也是偶然中带有必然的一个事件。

“1963 年 10 月，当时的公安部领导来浙江指导工作，发现枫桥在‘社教’运动中依靠群众用说理斗争制服敌人的经验，就向正在杭州的毛泽东作了汇报。毛泽东听后，高兴地说：‘这就叫矛盾不上交，就地解决。’并指示要好好总结枫桥的经验。”[③]

这段简短的文本中，所有能够展示“枫桥经验”特征的关键话语依次为“依靠群众”“用说理斗争”“制服敌人”和“矛盾不上交，就地解决”。也因此，“枫桥经验”诞生时，被界定为“发动和依靠群众，坚持矛盾不上交，就地解决，实现捕人少、治安好”[④]。由此，可以结合当时特定的社会政治背景以及“枫桥经验”的话语实践，具体分析“枫桥经验”的话语从诞生起就被赋予了什么样的核心要素或关键特征。

首先，改造“四类分子”“制服敌人”这些话语反映当时的主要任务，可以确定“枫桥经验”的主要目标旨在化解基层矛盾，而且这是“枫桥经验”的主线索，贯穿不同的历史阶段。

其次，“枫桥经验”包含了三个有机统一的基本取向，即在化解基

---

① 谌洪果：《“枫桥经验”与中国特色的法治生成模式》，《法律科学（西北政法大学学报）》2009 年第 1 期。

② 《习近平讲党史故事》编写组编：《习近平讲党史故事》，人民出版社 2021 年版，第 247 页。

③ 俞红霞：《“枫桥经验”的形成和发展历程》，《中共党史资料》2006 年第 2 期。

④ 政协诸暨市文史资料委员会、诸暨市公安局编：《枫桥经验实录》，中共党史出版社 2000 年版，第 13 页。

层矛盾的各项机制中需要贯彻的参与取向、文明取向与成本取向。一是“发动和依靠群众”话语显然强调了一种参与取向,即动员群众参与,充分发挥群众的主体性来化解矛盾。毛泽东在“枫桥经验”批示后的和公安部领导的一次谈话中,再次强调“从诸暨的经验看,群众起来以后,做得并不比你们差,并不比你们弱,你们不要忘记动员群众”。[①]事实上,这种取向是所有关于枫桥经验起源的历史回顾都会重点提及的核心要素。

二是“用说理斗争”“实现捕人少、治安好”等话语是强调了一种文明取向,旨在尽量减少暴力强制手段而采取理性文明的方式解决社会矛盾,实现治理目标。“枫桥经验”反复强调“在斗争中坚持摆事实,讲道理, 不打不骂, 并允许斗争对象申辩”[②],而且要“在没有使用任何武力和强制性手段的情况下,就将那些被认为是‘顽固不化’抑或‘非捕不可’的‘四类分子’成功改造”[③]。正因为这种文明取向,全国开始推广“枫桥经验”的1964年治安情况比历年都好。作为“枫桥经验”发源地的浙江省,治理成效尤其明显,1964年和1965年,“全省刑事案件发案率为万分之2.7和万分之2.3;捕人率为万分之0.53和0.25,都是中华人民共和国成立以来最低的”[④]。

三是“矛盾不上交,就地解决”的话语是1963年毛泽东在听取经验汇报时最早对“枫桥经验”做的概括。其实,它强调一种成本取向,即在化解基层矛盾时,要用尽量低的行政成本、社会成本和政治成本。这里我们需要阐明初创时期的“枫桥经验”为什么会有这种成本取向。

---

① 政协诸暨市文史资料委员会、诸暨市公安局编:《枫桥经验实录》,中共党史出版社2000年版,第2页。

② 政协诸暨市文史资料委员会、诸暨市公安局编:《枫桥经验实录》,中共党史出版社2000年版,第13页。

③ 汪世荣、褚宸舸:《枫桥经验:基层社会治理体系和能力现代化实证研究》,法律出版社2018年版,第4页。

④ 卢芳霞:《“枫桥经验”50年辉煌成就》,《观察与思考》2013年第10期。

在当时特殊的时代背景下，毛泽东应该“也担心社教运动过激，而‘枫桥经验’采用温和改造路线，既可以保证政治运动正常开展，又可以保证政治运动不过激不过火，这正符合当时的治国方略”①。这种基层自行解决矛盾而不用上交的做法，意味着可以减少行政资源的投入，同时社会可以实现更加平稳的过渡。这可以理解为毛泽东将之概括为“矛盾不上交，就地解决”的重要原因。

综上所述，“枫桥经验”在诞生时是被赋予包含了“一个目标”（有效预防和化解基层矛盾）和“三个取向”（参与取向、文明取向与成本取向）等核心要素的话语结构。这种话语结构就是“枫桥经验”之所以是的内在规定性。随后与中国改革开放大背景下不同阶段政治社会的变迁相应，“枫桥经验”的话语实践也与时俱进地发生变化。因此，有必要梳理一下半个多世纪以来“枫桥经验”的核心要素以及话语结构究竟发生了什么样的嬗变，以及这种嬗变能够为我们当下正在讨论的社会治理现代化这个新的时代课题提供哪些有价值的知识或图景。

二、“枫桥经验”的话语实践

关于“枫桥经验”发展阶段的划分，已有文献虽然划分标准有些差异，但是划分的阶段大致相同。例如，根据基层矛盾性质的不同，“枫桥经验”历经了两个阶段，即早期的20世纪60年代至改革开放前和改革开放以后。更多文献是根据具体的任务与目标来划分，如认为“枫桥经验”的演进有三阶段：一是20世纪60年代初到70年代末，是改造“四类分子”的样板；二是20世纪80年代初到21世纪前10年，“枫桥经验”是社会治安综合治理的典范；三是从2010年开始，“枫桥

---

① 卢芳霞：《“枫桥经验”50年辉煌成就》，《观察与思考》2013年第10期。

经验”逐步成为社会管理综合治理的范例。①

后来的研究不断补充这种阶段论，如认为“枫桥经验”先后承担了四种功能，即“改造经验样板—治安经验样板—维稳经验样板—治理经验样板”。② 结合以上的研究成果以及近些年的新情况，这里把“枫桥经验”的制度演进划分为四个阶段，如表 6-1 所示。

表 6-1 “枫桥经验”制度演进的阶段划分

阶段划分	20 世纪 60 年代初—70 年代末	20 世纪 80 年代初—21 世纪初	21 世纪初—2012 年	2013 年至今
经验类型	改造“四类分子”	社会治安综合治理	社会管理经验	社会治理经验
目标任务	*解决阶级矛盾 *60 年代初，改造“四类分子” *1963 年毛泽东作出全国推广的指示 *70 年代末，给“四类分子”摘帽	*解决社会治安矛盾 *80 年代初帮教改造违法犯罪分子 *90 年代创新社会治安综合治理经验	*解决社会发展中的矛盾 *2010 年开始社会管理创新综合试点 *2013 年成为全国社会管理创新工作样板	*解决新时代的社会矛盾 *2013 年习近平总书记作出把“枫桥经验”坚持好、发展好的指示 *新时代探索如何坚持、创新、发展“枫桥经验”

表 6-1 充分展示了“枫桥经验”“不变”中有“变”的特征，即其核心内涵不变，但是其具体任务与方式在不断变化，以便其能够适应不同历史阶段的治理目标，这恰恰是其以问题为导向、以与时俱进为特点的体现。在这种制度演进过程中，官方和学者们从 20 世纪 90 年代开始对“枫桥经验”展开持续研究，同时，“枫桥经验”也一直是媒体报道的热点。如图 6-2 所示，中国知网收录的研究文献最早是 1994 年，到 2018 年共 24 年里，在历经 1999 年和 2004 年两次的小高峰后，开始持续稳步增长，到 2013 年突然有一个大的爆发。中国知网收录的媒体

① 卢芳霞：《“枫桥经验”50 年辉煌成就》，《观察与思考》2013 年第 10 期。

② 齐卫平：《以现代乡村治理打造“枫桥经验”升级版》，《观察与思考》2015 年第 2 期。

文献主要是报纸，而且 2000 年前的报纸可能由于技术原因没有收录，2000 年后，媒体文献的增长趋势和研究文献的大致相同，尤其是两次高峰基本是交织的。这三次研究高峰均和官方的纪念活动和积极推广活动有关。第一次是 1998 年开过“枫桥经验”35 周年纪念大会后，1999 年召开了学习推广“枫桥经验”现场会。第二次是 2003 年召开 40 周年纪念大会，该年是媒体报道的大年，随后 2014 年是研究文献的大年。第三次是 2013 年召开 50 周年纪念大会，而且习近平总书记作出重要指示，和以往相比，2013 年是研究文献和媒体报道最多的一年。2018 年召开 55 周年纪念大会，也是“枫桥经验”研究和报道的又一高峰年，并且略略超过上次。这一方面说明政府的关注与推动是促进“枫桥经验”研究的重要动力，另一方面体现了官方和学界以问题为导向，对中国的社会治理实践高度关注，这在党的十八大以来尤为显著。

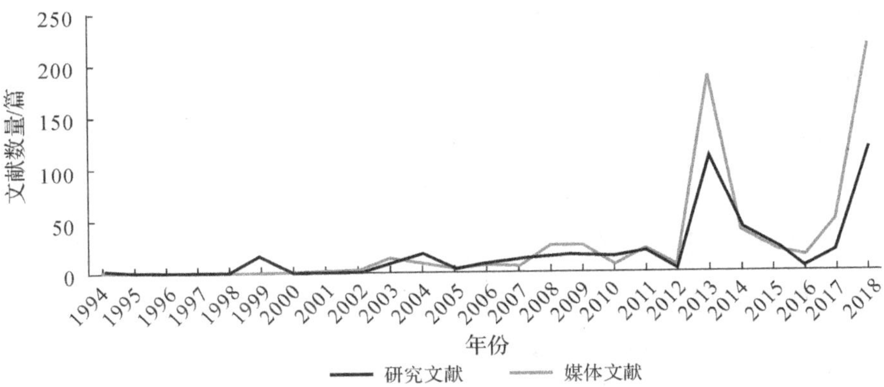

图 6-2　“枫桥经验”研究与媒体文献篇数年份分布(1994—2018 年)

注：第一次检索时间为 2018 年 5 月 20 日，第二次检索时间 2019 年 9 月 6 日. 数据来源为中国知网，检索方法为主题检索，研究文献包括期刊、会议与硕博士论文，媒体文献包括报纸。

正是在这种背景下，本书以历经半个多世纪的“枫桥经验”的话语实践为研究对象,在文本选择上主要聚焦各类期刊和专著的研究文献,在话语分析的策略上,以"枫桥经验"四个阶段的制度演进为基础,围绕化解基层矛盾的机制方法创新这条主线,沿着参与取向、文明取向和成本取向阐述和讨论"枫桥经验"话语内涵与外延的变化、缘由及其价值。

(一)调和阶级矛盾的"枫桥经验"话语实践(20 世纪 60 年代初到 70 年代末)

关于初创阶段的"枫桥经验",无论是当时的官方资料还是后来的研究文献所呈现的话语中,大家主要是根据毛泽东所作的批示内容来总结这个阶段"枫桥经验"的核心要素。按照前文阐述的"枫桥经验"的"一个目标、三个取向"话语结构在当时官方的话语实践中虽然缺乏理论提升,但基本上都涉及了。有意思的是,学者们事后在描述或理论分析时,没有从学理上完整地把握"枫桥经验"的核心要素。例如,虽然在主要目标上锁定基层矛盾的化解,在具体措施上主要强调"发动和依靠群众"的参与取向和"说理斗争"的文明取向,但是却很少提及初始阶段"枫桥经验"另一个重要的成本取向。2013 年才开始有研究触及这个问题,认为除了与 20 世纪 60 年代纷繁复杂的国内外形势有关,从枫桥区干部群众的行为选择来看,采取文明方式来改造"四类分子",也可以说印证了这种成本取向,因为"这体现出浙江人'理性人'的特征,经过成本收益分析,他们认为如果把'四类分子'关押起来,不利于解放生产力和发展经济"①。

一度中断的"枫桥经验",到了 20 世纪 70 年代初又开始重新进入官方的视野。1975 年底,公安部要求推广"枫桥经验",并把"枫桥经验"总结概括为:"依靠群众,对阶级敌人进行有效改造;依靠群众,教

① 卢芳霞:《"枫桥经验"50 年辉煌成就》,《观察与思考》2013 年第 10 期。

育改造有犯罪行为的人；依靠群众，查破一般性案件；依靠群众，搞好防范，维护社会治安。”[①]这个时期，“枫桥经验”虽然仍被视作调和阶级矛盾的做法，但是治安的目标开始出现并日益凸显。

总之，20 世纪六七十年代，虽然“枫桥经验”在实践上可以分为两段，但是基本上都是围绕在基层社会如何有效调和阶级矛盾这个任务展开。在官方语言与实践中，基本上还是在自觉不自觉地贯彻着“枫桥经验”的参与取向、文明取向与成本取向等三大取向，但是并没有上升为理论上的自觉。学者们在回顾这段实践的时候，对这三个取向的理论分析也是厚薄不均匀的。重视前两个取向，而很少触及成本取向。这种理论与实践的脱节造成的知识图式上的缺陷，也影响着后面的制度演进与知识总结。

（二）社会治安综合治理的“枫桥经验”话语实践（20 世纪 80 年代初到 21 世纪初）

1978 年党的十一届三中全会确定将全党全国的工作重心转移到经济建设上来。20 世纪 80 年代，由于当时治安问题比较突出，“枫桥经验”的目标开始主要针对治安和刑事问题以及对犯罪分子的改造，直到 20 世纪 90 年代，“枫桥经验”成为社会治安综合治理的典范。[②]在这个过程中，一个很大的变化是开始把“枫桥经验”置于改革、发展与稳定的话语结构中进行表述，被视为深化改革、加快发展、奠定社会稳定的坚实基础。[③] 这个时期的“枫桥经验”也因此被界定为“党政动手，各负其责，依靠群众，化解矛盾，维护稳定，促进发展，做到小事不出村，大事不出镇，矛盾不上交”[④]。由此，“枫桥经验”开始与维护稳定

① 俞红霞：《“枫桥经验”的形成和发展历程》，《中共党史资料》2006 年第 2 期。

② 谌洪果：《“枫桥经验”与中国特色的法治生成模式》，《法律科学（西北政法大学学报）》2009 年第 1 期。

③ 周国富：《“枫桥经验”学什么》，《今日浙江》1999 年第 10 期。

④ 金伯中：《论“枫桥经验”的时代特征和人本思想》，《公安学刊》2004 年第 5 期。

社会这个目标紧密结合起来。

另一个重要的背景是在20世纪90年代，尤其是邓小平南方谈话后，中国各地以考核为特征的“压力型体制”逐渐形成，相关研究认为，“处于经济起飞阶段的地区，压力型体制的表现更加明显”，而且“在地方政治中，县级压力型体制表现得更加突出”[①]。自此，如何正确处理改革、发展与稳定的关系，开始在各个层面形塑和拓展“枫桥经验”的内涵与外延。有段表述充分展示了这个特征，即“把维护稳定作为天字第一号工作……把维护稳定列入干部岗位目标考核，与政治荣誉、经济利益挂钩，一级抓一级，保证了综合治理各项任务落到实处”[②]。

这个阶段的“枫桥经验”首创了社会治安综合治理的经验。1990年“枫桥经验”开始被官方称为具有浙江特色综合治理的典范。观念引导实践，随后，“社会治安综合治理”相应的机构、人员以及资源配置得到全面整合，旨在提高维稳效率，降低行政成本。到了2004年，浙江省各地开始成立乡镇综治中心，这被官方认为是“枫桥经验”在新时期的丰富和创新。[③]

提高效率、降低成本至少是促进社会治安综合治理相关制度形成的重要原因，但是由于各种原因在实际运行中并未实现降低行政成本的目标。

同样作为一项重要的制度演进，预防与化解并重的理念也逐渐纳入“枫桥经验”的内涵之中，枫桥镇为此还创造了“四前”工作机制[④]，旨

① “压力型体制”概念被定义为“一级政治组织（县、乡）为了实现经济赶超，完成上级下达的各项指标而采取的数量化任务分解的管理方式和物质化的评价体系”。杨雪冬：《压力型体制：一个概念的简明史》，《社会科学》2012年第11期。

② 周国富：《“枫桥经验”学什么》，《今日浙江》1999年第10期。

③ 金国娟：《“枫桥经验”在新时期的丰富与创新》，《今日浙江》2005年第18期。

④ 指“组织建设走在工作前、预测工作走在预防前、预防工作走在调解前、调解工作走在激化前”。

在将矛盾纠纷解决在萌芽状态，后来演化成“四先四早”工作机制。[①]这个时候的“预防”，首先强调防控体系的建设。有学者认为，“枫桥经验”社会防控机制可以借鉴的有信息机制、决策机制和处置机制。[②] 同时，民主与法治的话语开始在预防的理念中出现，认为需要“扩大民主，村务公开，推进依法自治”[③]。

“枫桥经验”依靠发动群众的参与取向，在维稳、防控与综合治理的体系中，逐渐演变成社会防控网中的群防群治，并被认为“始终是‘枫桥经验’的重要组成部分”[④]。在其文明取向方面，2000 年后很快和“以人为本”的话语结合起来，有学者干脆称“枫桥经验”就是“以人为本”的经验，并认为这种文明取向贯穿于“枫桥经验”各个阶段的具体做法中。[⑤] 此外，为了培育民众的理性和公共精神，“教育人、改造人”以及“挽救人、转化人”也成了“枫桥经验”的重要工作内容。

如前所述，“枫桥经验”在新的话语建构与制度嵌入中，预防与化解基层矛盾这个维稳目标成了重中之重，其诸多取向也纷纷围绕这个目标进行调试或演进。2003 年，“枫桥经验”被简约地归纳为“小事不出村，大事不出镇，矛盾不上交”，并向全国推广。这个归纳表面延续了初创时期“枫桥经验”的核心表达，但是实质上却发生了不小的变化，如“矛盾不上交”本来是出于降低各种政治、行政或社会成本的考量，但是在一票否决的压力体制下，不经意间就忽视了成本因素。

---

① “预警在先，苗头问题早消化；教育在先，重点对象早转化；控制在先，敏感时期早防范；调解在先，矛盾纠纷早处理”。许韬：《论“枫桥经验”的创新发展与“法治浙江”建设》，《公安学刊》2009 年第 1 期。

② 罗新阳：《“枫桥经验”与社会风险预警防控机制》，《观察与思考》2013 年第 10 期。

③ 浙江省公安厅、中共绍兴市委、诸暨市委联合调查组：《预防化解矛盾维护农村稳定——“枫桥经验”新发展》，《公安学刊》1998 年第 6 期。

④ 张应立，《“枫桥经验”与群防群治》，《北京警察学院学报》2014 年第 1 期。

⑤ 蒋国长、徐向群、施峥：《新的历史起点上“枫桥经验”的时代内涵》，《公安学刊》2009 年第 1 期。

（三）社会管理创新的“枫桥经验”话语实践（21 世纪初—2012 年）

其实阶段二与阶段三并没有明显的分界线，阶段二“枫桥经验”被视作社会治安综合治理的经验仍然延续了很长时间。这段时期学者们对“枫桥经验”的描述上总体上还是延续了前一阶段的关键话语，如“维稳”“以人为本”“预防”等。因此，“枫桥经验”的精髓经常被概括为以人为本，调和、化解社会矛盾，不断促进和增强社会和谐与稳定等。[①] 2003 年“非典”事件之后，中国开始强调社会建设和社会管理，于是“枫桥经验”也逐渐在内涵上被赋予了这些方面的要素，2011 年“枫桥经验”成为基层社会管理创新的典型经验，并被广泛推广。

在这个阶段，学者们拓展了“基层矛盾”概念的内涵与外延。首先扩展了基层矛盾的外延，认为基层矛盾（社会和谐稳定）不仅是治安问题，也是民生、民主问题。相应地出现了“两道防线”理论，即认为社会治安综合治理是实现基层社会和谐稳定的第一道防线，而涉及民生、民主、民权等基层治理与“善治”的广阔领域的建设则是第二道也是最根本的防线。[②] 这个理念也体现在一项调研报告中，即认为“枫桥经验”新的时代内涵可以概括为“发展为先，力促稳定；民生为上，力推和谐”。[③] 其次在如何化解基层矛盾方面，认为传统的行政主导型、道德主导型社会冲突解决方式已经面临挑战，需要研究新的途径与方法。[④] 作为这种反思的结果，利益政治视角被引入“枫桥经验”的研究，认为当下正处在一个变化急剧、各种利益都在分化和重组的年代，诸多矛

---

① 谌洪果：《“枫桥经验”与中国特色的法治生成模式》，《法律科学（西北政法大学学报）》2009 年第 1 期。

② 吴锦良：《“枫桥经验”演进与基层治理创新》，《浙江社会科学》2010 年第 7 期。

③ 中共绍兴市委政法委课题组、戴辉：《“枫桥经验”是维护基层和谐稳定的法宝——五年来绍兴市探索实践“枫桥经验”调研报告》，《公安学刊》2008 年第 6 期。

④ 刘志松：《“枫桥经验”引领基层矛盾纠纷解决》，《中国社会科学报》2013 年 11 月 27 日 A07 版。

盾因此而起。因此，“畅通和规范群众诉求表达、利益协调、权益保障的渠道”开始被视作“枫桥经验”最重要的一点。[①]

与上述知识视角的拓展相应，“枫桥经验”首先在防控方面走向精细化，开始广泛推行试点村级综治“网格化”管理。[②] 网格化管理员可以说是“基层不安定因素的侦察兵、民间纠纷中的和事佬、突发性事件中的信息特快员”，其职责就是努力将矛盾解决在萌芽状态。[③] 与之相伴随的是，“枫桥经验”越来越重视群众的利益诉求、民情表达以及公共服务的提供等方面。最后在化解方式上，强调尽可能地通过调解的方式来解决民事纠纷[④]，而且需要构建“一套快速整合各种社会力量作出反应、促使民众以合理合法的方式解决矛盾的协同机制”[⑤]。

“枫桥经验”在参与取向方面，开始使用“人民的立场”和“人民的主体地位”等话语，唤醒群众的民主意识，让群众积极参与公共事务，而且这是社会现代化的一个方向。[⑥] 一个很值得关注的现象是作为中国特色的经验，“枫桥经验”通过党政主导培育了大量的社会组织，鼓励群众参与，希望借助这些民间自治力量，实现政府管理与社会自治的良性互动。另一个值得注意的现象是开始关注富裕群众的参与，例如提出“靠富裕群众减少矛盾”等。[⑦] 这与后一个阶段强调发挥乡贤作用的思路具有相似性，即均是看到了社会精英的功能。

“枫桥经验”在文明取向方面，一方面一些体现政治价值的词汇越来越被重视，如认为“枫桥经验”是一个以人为本的经验、与时俱进的

---

① 刘翔：《“枫桥经验”创新发展的经验、价值与路径研究》，《观察与思考》2013 年第 10 期。

② 吴锦良：《“枫桥经验”演进与基层治理创新》，《浙江社会科学》2010 年第 7 期。

③ 向春玲：《“枫桥经验”：回归社会管理的本质》，《公安学刊》2013 年第 3 期。

④ 周鑫泽：《农村社会组织发展与社会管理创新——基于浙江省枫桥镇的实证研究》，《中共浙江省委党校学报》2012 年第 1 期。

⑤ 刘志松：《“枫桥经验”引领基层矛盾纠纷解决》，《中国社会科学报》2013 年 11 月 27 日 A07 版。

⑥ 向春玲：《“枫桥经验”：回归社会管理的本质》，《公安学刊》2013 年第 3 期。

⑦ 金伯中：《论“枫桥经验”的时代特征和人本思想》，《公安学刊》2004 年第 5 期。

经验、公平正义的经验、和谐稳定的经验。[①] 另一方面充分发挥口号和标语的作用,把宣传和教化的功能列为"枫桥经验"的组成部分。[②]

"枫桥经验"在成本取向方面,如前所述,前一个阶段在考核压力下把"矛盾不上交"看作目标本身,从而导致了较高的运行成本,而且带来的弊端也逐渐显现。有学者归纳了这些弊端。首先,调解矛盾主要还是依赖体制内的社会组织,一方面造成较高的财政支出,另一方面容易让群众对这些组织调解结果的不满转嫁到政府身上。其次,过度关注"枫桥经验"本身很可能反而助长了当地"好讼"的氛围,当地较高的信访率、上访率排名已经证明了这点,而且不利于构建一个更加美好的生活共同体与公共生活。[③]

综上所述,作为社会管理创新典范的"枫桥经验"正视了 21 世纪初期发展中出现的各种社会问题以及传统模式的缺陷,开始从理念到实践的一系列探索,并卓有成效。例如,拓展基层矛盾的概念,创新防范与化解基层矛盾的方式方法,以及采用利益政治的分析视角和社会组织化的思路等。但是社会管理的理念还是属于管控模式,同时嵌入压力型体制,其政治、行政与社会成本都比较高,难以为继。因此,一场新的观念与制度变革悄然登场。

(四)社会治理现代化的"枫桥经验"话语实践(2013 年至今)

进入新时代,中国社会主要矛盾已经转化为人民日益增长的美好生活需要和不平衡不充分的发展之间的矛盾。这在基层社会,表现为

---

① 蒋国长、徐向群、施峥:《新的历史起点上"枫桥经验"的时代内涵》,《公安学刊》2009 年第 1 期。

② 谌洪果:《"枫桥经验"与中国特色的法治生成模式》,《法律科学(西北政法大学学报)》2009 年第 1 期;于语和、潘天驹:《"枫桥经验"的解纷功能简论》,《湖南警察学院学报》2014 年第 5 期。

③ 卢芳霞:《"枫桥经验":成效、困惑与转型——基于社会管理现代化的分析视角》,《浙江社会科学》2013 年第 11 期。

很多传统型矛盾与新的现代型矛盾交织的状况[①]，尤其是信息技术高速发展的背景下，“枫桥经验”的理念、机制和方法等也需要与时俱进。2013 年党的十八届三中全会之后，尤其是习近平总书记作出坚持和发展“枫桥经验”重要指示后，官方与学界均把“枫桥经验”放在基层治理体系和治理能力现代化的框架里展开讨论。2017 年党的十九大后，官方提出全力打造“枫桥经验”升级版，即要将其塑造成为构建自治、法治、德治相结合的基层治理体系的样板。

在这个背景下，基层社会治理现代化开始成为“枫桥经验”研究的主线索。与之相应，“多元共治”“依法治理”“服务导向”“技术引领”等开始进入“枫桥经验”的话语体系，替代了原来的“社会管理”“维稳”“防控”等话语，赋予其新的时代内涵。例如，有学者称“枫桥经验”开始由防控型向服务型转变。[②]

“枫桥经验”一直被视作化解基层社会矛盾纠纷的典范。到了新的历史阶段，在预防和化解机制路径创新方面，充分展现了“整体联动性、和谐性、多元社会规范并举、主体多元性”等具有现代社会治理理念的特征。[③] 也是在这个脉络里，“枫桥经验”的核心内涵被理解成“注重源头治理、预防在先，提高了依靠群众就地化解矛盾的能力”[④]。随着依法治国方略的提出，“枫桥经验”逐渐综合了源头治理和依法治理两大要素，强调从源头预防矛盾纠纷，依法化解矛盾。[⑤]

“枫桥经验”中“依靠和发动群众”的参与取向一直为学者们所推

---

① 尹华广：《论构建基层矛盾的多元化解决机制——基于“枫桥经验”的实证分析》，《公安学刊》2014 年第 4 期。

② 孙会岩：《群众路线与法治思维的融合：“枫桥经验”再探讨》，《党政论坛》，2014 年第 1 期。

③ 任建通、冯景：《纠纷解决与基层社会治理——以“枫桥经验”为例》，《社会科学论坛》2016 年第 1 期。

④ 中共浙江省委政法委员会课题组：《坚持和发展“枫桥经验”、加强和创新群众工作的调查与思考》，《公安学刊》2014 年第 3 期。

⑤ 郁建兴：《新常态下的社会治理现代化》，《今日浙江》2015 年第 7 期。

崇,如认为“离开了群众,就等于遗弃了‘枫桥经验’”[①],甚至认为“枫桥经验”始终不变的就在于“坚持人民主体地位,坚持群众首创精神,发动和依靠群众”[②]。在新的背景下,参与取向的话语也逐渐丰富起来,被赋予社会治理主体平等参与、多方协同管理和治理社会的理念。[③]前一阶段出现过的“富裕群众参与”现象,也被纳入了具有乡土精英性质的基层社会自治力量这个范畴,并被认为是合适的。[④] 后来又被“乡贤”的概念所替代,而且肯定了乡贤在基层治理中的积极作用。[⑤]

“枫桥经验”中的文明取向在这个阶段被纳入“三治”中的“德治”范畴。值得一提的是,开始有学者反思“德治”的限度,即“枫桥经验”中运用道德、情感等方法来化解矛盾的有效性,仅限于农村熟人社会的范围,超出这个范围进入陌生人为主的城市社会,可能就不那么有效了。“枫桥经验”的成本取向方面的问题则相对被忽视了。为数不多的学者在反思这个问题,认为“枫桥经验”面临的最直接的问题就是大量的行政成本,因为这项工作“十分细密繁杂,这就需要大量的人力、物力、财力作为支持”[⑥]。

“枫桥经验”的内涵与外延在这个阶段发生的变化应该是最大的。首先,“枫桥经验”的主要目标任务从化解基层矛盾逐渐被替换成推进基层社会治理现代化,或者是将化解基层矛盾视作基层社会治理的重要组成部分来展开讨论。与这个转变相应,原有的一系列话语如“社会管理”“维稳”和“防控”也被一些新话语如“共治”“三治”和“服务”等

---

① 吴锦良:《“枫桥经验”该如何坚守与发展》,《公安学刊》2013 年第 3 期。

② 马永定:《“枫桥经验”与党的群众路线契合研究》,《党政视野》2015 年第 1 期。

③ 任建通、冯景:《纠纷解决与基层社会治理——以“枫桥经验”为例》,《社会科学论坛》2016 年第 1 期。

④ 郭星华、任建通:《基层纠纷社会治理的探索:从“枫桥经验”引发的思考》,《山东社会科学》2015 年第 1 期。

⑤ 王斌通:《乡贤调解创新“枫桥经验”的传统文化资源》,《山东科技大学学报》2018 年第 2 期。

⑥ 于语和、潘天驹:《“枫桥经验”的解纷功能简论》,《湖南警察学院学报》2014 年第 5 期。

替代。在这些新话语和新理念的指导下，一些新的制度设计开始展开。

“枫桥经验”经历了半个多世纪的话语实践，在各个阶段，先后被赋予了改造“四类分子”、社会治安综合治理、社会管理和社会治理等方面的“全国经验”。“枫桥经验”的具体任务与方式在不断变化，在其“一个目标”与“三个取向”的维度上，不断地添加新的话语，有替换、有更新、有补充。当然其中也不断地存在着对话语的各种误读、忽视了其中的重要维度或者任意添加内容等问题，这里有理论层面的知识结构的原因，也有实践层面的体制滞后的原因。虽然不断存在一些偏离的情况，但是“枫桥经验”所蕴含的先进价值与基本要求在持续地给人们以指导和启示，使其历久弥新，使其无论在价值层面还是实践层面，都展现了其特有的魅力和绩效。那么跨越半个多世纪的丰富的话语实践，为我们提供了一幅什么样的中国社会治理现代化图景呢？

三、“枫桥经验”的治理图景

一部“枫桥经验”话语实践史，展示的是一部中国社会治理变迁史。上文对历经半个多世纪的“枫桥经验”话语实践进行了初步梳理，从中可以尝试回答这样两个问题：“枫桥经验”为什么可以历久弥新？“枫桥经验”可以为新时代社会治理现代化提供一幅怎样的治理图景？这两个问题又是一个硬币的两面，相互支撑。

（一）“枫桥经验”为什么可以历久弥新？

首先，“枫桥经验”从初创伊始，就蕴含了“一个目标、三个取向”的核心内涵，即化解基层矛盾的目标和参与取向、文明取向和成本取向三个取向。正是这种内在规定性塑造了“枫桥经验”的科学性、时代价值以及与时俱进的品质。正是这些价值与规律使其具有普遍适用性，使其能够随后在不同的历史阶段与时俱进，先后成为社会治安综合治理经验样板、社会管理经验样板和社会治理经验样板。

首先，因为“枫桥经验”是化解基层矛盾的机制和经验，尽管内涵与外延在不断演进与拓展，但是解决基层社会的治理问题这个定位一直没有变。国家治理的基础在于基层社会，“枫桥经验”在治理功能上的“基层”定位就决定了其承担的示范效应和改革使命有多么巨大。这个特征在2017年党的十九大提出推动社会治理重心向基层下移之后更加明显。把握了这个特征，就理解了“枫桥经验”为什么会顺理成章地演化成新时代中国社会治理现代化的样本。

而且“枫桥经验”所蕴含的三个取向，实际上构成了实现善治的三个关键机制——合作机制、伦理机制和效率机制。一是参与取向，通过各种合作机制让多方主体（各种机构、群众、社会组织等）能够最为广泛地参与，并在这个过程中积累社区社会资本，推动不同社会阶层或群体间普遍建立信任。二是文明取向，即通过各种伦理机制，使政府治理行为文明化，以及采取各种措施积极培育民众理性、温和、有序的利益表达方式与行为习惯。三是成本取向，通过各种效率机制，如不断完善考核制度、纠纷解决制度，甚至通过发展民主、民生、法治以及对各种技术的充分使用等，降低化解基层矛盾时所承担的政治、行政与社会等方面的各种成本。也因此，这三者之间构成了相辅相成的、内在有机统一的关系。治理所追求的伦理价值需要合作机制和效率机制来实现，参与和合作的实现需要伦理的引导和效率的保证，效率的实现也需要伦理机制和合作机制的有效配合。

其次，在这个过程中充分展示了政府和学者们持续的创新能力。这种能力不仅体现在具体制度机制的创设上，还体现在新的话语建构能力与理论解释方面。正是这种创新为“枫桥经验”的发展提供了持续的动力。

最后，在这个过程中话语、制度和理论的不断替代、演进，充分展现了地方制度变迁的一般性特征，即观念与制度的"嵌入式"互动演进过程。这里的观念主要包括主流意识形态和学者话语等，一方面，这些话语都在不同时期不同程度上引领和推进"枫桥经验"的制度变迁；另一方面，制度变迁也在反过来影响学者话语甚至主流意识形态。而且这个互动过程体现"嵌入式"制度的变迁特征，即"枫桥经验"每一个具体的机制、方法以及话语，几乎都是嵌入特定阶段的主流意识形态以及原有的社会政治结构与制度框架，从中获得了动力和合法性支持，同时也被深深打上了不同阶段特征的烙印。

（二）"枫桥经验"可以为新时代社会治理现代化提供一幅怎样的治理图景？

如前所述，"枫桥经验"在2013年党的十八届三中全会以及习近平总书记作了重要指示后，开始被纳入基层社会治理体系和治理能力现代化的话语框架展开讨论。尤其是2017年党的十九大后，基层社会治理现代化开始成为"枫桥经验"研究的主线索。在这个背景下，无论是推进理论本身的发展还是推进科学实践的发展，都需要仔细检视"枫桥经验"能够为新时代社会治理现代化提供一幅怎样的治理图景，换句话说，在社会治理现代化过程中，需要探讨怎样更好地发挥和实现"枫桥经验"的"一个目标、三个取向"核心要素的价值和潜力。

"枫桥经验"传统的主要目标是化解基层矛盾，在发展中逐渐转变为推进基层社会治理现代化。如前文所述，"枫桥经验"从诞生起就自带的三个取向起到了目标导向功能，而在实施手段与过程层面，构成了实现善治的三个关键机制——合作机制、伦理机制和效率机制。正因为如此，不管"枫桥经验"的话语体系如何重建、制度安排如何重组，其依然可以与时俱进地发挥社会治理知识整合的作用，奠定了社会治理现代化图景的一些基本理念与机制。

第一，参与取向与合作机制。参与取向一方面可以和执政党群众路线的话语保持一致，可以使用其丰富的话语资源；另一方面可以和社会治理中党政主导下多元主体参与的现代话语衔接上。而且“参与”也被各种民主理论视作核心要素，公众“参与”的深度与广度通常被看作是衡量民主发展程度的刻度。所以参与取向仍然具有历久弥新的价值，要求我们必须明确“只有党委发挥领导作用，政府作为一方主体，与社会、企业、公众、个体、法治等协同，才能更好发挥治理资源的配置作用”①。但是就目前的实践来看，存在的问题依然是明显的，集中体现在“社会治理的主体越来越多元，但绝大多数参与治理的主体作用有限，存在主体功能虚化的现象”②。这不仅对理论研究，也对实践落实提出了更高的要求。当前学界热烈讨论的自主治理理论③、社会协同治理机制④、合作治理⑤等可以说都是为了解决这样的问题。这些理论也构成了“自治”的知识基础，使其落脚点在于结合中国的国情，优化“一核多元”的合作治理机制，构建好参与的制度化平台、提升公众“参与”的自组织化程度以及拓展参与的深度与广度。

第二，文明取向与伦理机制。“枫桥经验”从诞生起就强调以理性、温和这种文明的方式来处理矛盾。在其制度演进过程中，文明取向补充了新的元素，即重视宣传与教化的功能，尤其在新时代，需要积极培养现代公民意识、超越狭隘利益的政治利益视角和具有强烈归属感的共同体意识等，这将为推进社会治理现代化奠定现代文明的基

---

① 张翼：《社会治理思想的新发展：近期社会治理研究中的热点问题》，《人民论坛》2018 年第 16 期。

② 文军：《社会治理的认识困境及其未来转向》，《上海城市管理》2019 年第 1 期。

③ 张康之：《走向合作的社会》，辽宁大学出版社 2015 年版。

④ 郁建兴、任泽涛：《当代中国社会建设中的协同治理——一个分析框架》，《学术月刊》2012 年第 8 期。

⑤ 奥斯特罗姆：《公共事物的治理之道：集体行动制度的演进》，余逊达、陈旭东译，上海译文出版社 2012 年版。

石。但是实践中，依然存在忽视治理对象的情感和文化需求而引发一些新的社会问题的情况。[①] 这暴露了在社会治理中，对文明取向的功能以及如何实施还存在一些不足。因此，有学者犀利地指出，新型社会治理模式的建构“应当以道德作为其出发点。没有更强有力的道德声音，公共权威就负担过重，市场就无法运转。没有道德的承诺，人们的行动就不会兼顾各方”[②]。该取向在治理中的贯彻依赖一系列有效伦理机制的构建与运行，这也是“德治”的知识基础。这里体现出文明取向的伦理机制已经具备两个维度的建构功能：一是国家与社会的互动或基层矛盾的解决要采取理性、温和、人道等文明的方式，二是可以构成这种权威和秩序的内生性力量，不仅体现在政治认同、政治信任感的塑造上，还体现在“以道德规范约束人们的行为从而形成社会秩序的治理观念和方式”[③]。

第三，成本取向与效率机制。成本取向关注的不仅是化解基层矛盾时所消耗的行政成本，而且还应该包括社会资本等无形成本。这是“枫桥经验”三大取向中唯一没有得到很好理论阐述以及实践重视的治理取向。正因为过去相当长的时期内无论是官方还是学界对成本取向普遍的“忽略”，使“枫桥经验”很多时候负担着较高的治理成本。当然这也不仅是一个地方治理经验存在的问题，从全国范围看，是一个比较普遍的问题。例如，基层政府包办主义和全能主义特征依然明显，导致“政府终日处于应急状态，不断扩充人手，还要‘五加二白加黑’地加班加点”[④]，也导致基层治理实践中存在大量治理过度的现象，

---

① 文军：《社会治理的认识困境及其未来转向》，《上海城市管理》2019 年第 1 期。

② 张康之：《社会治理建构的反思性阐释》，《行政论坛》2018 年第 2 期。

③ 郁建兴、任杰：《中国基层社会治理中的自治、法治与德治》，《学术月刊》2018 年第 12 期。

④ 燕继荣：《社会变迁与社会治理：社会治理的理论解释》，《北京大学学报（哲学社会科学版）》2017 年第 5 期。

使基层治理负担过重、治理成本偏高和资源浪费的现象大量存在[①]。与此同时，如果出现了社会成员因基层政府治理不善而对其产生不信任的现象，也会加大治理的行政成本。鉴于此，推进社会治理现代化需要认真总结反思过往在成本取向方面的理论和实践两个层面的诸多不足，构建科学合理、简约高效的效率机制。这里效率机制的构建至少包含了三个方面：一是在体制上，要优化考核指标，既发挥好考核的指挥棒作用，又能够为基层治理减负、降低成本；二是需要强调通过“法治”来削减基层治理中的机会主义行为；三是通过运用互联网技术的“智慧治理”来降低信息成本与治理成本。

综上所述，“枫桥经验”的参与取向、文明取向和成本取向三个具有目标导向功能的取向，以及它们在实现手段层面相应的合作、伦理和效率三个关键机制，不仅在实践层面上“历久弥新”，也在理论层面上展现出超强的有关治理知识方面的整合能力；不仅体现现代社会治理的系列价值追求，也体现中国特色社会主义的基本价值追求；不仅吸纳世界先进的治理知识，也贡献社会治理现代化的中国话语与治理图景。

第三节　温岭“民主恳谈会”的制度演进和话语建构[②]

改革开放40多年来，中国在经济、政治和社会等诸多领域获得了巨大的成就，这也伴随着这些领域发生的诸多变革与创新。由此有学者称“当代中国是一个巨大的政治实验场，协商民主制度建设是这个

---

① 文军：《社会治理的认识困境及其未来转向》，《上海城市管理》2019年第1期。

② 本节主体内容已以论文形式发表，见王国勤、陶正玄：《温岭民主恳谈的制度演进与理论发展》，《治理研究》2018年第6期。

实验场中正在上演的一部大戏"[①]。在全国各地协商民主制度创新实践中,1999 年浙江省温岭市创设了"民主恳谈会"制度,在实践层面和理论层面产生了较大的影响。

"民主恳谈会"的核心内容是通过吸纳民众参与公共事务决策过程来改善决策质量。经过 20 多年的发展,该制度"不仅应用范围广,制度化程度高,而且很巧妙地将国外的一些协商民主技术嵌入土生土长的民主恳谈"[②],因而被公认为中国基层协商民主的样板。而且它在持续的制度扩散、重组与巩固的演进过程中,也一直是学界关注和研究的焦点。在经过 20 多年的制度演进与知识增长后,值得且有必要做一个认真的梳理与总结。虽然之前也有对温岭民主恳谈进行阶段总结的文献,但是大多是经验描述,或者是围绕特定功能或类型展开的研究。鉴于此,下文试图系统地梳理温岭"民主恳谈会"20 多年来制度演进过程中所产生的话语建构,在这些话语建构中展现了地方治理的实践如何推动理论的发展,即学界对这个议题的持续研究究竟在理论层面上带来了什么、改变了什么,也就是提出了哪些有价值的学术概念或学术问题。

为了实现上述目标,笔者力所能及地搜集了 20 多年来研究温岭民主恳谈的一些重要的学术论文、书籍和论文集,然后主要以这些文献为分析对象,并结合笔者数年来所进行的经验观察,循着温岭"民主恳谈会"的制度演进和话语建构这两条相互交织的线索来展开一项类似事件学术史的研究。这项研究将有助于归纳出关于协商民主理论本土化构建的一些有价值的知识命题,更好地为推进国家治理现代化

---

① 谈火生、于晓虹:《中国协商民主的制度化:议题与挑战》,《华中师范大学学报(人文社会科学版)》2017 年第 6 期。

② 谈火生、于晓虹:《中国协商民主的制度化:议题与挑战》,《华中师范大学学报(人文社会科学版)》2017 年第 6 期。

提供中国特色的学术话语体系。

一、温岭“民主恳谈会”制度与话语的发展概况

对于温岭民主恳谈制度的发展情况的描述，这里不采用一种阶段论，因为划分依据的选择实际上体现了研究者一种先入为主的理论假设。这里主要按照年份来叙述事件，力求客观呈现。

1999年是创立之年。1999年6月，作为试点镇的松门镇在举办“农业与农村现代化教育论坛”时一改传统的灌输说教模式，采取群众与镇领导平等对话的形式，效果很好。1999年底，温岭市委号召各乡镇开展形式多样的民主对话活动。当时这种创新活动仍然是在“农业与农村现代化教育论坛”这个传统话语中予以描述的。

2000年是冠名之年。2000年8月，在松门镇召开的全市现场会议上，市委将各地开展的叫法不一、形式多样的对话活动统一称作“民主恳谈”，也从此替代了“教育论坛”。这是一次关键的话语建构事件，至此“民主恳谈会”成为温岭基层民主实践的标签式话语概念，贯穿了整个历程。该话语先是在全市很多乡镇、村、社区得到推广，后又推动建立了行业工资协商制度。温岭民主恳谈开始受到学界与媒体的广泛关注与充分肯定。

2001—2002年是转型之年。在诸多部门的积极推动下，“民主恳谈会”从一个点上提炼出的制度话语，通过扩散复制，开始全面转型为一种基层民主制度。随后，民主恳谈继续不断地扩散到城镇居民社区、基层事业单位、党政机关、群团组织等领域。

2003—2014年是制度扩散之年。这个过程体现为制度创新到话语建构，再经过话语扩散，引发更大范围的制度创新。首先是温岭市推行警务民主恳谈，其次是温岭市政协开始探索把政治协商纳入党委决策程序化。2004年3月，温岭民主恳谈获得第二届“中国地方政府

创新奖”。2004 年 6 月，温岭首次党内“民主恳谈会”召开。出台《关于“民主恳谈”的若干规定(试行)》，对各层次民主恳谈的议题、程序、实施和监督进行了统一的规范要求。

2005 年是第二次转型之年。新河镇实施“参与式预算”改革，将游离于体制外的“民主恳谈会”纳入现行的乡镇人大制度框架，实现中国地方政府公共预算改革的重大突破。作为“民主恳谈会”与人大预算的制度融合，为什么采用了“参与式预算”这个话语？其实这种话语建构是一个深思熟虑的过程，主要出于对制度话语的可接受度问题的考量。

2008 年是全面升级之年。第一，行业工资恳谈机制进一步完善。第二，参与式预算制度的“泽国模式”诞生。第三，党内民主恳谈全面升级。第四，民主恳谈在空间上继续在纵向与横向两个维度上扩散。纵向上扩展到市级单位，其中市交通局率先开启了部门预算恳谈。横向上参与式预算推广到泽国、箬横、滨海、大溪等乡镇。到了 2009 年，参与式预算制度改革的乡镇占到绝大多数。

至此，民主恳谈的制度创设和话语建构基本完成，基本格局已经确定，随后开始进入了不断完善、深化和提高的新阶段。新阶段的景象也体现了制度与话语的交织过程，体现为“议题的不断拓展，范围的不断扩大，方法的不断创新，重大公共事务决策经过民主恳谈，已成为当地的一个‘规定动作’和‘前置条件’”[①]。

二、温岭“民主恳谈会”概念与类型的话语建构

温岭“民主恳谈会”虽然形式、类型多样，应用范围较广，但是其核

---

① 朱圣明：《基层民主协商的实践与探索——以浙江温岭民主恳谈为例》，《中国特色社会主义研究》2014 年第 2 期。

心内容是一致的,即一种通过吸纳民众参与公共事务决策过程来改善决策质量的本土化的协商民主。早期研究主要从公众参与公共决策的角度来界定其含义,如"概括为一种以行政民主为特色的、以吸纳民众参与公共事务决策过程为主要内容、以改善基层权力机构的决策质量为直接目的的一种民主建设途径",也被冠以"温岭模式"称号。① 后来,随着制度扩散,温岭民主恳谈至少发展出了对话型民主恳谈、决策型民主恳谈、党内民主恳谈、参与式预算和工资集体协商五种类型,涉及范围之广、领域之多已经是制度创立之初没有想到的。

在类型分析上,首先,早期"民主恳谈会"被认为是"一种支配性的商议,一种可控性的商议",并对其前景持观望态度。② 经过10多年的发展,学者提出温岭民主恳谈已经显现出了"授权型协商"的特征,即"各种通过磋商来赋权的公共协商形式",而且其规则与程序逐渐巩固起来,与那些虚假的协商形式相区别,如"操控型协商""象征性协商"等。③

其次,根据参与主体的不同,协商民主可以分为三种类型:国家正式制度层面上的协商民主、国家与社会互动层面上的协商民主、社会内部的协商民主。根据这种类型划分,温岭民主恳谈主要属于国家与社会互动层面上的协商民主,"让基层民众以'民主恳谈会'等方式直接参与地方重要政策的决策过程至少在治理层次上提高了民主化水平,有助于政策的质量、正当性和民众接受度的提高"④。

---

① 张小劲:《民主建设发展的重要尝试——温岭"民主恳谈会"所引发的思考》,《浙江社会科学》2003年第1期。

② 郎友兴:《商议式民主与中国的地方经验:浙江省温岭市的"民主恳谈会"》,《浙江社会科学》2005年第1期。

③ 何包钢:《中国农村从村民选举到乡村协商:协商民主试验的一个案例研究》,《国外理论动态》2017年第4期。

④ 霍伟岸、谈火生、吴志红:《试论治理技术意义上协商民主——三种类型的实践及其启示》,《探索与争鸣》2014年第1期。

最后，一项研究认为，可以根据国家—社会维度和咨询—决策维度两个维度来构建当前中国协商民主体系的基本类型框架。[①] 其中，国家—社会维度观察的是协商活动发生的场域，是处于国家正式的制度之中，还是发生于社会领域；咨询—决策维度观察的是协商活动的性质，协商活动本身就是决策过程的一部分甚至就是决策本身，还是为决策提供咨询性意见。这个类型框架有助于厘清温岭民主恳谈在实践中的复杂定位，虽属于基层协商，但是它扮演着在各协商渠道之间相互衔接的角色。具体而言，“浙江温岭的实践将公民代表协商与党委、政府和人大的协商连接起来，整个协商过程都与正式的制度安排紧密结合在一起”[②]，如泽国镇的协商民主实验将协商民主和人民代表大会制度有效地连接起来。

三、温岭“民主恳谈会”话语建构及其演进

（一）中国民主化建设话语体系中“民主恳谈会”的制度演进和话语建构

对温岭民主恳谈的研究，最重要的一条主线是它是如何开辟一条中国特色社会主义民主化道路的。在中国民主化建设话语体系中，围绕这个问题意识，学者们的讨论主要围绕民主、治理和学术对话三个视角展开。首先，民主的视角包括政治参与与政治文化等维度。其次，治理的视角涵盖了从治理模式到国家治理现代化的范畴变化过程。最后，学术对话的视角，即在以上研究的过程中逐渐兴起的与国际协商民主的理论与实践所展开的对话。以上三个视角的研究在时

① 谈火生、于晓虹：《中国协商民主的制度化：议题与挑战》，《华中师范大学学报（人文社会科学版）》2017 年第 6 期。

② 谈火生、于晓虹：《中国协商民主的制度化：议题与挑战》，《华中师范大学学报（人文社会科学版）》2017 年第 6 期。

间维度上也有一个依次展开的过程，反映了学者们的问题意识在时空维度上逐渐增强的演进过程。

1. 民主的话语框架

温岭民主恳谈开始进入学者们的视野时，就被赋予了推进中国基层民主建设的重要使命。它被称为“原创性的民主载体”，是民主政治建设的一个新的切入点、模式。[①] 有学者认为，温岭模式是行政民主的一种形式，它主要通过行政方式来体现民意、反映民意和满足民意[②]，并开启学者们对中国基层民主建设新的展望，如从商议式民主、参与式民主到增量民主等[③]。

（1）与选举民主对话。早期对温岭民主恳谈的讨论，已经开始使用“温岭模式”概念了，而且主要是在村级民主制度的层面上、在选举民主对话中展开的，还没有明确地纳入协商民主的范畴。“民主恳谈”被视为民主选举之后的基层民主政治建设的新载体，属于一种基层合作性民主制度。[④] 其实也并没有厚此薄彼，它也被认为属于议政式的参与，与选举式的参与“二者之间的不同构成了相互补充和完善的整体”，对其“发展前景也必须给予足够的关注和肯定”。[⑤]

（2）参与的维度。学者是从反思既有制度框架的局限（即大众很少或没有参与公共政策的商议过程）来确立“民主恳谈会”的意义与价值的。因为大众参与公共决策的过程，“不仅能够提高决策的质量，使

---

① 王浦劬：《民主恳谈，是一种原创性的民主载体》，《民主恳谈：温岭人的创造》，中央编译出版社 2005 年版，第 1-7 页。

② 景跃进：《行政民主：意义与局限——温岭“民主恳谈会”的启示》，《浙江社会科学》2003 年第 1 期。

③ 陈朋：《民主恳谈：生长在中国改革土壤中的基层民主实践——基于浙江温岭“民主恳谈”的案例分析》，《中国政治研究报告》2009 年。

④ 谢庆奎：《基层民主政治建设的拓展——论温岭市的“民主恳谈”》，《浙江社会科学》2003 年第 1 期。

⑤ 张小劲：《民主建设发展的重要尝试——温岭“民主恳谈会”所引发的思考》，《浙江社会科学》2003 年第 1 期。

政府的公共决策更具有合法性，而且可以提高公众的知识与道德水准：超越个人的利益而导向关注公共利益”[①]。随着温岭参与式预算制度的启动，这种民主恳谈的新发展被认为是扩大了公民参与政府决策的广度和深度，因而作为参与式民主的一种形式，深刻地影响着中国基层民主的发展。[②] 之后参与视角的研究主要集中于分析框架的建构。例如，使用“外围—核心”框架来分析“民主恳谈会”作为路径是如何扩大公民有序政治参与的。[③] 又如，使用“政策网络”框架来评估参与式预算的绩效与局限，并提出了完善参与式预算制度的设想。[④]

(3)政治文化的维度。最早的研究明确提出了民主恳谈对培养民众与基层干部的民主参与能力和民主政治理念的功能，之后学者把民主恳谈的推行和实施也视作改变权威政治文化的过程，而且意义重大，认为“这一过程的加速推进将成为基层民主治理中公民参与的真正关键”[⑤]。事实证明，民主恳谈在政治文化的推进方面是卓有成效的，以至于有学者感叹“20 年前绝大多数依然卷起裤腿种地的温岭农民，现在居然坐在会场上有板有眼地讨论起镇里的财政预算，这是何等的发展与进步”[⑥]。正是基于这种实践的自信，有学者高赞民主恳谈作为协商民主，其价值与意义就在于它可以“培养公民精神，培养公民的民主意识、公共理性和社会责任感”，甚至认为“其他都是次要的”。

① 郎友兴：《商议式民主与中国的地方经验：浙江省温岭市的“民主恳谈会”》，《浙江社会科学》2005 年第 1 期。

② 陈家刚、陈奕敏：《地方治理中的参与式预算——关于浙江温岭市新河镇改革的案例研究》，《公共管理学报》2007 年第 3 期。

③ 卜万红：《外围—核心扩大公民有序政治参与的路径——以浙江温岭市的“民主恳谈会”为例》，《云南行政学院学报》2011 年第 2 期。

④ 王自亮、许艺萍、陈伟晶：《政策网络、公民参与和地方治理——以浙江省温岭市参与式预算为例》，《浙江学刊》2017 年第 5 期。

⑤ 朱圣明：《从原生到孪生：基层民主政治建设的现在进行时——温岭民主恳谈和参与式预算之比较研究》，《甘肃行政学院学报》2007 年第 3 期。

⑥ 郎友兴：《中国式的公民会议——对温岭民主恳谈会的观察和思考》，《公共行政评论》2009 年第 4 期。

2. 治理的话语框架

有学者乐观地认为,"民主恳谈会"这种商议式民主的实践表明"中国乡村社区开始走出'权威型治理'模式,而一种新的'商议合作型治理模式'逐步地生成"[①]。后来学者用"协商合作式治理模式"替代前面的概念,认为它"既是乡村治理的未来趋向,也是推动乡村发展的理性选择"[②]。

随着参与式预算的创立与发展,学者开始从制度结构与乡镇治理等维度延展对民主恳谈治理模式的讨论。首先,在一项案例研究的基础上,提出由于"激活"人大制度的积极功能,参与式预算正在"用制度结构的改革推动治理模式的变化"[③]。同时期的另一项研究则运用"公共投资效率最大化"的分析框架,探讨了参与式预算如何"有效解决了公共投资决策中的偏好表达与偏好集结的问题,促进了公共投资效率的实现"[④]。其次,随着乡镇层次参与式预算实践的大范围展开,学者也开始关注民主恳谈所带来的乡镇层面的善治问题,并且认为这将对中国乡镇治理的现代转型产生极为深远的影响。[⑤] 最后,治理视角的研究也随着政治实践与理论范式的发展与时俱进,如在民主恳谈研究中运用"话语权"和"国家治理体系和治理能力现代化"等概念。[⑥]

---

① 郎友兴:《商议式民主与中国的地方经验:浙江省温岭市的"民主恳谈会"》,《浙江社会科学》2005 年第 1 期。

② 陈朋:《协商合作农村基层社会管理创新的趋向和选择浙江温岭案例启示》,《中国井冈山干部学院学报》2011 年第 2 期。

③ 李凡:《中国地方政府公共预算改革的试验和成功——对浙江温岭新河镇公共预算改革的观察》,《甘肃行政学院学报》2007 年第 3 期。

④ 苏振华:《参与式预算的公共投资效率意义——以浙江温岭市泽国镇为例》,《公共管理学报》2007 年第 3 期。

⑤ 林兴初:《基层协商民主与乡镇善治研究——基于浙江温岭"新河实验"分析》,《学术论坛》2013 年第 9 期。

⑥ 王自亮、陈卫锋、杨思琪等:《基层社会民主化进程中的精英行动——以温岭市民主恳谈会为案例》,《社会政策研究》2017 第 2 期。

3. 与国外协商民主理论的对话

这种对话是与国外协商民主自身发展的理论演进及其被引入中国的历程息息相关的。20 世纪最后 10 年，国外协商民主兴起，其问题意识是如何应对高度分化、利益多元的社会。而中国当前随着经济的高速增长，也遇到相类似的社会矛盾凸显问题。正是共同的问题意识使协商民主理论被引入中国，成为重要的解释或构建性的理论资源。甚至可以说“中国学界是以异乎寻常的热情拥抱来自西方的这种新的民主理论，并很快在国内掀起了一股协商民主热”[①]。正是有了协商民主理论的引入与对话，温岭民主恳谈研究先后出现了两个重要的论点，即“特色论”和“优势论”。当然这两个论点并没有全然运用协商民主的理论来进行阐述。

首先，中国民主化道路的“特色论”很快出现，并成为中国学界的主流观点。早期的“特色论”主要是在与西方传统的民主理论进行对话。例如，解构了那种“直接根据是否存在充分的竞争型选举而简单地将政体划分为民主与非民主政体”的分析框架，而将温岭民主恳谈视作一种新的民主工具，因而也是“一种有中国特色的民主化的要素”。[②] 后来，学者们更多是在协商民主的理论框架里来讨论“特色论”。西方学界关于协商民主的理想是大众型协商民主，而非传统的精英型协商民主。一方面，面对“政府主导是中国协商民主的重要特征”，需要回应“我们到底该如何看待这种中国特色的协商民主形式”。学者们的回答也是斩钉截铁——“它本身就是一种特殊的类型，没有

① 谈火生：《协商民主：西方学界的争论及其对中国的影响》，《中国党政干部论坛》2013 年第 7 期。

② 何俊志：《民主工具的开发与执政能力的提升——解读温岭“民主恳谈会”的一种新视角》，《公共管理学报》2007 年第 3 期。

必要按西方协商民主理想来苛责它”[①]。另一方面，有学者认为协商民主很多理念与设计是外来的，引入中国的实践，必须做相应的限定和调适，因此提出了“有限协商民主”概念。[②]

其次，对广义的“特色论”的讨论其实同时也在国外理论界展开，尤其是近十年来，“越来越多的学者认识到，西方中心论的民主观是有问题的”。可能也和这种大环境有关，近几年来，中国协商民主的“优势论”也很有代表性。在一项温岭参与式预算的案例研究中，学者提出“民主恳谈与人大制度的结合就是协商民主与代议民主的结合，这不仅是中国特色社会主义民主的特点，也是中国民主政治的优势”[③]。学者呼吁中国式协商民主到了该认真总结各地经验、形成一般性理论知识的时候了，并乐观地预计“未来十年，中国协商民主的前景是乐观而值得期待的”[④]。

（二）协商民主话语体系中温岭“民主恳谈会”的制度演进与话语建构

上述的这种乐观也是有一定底气的，因为以温岭民主恳谈为代表的中国对协商民主制度的实践创新与理论探索已经不断丰富与发展了协商民主理论，下文将对“协商与代表”“协商与决策”以及“协商与绩效”几个重要议题进行介绍。

1. 协商与代表的张力与消解

由于依然存在人口规模的难题，协商民主也一样面临着一种协商与代表之间的张力，即协商代表怎样能够发挥好代表性的问题。其

---

① 谈火生：《协商民主：西方学界的争论及其对中国的影响》，《中国党政干部论坛》2013年第7期。

② 何包钢、王春光：《中国乡村协商民主：个案研究》，《社会学研究》2007年第3期。

③ 戴激涛：《公民参与预算：理念、原则与制度——以浙江温岭“新河实验”为分析》，《时代法学》2010年第2期。

④ 何包钢：《中国协商民主并不是一个不可企及的空想》，《人民论坛》2015年第7期。

中，关键的问题在于代表参加协商时能否超越个体利益而采用公共利益的取向。早期学者就提出一个问题：多大规模的代表参与协商会更加有效？过少或过多都显然不行。[①] 为了解决这个问题，温岭民主恳谈引进了费希金创立的协商性民意测验方法，即试图通过随机抽签基础上的公民协商保证公民参与协商的平等性、代表性和审慎性。有学者质疑协商性民意测验方法是否能够有效地解决协商与代表之间的张力，认为面临一些难以克服的困难，如多数人的“不在场”、无法保证代表的负责性、对专家的过分期许等。[②] 可能也是考虑到了这些困难，温岭民主恳谈对协商性民意测验方法进行了中国化的改造。例如，将通过抽样产生的统计意义上的代表改造成为政治代表，与原先选举产生的代表有机结合，构成一种“混合式代表制度”。这种制度在实际操作中，大大强化了协商与代表的联系。这种创造性的经验也为协商民主的发展提供了新的思考方向。[③]

对协商与代表之间张力的研究也延展到更为深层次的结构因素。例如，有学者提出“尽管我们努力想让恳谈会成为一个平等的舞台，但已有的不平等的社会结构依然存在”，并为此专门设计了村庄实验，通过设计堵塞机制（指对有权者和有钱者的自由进行限制）和制度，阻隔或者尽可能减少社会不平等尤其是权力与金钱对协商民主的影响，也证明是有效果的。[④] 概而言之，在一时半会不能消除这种结构性不平等的情况下，实践证明，通过一套符合中国国情的复杂的机制和制度设计，能够“有效消除社会不平等带来的不利影响，使每个人都获得

① 郎友兴：《商议式民主与中国的地方经验：浙江省温岭市的“民主恳谈会”》，《浙江社会科学》2005 年第 1 期。

② 闫飞飞：《协商民主中的代表问题研究》，《中共天津市委党校学报》2010 年第 5 期。

③ He B. “Reconciling deliberation and representation: Chinese challenges to deliberative democracy”. *Representation*, 2015(1): 35-50.

④ 何包钢、王春光：《中国乡村协商民主：个案研究》，《社会学研究》2007 年第 3 期。

相对平等的协商机会和权利,并提高决策的合法性”[①]。这种结构性不平等也体现在性别之间,为了消解这种不平等,温岭也引进国际性别预算的技术,打造了本土化的“参与式性别预算”,从制度上有效保障女性在财政预算中的平等参与。[②]

2.协商与决策的断裂与连接

协商民主是为了做出审慎共识的决策,因此如何使协商对决策产生实质性影响是协商民主理论要研究的核心问题。西方的主要协商民主制度创新是在国家领域之外运作的,“尽管在实践中确实有一些协商实践对决策产生了直接的影响,但是,大量的案例所显示的则是协商对决策几乎没有影响,或影响很小”[③]。因此,这种协商与决策之间的断裂一直困扰着西方的协商民主理论。这个问题在中国协商民主实践中也不同程度地存在,但是并没有像西方国家那么严重。前期的研究中,有学者提出,中国民主协商的结果与决策有各种各样的关系,协商民主结果往往“是弹性的,而不是刚性的”,希望通过推动温岭民主恳谈的制度实验来研究如何实现这种“刚性”结果。最后有信心地提出通过建构一种“复杂的决策体制”是可以实现协商结果的刚性的,并且反对仅仅强调协商作为合法性来源的理想主义。[④]

近年来,随着越来越多制度化的通道将协商和决策连接起来,为使协商成果能够有效地影响决策,学者提出“中国的协商民主制度在解决协商与决策衔接问题时有其独特的优势”,尤其是像温岭民主恳

---

① 何包钢:《中国农村从村民选举到乡村协商:协商民主试验的一个案例研究》,《国外理论动态》2017年第4期。

② 郭夏娟:《参与式性别预算温岭的“嵌入式”发展模式》,《中国行政管理》2015年第3期。

③ 谈火生、于晓虹:《中国协商民主的制度化:议题与挑战》,《华中师范大学学报(人文社会科学版)》2017年第6期。

④ 何包钢:《怎样联系决策与协商》,《学习时报》2008年7月14日第5版。

谈这样的基层协商的衔接机制还是畅通的，形式也非常多样。[①] 与此同时，学者们围绕该议题也积极展开本土化的理论构建。例如，有学者认为以温岭民主恳谈为代表的恳谈协商是一种"政社协商"，即本土化的多元政治权力主体参与公共协商的恳谈协商模式。它区别于西方协商民主囿于公民协商的模式，可以有效地解决西方公民协商模式中协商与决策错位断裂的问题。[②] 这种努力还体现在以"温岭模式"为例构建了一个关于中国基层协商民主共识形成机制的本土化理论框架。[③]

3. 民主恳谈绩效分析的知识建构

对温岭民主恳谈的绩效分析，其实一直是民主恳谈研究的一条或明或暗的线索，但是大多数是描述性的，或者是背景性的。专门以民主恳谈绩效为研究对象并提供相关知识构建的文献并不多。前期一项研究试图搭建一个关于乡村治理绩效指标的分析框架，即绩效主要体现在有效性（主要指经济绩效）、稳定性、公正性等公共利益的实现程度上。民主恳谈治理绩效在上述的三个维度并不是均衡分布的。其中，在有效性方面，绩效并不明显；在稳定性方面，绩效较为明显，但是不应被高估；在公正性方面的成就最大。[④] 这个分析框架展现了较好的解释能力，如由于民主恳谈制度有效性绩效并不突出，较难得到那些仍然备受经济绩效考核压力的地方官员们的青睐。后来的研究越来越肯定了其在稳定性方面的绩效，如认为"乡村协商可以比现有

① 谈火生、于晓虹：《中国协商民主的制度化：议题与挑战》，《华中师范大学学报（人文社会科学版）》2017 年第 6 期。

② 付建军：《政社协商而非公民协商：恳谈协商的模式内核——基于温岭个案的比较分析》，《社会主义研究》2015 年第 1 期。

③ 王卫：《中国基层协商民主共识形成机制研究——基于"温岭模式"实践的分析》，《社会主义研究》2017 年第 4 期。

④ 王国勤：《先富参政与民主恳谈的治理逻辑——乡村治理的结构与绩效研究》，《甘肃行政学院学报》2009 年第 5 期。

的手段更加顺利地解决农村的各种问题"[①]。民主恳谈在公共性方面的绩效突出，所以备受学者关注，也主要在这个意义上被视作中国基层社会民主化的主要趋势和基本路径。

已有研究建构了一个更为细致的分析框架。首先，公民参与可能带来的乡村治理绩效指标涵盖的内容稍微广泛一些，包括社会公正、社会稳定、政务公开、政府责任、行政效益和公共服务等；其次，根据温岭民主恳谈的案例研究提出公民参与带来治理绩效需要满足的四个要件，即政府决策者有清晰的政治意愿、社会组织和民众乐于参与、规则清晰以及民众与官员有足够的参与能力等。[②] 这项研究为中国地方政府如何更好地实现基层民主治理提供了重要的知识框架。

（三）制度变迁话语体系中温岭"民主恳谈会"的制度演进与话语建构

从制度变迁视角来研究温岭民主恳谈也是持续时间最长、引发学者热切关注的一项研究。研究的议题依次为：首先主要是探讨温岭民主恳谈制度何以可能的问题，其次是追问其何以持续，最后重点关注它是怎样演变的。

1.温岭民主恳谈制度何以可能

早期研究主要提供了互动的解释。例如，认为"温岭模式"的出现过程不是民主先导论或经济先导论能够解释的，而"显然是一种多元力量参与的复杂互动过程，单面性地强调社会自身的运动或政府主动的导向都不可能给出圆满解释"[③]。其实，这种"互动论"一直是解释民

---

① 何包钢：《中国农村从村民选举到乡村协商：协商民主试验的一个案例研究》，《国外理论动态》2017年第4期。

② 郎友兴、喻冬琪：《公民参与能否带来治理绩效？——以温岭市为例》，《中共浙江省委党校学报》2014年第6期。

③ 张小劲：《民主建设发展的重要尝试——温岭"民主恳谈会"所引发的思考》，《浙江社会科学》2003年第1期。

主恳谈制度变迁的主流范式，差别在于填入了什么要素以及要素之间怎样的排列组合。随后，制度供给不足的动因解释模型也构成了另一个主流范式，它属于问题导向型解释。例如，最早从现实交往行为的难度增加与阶层多元等角度提出“商议何以可能”的问题。[①] 其次，在直接推动力方面，学者曾归纳了“温岭模式”产生的三种早期解释模式，分别为政治企业家模式、利益驱动模式和观念驱动模式。无疑，这些模式所提供的解释都具有启发意义，但仍需进一步展开实证研究。[②] 随后的一项研究归纳了温岭民主恳谈产生、演进的外部动力，主要与当地的经济因素、文化因素以及社会结构等因素有关。具体而言，包括温岭的民营经济与市场经济发达，理性协商、务实、进取、创新和平等的传统与现代交融的文化与精神，民营企业主群体与新社会组织的发育等。[③]

2. 温岭民主恳谈制度何以持续

关于温岭民主恳谈制度何以持续的问题，很早就被学者当作一个重要的问题意识提出来。最早学者首先肯定在中国当前语境下这种制度安排能够提供比选举投票这类民主参与更多的实质性好处，但是“问题的关键在于这种制度能否持续与有效地进行下去而不至于流于形式”[④]。一开始的解决方案采取了一种综合的视角，提出协商民主持续性发展的四种途径：制度化途径、民主习惯化途径、政治竞争途径和学者推动途径。[⑤] 随后学者们从过程、制度与文化等角度来阐述该制

---

① 郎友兴：《商议式民主与中国的地方经验：浙江省温岭市的“民主恳谈会”》，《浙江社会科学》2005 年第 1 期。

② 何俊志：《权力、观念与治理技术的接合：温岭“民主恳谈会”模式的生长机制》，《南京社会科学》2010 年第 9 期。

③ 郎友兴：《观念如何形塑制度：对温岭民主恳谈会演进历程的一种解释》，《中国延安干部学院学报》2016 年第 1 期。

④ 郎友兴：《商议式民主与中国的地方经验：浙江省温岭市的“民主恳谈会”》，《浙江社会科学》2005 年第 1 期。

⑤ 何包钢：《地方协商民主制度会持续发展吗？》，《学习时报》2006 年 10 月 23 日第 5 版。

度可以持续的问题时,基本都可以从这个综合的视角找到线索。例如,用制度主义的“路径依赖”模型来解释2000年后温岭民主恳谈持续发展的过程,认为在“报酬递增—正反馈功能—自我强化机制”的作用支配下,这项制度是一个“不断优化、主动适应的‘自我强化’过程”。[①] 另一项文化视角的代表性研究认为“民主恳谈会”经历了三个阶段,即公民文化的萌发阶段、公民文化生长促使转向民主治理方向阶段和“准参与式的公民文化”阶段,并强调了“唯有得到公民文化的支持,民主治理机制方能得到巩固并且健康持续地运行下去”[②]。

3. 温岭民主恳谈制度是如何演变的

学者们主要沿着两条线索来探讨民主恳谈的制度演变:一是采用观念与制度互动的视角去细致刻画制度演变的逻辑与过程;二是采用“嵌入”的视角来展现协商民主制度是如何与既有制度实现衔接并落地生根的。

首先,观念与制度的互动与演进模型。早期的一项研究使用理念、制度的互动来解释温岭民主恳谈的演变过程与特征,其分析框架是将理念分为政府理念与社会理念,认为它们之间以及与既有制度之间的复杂矛盾推动了制度变迁,并且形塑了它的特征。温岭民主恳谈制度的演变就展示了理念、制度与政治发展的复杂过程。这个解释模型的潜力在于它提出一个很好的问题:“在中国既有的政治生态中,政府和社会如何共处(以及如何激发新的深层次的民主元素),实现社会主义民主?”[③]同样是采用观念与制度互动的视角,一个较为细致的“权力、观念与治理技术互动与结合”的分析框架,认为一方面权力的维护

① 朱圣明:《探析温岭预算民主恳谈的新元素》,《四川行政学院学报》2011年第3期。

② 郎友兴:《公民文化与民主治理机制的巩固和可持续性——以温岭民主恳谈会为例》,《中共浙江省委党校学报》2012年第2期。

③ 隋斌斌:《理念、制度和政治发展——关于温岭地方人大民主改革持续发展的原因探讨》,《人大研究》2009年第8期。

与升华需要观念与治理技术的支撑，另一方面观念与治理技术的自主与扩张也需要权力的支撑，这种逻辑关系也适用于观念与治理技术之间。这个分析框架提供了一个关于温岭“民主恳谈会”模式演变过程与关键特征的新的知识图式，其解释力还体现在提供了关于温岭的“民主恳谈会”模式进一步创新的动力的设想，即可能源于“新的观念和治理技术的再次进入”或权力更有力地推动。[①] 还有一项研究提出了一个“观念—文件—制度”的演进模型，即上述的这些观念是通过转化为政党的文件形态，然后去引发或引导制度变迁的。这项研究提供了一个很有价值的命题，即“探讨制度演进与创新的动力问题，实际上就是分析观念如何被切入或置换到制度之中并从而推动其演变的问题”。[②]

其次，“嵌入式发展”的制度变迁模型。早期学者虽然没有使用“嵌入式”的概念，但是也揭示出“民主恳谈会”制度变迁的这种特征。后来学者把这种特征概念化，也是因为不满上述的观念与制度互动模型并没有将它们如何与温岭的“民主恳谈”实践结合起来的问题说清楚。具体而言，“嵌入式发展”是指“将某种新的异质性成分嵌入原有的社会政治结构，通过它激活或改造原有社会政治结构的某些功能，并通过不断完善、改进和扩展，从而逐步实现整个结构的更新”[③]。后来，这种“嵌入式发展”模型被进一步细化了，认为基层协商民主的制度化过程高度依赖地方治理体制的整合能力和适应程度，因此构建了一个基于体制自主性、科层惯性与机构动力三个层面的“地方治理体

① 何俊志：《权力、观念与治理技术的接合：温岭“民主恳谈会”模式的生长机制》，《南京社会科学》2010 年第 9 期。

② 郎友兴：《观念如何形塑制度：对温岭民主恳谈会演进历程的一种解释》，《中国延安干部学院学报》2016 年第 1 期。

③ 谈火生：《协商民主：西方学界的争论及其对中国的影响》，《中国党政干部论坛》2013 年第 7 期。

制整合度”分析框架。这种框架的解释力在于它将体制自主性、科层惯性与机构动力三者的张力与博弈呈现出来了，因此中国场域内的基层协商民主在制度化阶段都将面临如何应对“地方政治体制持续而强势的整合”这一共同问题。[①]

通过梳理20多年来温岭“民主恳谈会”的制度演进与知识增长，笔者依然同意2010年学者那句感叹“仅就一项活动所产生的学术文献而言，温岭的‘民主恳谈’活动就已经创造了一项奇迹”[②]。其在知识增长方面的成绩是令人瞩目的，可以说是已经提出一些有价值的学术概念与学术问题，提供了一些不同于西方学术概念的解释体系，积极构建中国特色的理论概念和学术话语体系。例如，“民主恳谈”本身就是一个内涵丰富的本土化概念，首先“‘恳谈’两字准确地表达了有意见需要沟通，有想法需要交流，有问题需要协商，有分歧需要博弈等丰富的意思”[③]；其次，被纳入“民主”的范畴，主要指向公共事务的协商，从而开启了巨大的理论阐释与制度创新的空间。

这些学术努力不仅体现在紧紧围绕中国本土化的经验、立场和问题意识，而且积极展开与西方协商民主理论的对话。尤其是随着协商民主理论不断被引入，这种对话以及在对话中树立起的自身形象也越来越多。首先从寻求中西方问题意识相似性与技术的工具化和科学化入手，提出中国民主化道路的“特色论”。如果说“特色论”为中国协商民主理论开辟了一席之地，“优势论”则展现了中国学者的理论自信和学术雄心，甚至提出协商民主建设方面“中国有可能真的超越西

① 林雪霏：《当地方治理体制遇到协商民主——基于温岭“民主恳谈”制度的长时段演化研究》，《公共管理学报》2017年第1期。

② 何俊志：《权力、观念与治理技术的接合：温岭“民主恳谈会”模式的生长机制》，《南京社会科学》2010年第9期。

③ 朱圣明：《基层民主协商的实践与探索——以浙江温岭民主恳谈为例》，《中国特色社会主义研究》2014年第2期。

方”。学者的这种自信与雄心没有停留在口号上，学界多年来一项持续的工作就是在对话中构建中国协商民主的理论框架。围绕协商民主的一系列基本问题，如“协商与决策”“代表与协商”和“协商绩效”等，积极构建本土化的知识图式。同样鼓舞人心的是温岭“民主恳谈会”研究在推进制度变迁理论方面所做的积极努力，如“嵌入式发展”和“地方治理体制整合度”等。

这种梳理也展现了中国本土化理论增长的一些重要特征。例如，一直保持着理论和实践之间的积极互动，以及政府、学者、媒体与社会之间的积极互动。其中，政府是“民主恳谈会”制度发展的主要推动者，而且在这个推进过程中，政府创造了各种平台途径，促使学者、媒体与社会介入并发挥作用，积极向学者咨询，通过媒体广泛宣传，吸纳民智，听取民意，使一些先进理念、协商民主技术和社会科学方法更加有效地被引入与整合进民主恳谈的制度安排。学者们也积极主动地参与了这个伟大实践，不仅亲自进行各种制度实验，而且通过学术研讨会和在学术期刊组织发表专栏文章来推动这项研究。

当前协商民主建设不仅是官方主流的政治话语、学术界的显学，而且已经成为中国政治发展的重要组成部分。2015 年，中共中央印发《关于加强社会主义协商民主建设的意见》，全面部署开展政党协商、人大协商、政府协商、政协协商、人民团体协商、基层协商、社会组织协商等渠道。2017 年，党的十九大提出“协商民主是实现党的领导的重要方式”，更凸显官方对协商民主的重视。随着协商民主制度建设的全面铺开，中国越来越重视协商制度与技术的科学设计。在这种背景下，首先肯定温岭“民主恳谈会”多年积累的知识增长是可以为中国协商民主建设提供很好的理论贡献的，但也无法忽视现有的理论供给与经验的理论需求相比还是有较大的距离的。这要求对温岭民主恳谈的研究，一是能够去地方化而归纳出一些更具有广泛适用性的基层协商民主制度与技术设计；二是能够探索出基层协商民主制度如何实现常态化制度化的一套有效的机制；三是在继续加强国际对话与学界对话中激发出更有效的制度创新与更加前沿的学术研究。

第七章　意识形态与媒介化治理

人类社会在20世纪八九十年代进入了基于数字式互动技术的新媒体时代，而在我国，这恰恰是“社会治理”概念开始进入学术视野的时期。另外，把社会治理现代化和新媒体建设上升为国家发展战略的步伐也几乎是同步的，前者始于2013年党的十八届三中全会，后者始于2014年的“文化传媒新政”①。这些看似巧合，其实不然，事实上这源于新媒体技术与社会治理之间的某种深刻关联。“媒介化”概念就旨在揭示这种深刻关联，反映媒介在文化和社会中的重要性日渐增强和变化的趋势与状况，这体现为社会互动越来越多地通过媒介得以实现。同时，伴随着媒介系统在整个国家治理系统中的地位逐渐提升，学界开始使用“媒介化治理”这个概念来描述媒体嵌入治理以及二者相互依存的形成过程，并以适应媒体技术、组织和制度要求的方式而展开。②

无论是从理论上还是实践上，“媒介化治理”在当前中国推进国家

---

① 指2014年8月18日中央全面深化改革领导小组第四次会议通过《关于推动传统媒体和新兴媒体融合发展的指导意见》，其系列指导思想原则被文化与传播界称为“文化传媒新政”。参见孟威：《2015年新媒体研究：真实、趋动与新意》，《当代传播》2016年第1期。

② 闫文捷、潘忠党、吴红雨：《媒介化治理——电视问政个案的比较分析》，《新闻与传播研究》2020年第11期。

治理体系和治理能力现代化的时代语境中，具有深远的意义。尽管“媒介化治理”作为学术概念尚未得到学界的广泛运用，但是它所对应的实践问题却是新媒体时代必须面对的社会事实。因此，围绕它所进行的理论建构将是一项重要的学术任务。鉴于此，本章将围绕意识形态与“媒介化治理”的关系展开讨论，试图推进这项研究。本章从新媒体时代“媒介化治理”的兴起、社会治理场域中媒介权力的嵌入与重构，以及意识形态与新闻传播关系的重塑三个基础议题展开。

第一节　新媒体时代“媒介化治理”的兴起

一、新媒体时代社会治理的知识重建

虽然难以清晰界定“新媒体”概念，但是大致可以说它“主要指基于数字技术、网络技术及其他现代信息技术或通信技术的，具有互动性、融合性的媒介形态和平台”，以及“基于上述媒介从事新闻与其他信息服务的机构”。[①] 由此可以看出，“新媒体”的基本特征主要表现为数字化、融合性、互动性、网络化。它作为专用名词，显然不是在简单的“新”与“旧”的相对意义上来使用的。当新媒体技术在社会的各个领域得到广泛使用时，可以说人类社会的“新媒体时代”到来了。它和“互联网时代”“大数据时代”等属于家族相似性的概念。

众所周知，当新媒体广泛渗入人类社会生活的方方面面时，其本身也成为推动社会变革的重要力量，因此可以说“在传媒成为‘人类

---

① 彭兰：《“新媒体”概念界定的三条线索》，《新闻与传播研究》2016 年第 3 期。

皮肤'的今天，传媒覆盖着一切，传媒呈现着一切"[①]。在这个过程中，新媒体的特质及其无孔不入的力量已经深刻地渗入或改变了社会治理的理念和实践，学者们开始注意到新媒体给社会治理带来了什么，并做了一些理论建构工作。无论是学者的关注还是实践的发展，新媒体技术在传播中的运用与社会治理现代化的推进几乎在按照相同的节奏发展，其深层机制在于新媒体技术的广泛运用深刻地改造了集体行动中的传播与沟通的结构、机制和过程，从而促成了多主体参与实现集体合作的社会治理完成从理念到实践的建构。由此甚至可以说社会治理与基于新媒体技术的传播是从诞生起就是互相嵌入、无法割裂的整体。

与之相应，社会治理研究和传播学也在议题、理论和方法等诸多方面产生了交叉共生的问题域。也是基于这种状况，社会治理中的传播现象也一直受到学者们的关注，而且有很多文献从不同的视角探讨这个问题域的诸多议题。而吊诡的是，新媒体技术对社会治理传播所施加的深层机制虽然被大量的研究文献从不同的层次或角度予以揭示，但长期以来，学者们基本上还是对"社会治理"与"传播"两个领域分开进行理论研究，而且大多是传播学的学者们在关注这些问题。这种状况显然跟不上实践发展的需要，因此急需对这些研究进行较为系统的学术梳理和理论建构。因此，需要把社会治理研究与传播学丰厚的学术积累结合起来，探出一条新路。换言之，这是新媒体时代社会治理的知识重建之路。

二、现代化进程中的"媒介化"

如前文所述，随着新媒体的广泛运用，其本身已经成为推动社会

---

① 刘文辉：《传媒权力生成——另一种考察视阈》，《北方论丛》2009年第4期。

变革的重要力量。这个过程集中表现为基于现代信息技术的各种媒介渗透到社会生活的方方面面，这种渗透改变了人们在各个领域的交流和互动过程。根据舒尔茨(Schulz)的归纳，这种改变至少有四个类型，即媒介在时间和空间上延伸了沟通能力；媒介替代了先前面对面的社交活动；媒介带来了各类交流与传播活动的融合；不同领域的参与者不得不调整他们的行为以适应媒介的评估、形式以及惯例。① 正是这些互动类型上的改变，让媒介无处不在地发挥作用，并且促使社会机制和文化进程的特性、功能和结构发生了诸多变化。

在这种背景下，"媒介化"概念被用来涵盖这些维度的媒介逻辑介入社会建构的过程。② 进而言之，"媒介化"首先就是用于概括媒介、文化和社会之间关系的长期、大范围的结构性变迁，而且媒介拥有了更大的权力来界定社会现实和社会互动的条件模式。③ 这种界定也让"媒介化"与仅用于某种特定传播过程的"中介化"概念区别开来。

我们这里所讨论的"媒介化"是近年来伴随着新媒体数字技术的广泛运用而产生的新的社会过程，因此有学者建议将它看作是"与全球化、城市化和个体化同等重要的一个现代化过程"。媒介化虽然出现时间不长，但与其他现代化进程相似，也完成了吉登斯所描述的"脱嵌"和"复嵌"的现代性过程，即"媒介将社会关系从现有语境中剥离，并重新嵌入新的社会语境"④。而且媒介化在社会生活中的重要性也伴随着全球化、城市化和个体化的持续发展而日益增强。

---

① Schulz W. "Reconstructing mediatization as an analytical concept". *European Journal of Communication*, 2004(1): 87-101.

② Couldry N, Hepp A. "Conceptualizing mediatization: Contexts, traditions, arguments". *Communication Theory*, 2013: 191-202.

③ 夏瓦：《文化与社会的媒介化》，刘君、李鑫、漆俊邑译，复旦大学出版社 2018 年版，第 4 页。

④ 具体讨论参见吉登斯：《现代性的后果》，田禾译，译林出版社 2000 年版。

三、"媒介化治理"的缘起

媒介与治理的关系讨论，并不是一个新的话题。尤其是到了新媒体时代，随着信息技术的广泛运用，媒介系统在整个国家治理系统中的地位逐渐提升。这首先体现了公共领域的边界和重心发生了转移，如卡斯特所称，"随着网络社会的发展，公共领域实现了范围转移——从围绕政府机构到围绕媒介系统"[①]。这种变化也激发了学者们对新媒体或新媒介给社会治理带来了什么这个话题展开持续深入的思考，并且围绕这个议题不断地进行一些理论建构工作。

其中，2020年受"媒介化的政治"概念的启发，学界开始使用"媒介化治理"这个概念描述媒体嵌入治理以及二者相互依存的形成过程，并以适应媒体技术、组织和制度要求的方式而展开。[②] 在核心机制上，"媒介化治理"和"媒介化的政治"并无二致，即"它们不仅依赖媒介的平台和技术，并且部分地遵循嵌入制度的媒介运作逻辑而展开"[③]。但是这种媒介作用机制在"媒介化治理"中主要发生在多元主体构成的治理场域中，实现"媒介与治理网络中其他行动者之间的互动，潜在地支持了媒介在治理过程中的连锁效应，从而形塑了不同行动者关系发生的动力结构和框架"[④]。

由此可见，"媒介化治理"已经构成当前国家治理体系和治理能力

---

① Castells M. "The new public sphere: Global civil society, communication networks, and global governance". *The ANNALS of the American Academy of Political and Social Science*, 2008(1):616.

② 闫文捷、潘忠党、吴红雨:《媒介化治理——电视问政个案的比较分析》,《新闻与传播研究》2020年第11期。

③ Mazzoleni G, Schulz W. "'Mediatization' of politics: A challenge for democracy?" *Political Communication*, 1999(3):247-261.

④ 罗昕:《媒介化治理:在媒介逻辑与治理逻辑之间》,《湖南师范大学社会科学学报》2022年第5期。

现代化的一个重要组成部分。不仅需要在理论上推进，而且在操作层面要不断优化。首先，要考察这样一个事实，即在媒介化治理中，以数字化互动技术为基础的“媒介权力”开始广泛地嵌入社会治理的权力结构并且推动一种前所未有的复杂的结构重构。这里媒介权力被视作是一种基于所掌握的信息资源以及对这些资源的编码、译码能力而形成的非强制性的权力。其次，同样是在媒介化治理的脉络里，必须重视新闻传播无论是作为机构还是过程都在国家治理体系中扮演了重要的角色。其中，主流媒体机构不仅是新闻信息的生产者和传播者，也是国家治理的重要参与者和推动者；作为信息传播过程，在国家治理体系中发挥引导群众、服务群众的重要功能。[①] 下文将考察社会治理场域中媒介权力的嵌入与重构，以及这种变迁带来的理论价值和实践意义。

第二节　社会治理场域中媒介权力的嵌入与重构[②]

新媒体技术的广泛使用，深刻地改造了社会治理中的传播与沟通的结构、机制和过程。新媒体和社交媒体的革命，核心是对既有权力关系的破坏和重构。卡斯特认为，技术进步本质上是“权力关系的形成过程”[③]。其中，以数字化互动技术为基础的“媒介权力”开始广泛地嵌入社会治理的权力结构并且推动一种前所未有的结构重构。一方面，作为媒介化治理的核心概念，媒介权力在社会治理中的重要性日

① 丁柏铨：《重大突发性公共危机事件媒介化治理研究》，《编辑之友》2022 年第 8 期。

② 本节主体内容已以论文形式发表，见王国勤、吴小坤：《社会治理中的媒介权力：嵌入与重构》，《中共天津市委党校学报》2020 年第 5 期。

③ 卡斯特：《传播力》，汤景泰、星辰译，社会科学文献出版社 2018 年版。

益显著。但是这种嬗变以及深远影响并没有得到大多数从事社会治理研究学者们的足够重视。另一方面，媒介权力一直是传播学界关注的研究议题，虽然有些研究洞察到了媒介权力在社会治理中的核心机制作用，但是对此仍然缺乏较为系统的理论归纳与阐释。

鉴于国内学界社会治理权力研究与传播学媒介权力研究总体上仍然处在相互"隔膜"的状况，本书尝试去整合它们的诸多洞见，并基于笔者的大量经验观察，初步构建一个关于社会治理中的媒介权力的知识图式，这项努力主要聚焦于：在新媒体时代，媒介权力是如何嵌入社会治理的权力结构的？如何实施对这种权力结构的重塑？当然这些问题意识均落脚于当下中国社会治理的场域中。目标是更好地发挥媒体权力在社会治理中的积极作用。

一、从"权力"到"媒介权力"

社会治理可以简约地界定为由多个行动者参与的、以解决集体问题为目标的集体行动。[①] 因此，在研究社会治理时，可以沿着行动者、互动过程（集体行动）和共同体目标三个观察点[②]展开。其中，行动者不仅受利益驱动，还会受价值或情感支配，并进而形成社会结构中的行动者网络。正是这些复杂驱动力使行动者有自己的个体目标，但是在"囚徒困境"与"搭便车现象"等作用下，这些个体目标往往与共同体目标发生冲突。而社会治理作为社会共同体层面的集体行动，聚焦于如何有效地协调或解决这些冲突。这些"协调或解决"就包括了一系列多元行动体之间的互动机制或过程。这些互动也可以看作是行

---

① Feiock R C. *Metropolitan Governance: Conflict, Competition and Cooperation*. Washington D. C.: Georgetown University Press, 2004: 67-92.

② Ostrom E. "Collective action and the evolution of social norms". *Journal of Economic Perspectives*, 2000(3): 137-158.

动者之间的一种多元博弈。其中，每个行动者依据自己掌握的资源而具有不同的谈判力量与行动能力[①]，而且还要遵守特定场域中的价值与规则。因此，权力关系也必然是一种组织成员间的不平等关系。在这个脉络里，"权力"作为集体行动的核心机制作用凸显。

但是问题在于，社会治理不同于一般的集体行动，它有自己的内在规定性，对此有个精练的表达，即"共建"（多元行动体共同参与）、"共治"（协同合作的公共治理）与"共享"（行动者共享治理成果）。为了适应社会治理的这种格局，传统过多依赖政府权威的权力关系与权力结构也在随之发生变迁。当前对这些状况的研究主要是从国家—社会关系理论[②]的视角展开的。首先，提出"权力制衡论"，即为了防止基层公共权力的滥用，要通过社会权力来影响和制约国家权力。[③] 有意思的是，在实践中也发现一些因国家权力并没有真正地渗入基层社会治理而出现"权力悬浮"[④]与"权力脱嵌"[⑤]等现象。这说明用国家与社会二元的分类过于简单，而实际状况要复杂得多。例如，张静就看到了基层政权中国家权力往往呈现出公共性国家权力与分割式的地方权威之间的张力[⑥]，这是基层社会治理出现诸多问题的重要结构性因素。所以一方面需要在社会治理中平衡好国家权力与社会权力以

---

① 克罗齐埃、费埃德伯格：《行动者与系统》，张月译，上海人民出版社 2007 年版，第 54 页。

② Chernilo D. *A Social Theory of the Nation-State: The Political Forms of Modernity Beyond Methodological Nationalism*. London: Routledge, 2007.

③ 周庆智：《社会制衡：基层公共权力的界限》，《哈尔滨工业大学学报（社会科学版）》2013 年第 5 期。

④ "权力悬浮"一般指国家意志和权力不能有效到达基层并实现渗透，从而无法对基层社会进行有效治理。（张红阳、朱力：《"权力悬浮"背景下乡村治理无效性——基于华北 D 村自来水工程建设史的分析》，《学习与实践》2017 年第 3 期。）

⑤ "权力脱嵌"既是因为权力缺乏有效嵌入社会的机制，造成社会治理缺乏应有的社会基础，又是指治理体系内部缺乏有效整合和合理配置，造成治理过程中的无效。（叶敏、吕亚奇、王阳：《街面空间的权力脱嵌与治理重构——以上海市郊区 F 镇为例》，《北京行政学院学报》2018 年第 3 期。）

⑥ 张静：《现代公共规则与乡村社会》，上海书店出版社 2006 年版。

实现良性互动，另一方面要做好具有公共性的国家权力的“下渗”[①]工作以实现旨在完善基层治理体系的权力重构[②]。

上述研究可以说代表了当前国内研究社会治理中权力结构与变迁的一些主流思想，但是这些研究似乎轻视了一个非常重要的社会事实，就是权力结构本身已经发生了巨大的嬗变。建立在互联网基础上的新媒体技术具有数字化、共享性、互动性、智能化等特征，随着它的广泛使用，人类社会进入了去中心化的“新媒体时代”。[③] 学者也将这种构建在互联网基础上的社会命名为网络社会，其中“网络化逻辑的扩散改变了生产、经验、权力与文化过程中的操作和结果”[④]。显然，新媒体技术也深刻地改造了集体行动中的传播与沟通的结构、机制和过程，其中以社会化网络（或社交网络）为基础的新型媒介权力开始广泛地嵌入社会治理的权力结构并推动一种前所未有的结构重构。[⑤]

如前所述，权力首先是行动者的行动能力，其次是基于不同能力而形成的“不平等”的权力关系或结构。学界对媒介权力的界定大体上也作如是观，如一个代表性的观点认为，媒介权力是一种基于所掌握的信息资源以及对这些资源的编码、译码能力而形成的非强制性的权力，这些权力也受制于自身参与其中的权力关系或权力结构。[⑥] 该观点既阐明了媒介权力所具有的权力共性特征，也提及了媒介权力的

---

① 例如，国家权力以项目、下派第一书记、加强农村基层党建、财政支付村干部报酬等方式全面进入乡村社会。（景跃进：《中国农村基层治理的逻辑转换——国家与乡村社会关系的再思考》，《治理研究》2018 年第 1 期。）

② 毛寿龙：《权力重构、行政吸纳与秩序再生产：治理的逻辑——基于溪口镇的经验探讨》，《河南社会科学》2018 年第 3 期。

③ Datta A, Buchegger S, Vu L, et al. “Decentralized online social networks” //Furht B. *Handbook of Social Network Technologies and Applications*, New York: Springer, 2010: 349-378.

④ 卡斯特：《网络社会的崛起》，夏铸九等译，社会科学文献出版社 2003 年版，第 569 页。

⑤ 卡斯特：《网络社会与传播力》，《全球传媒学刊》2019 年第 2 期。

⑥ 陈小文：《从媒介的发展看媒介权力的变迁》，《现代视听》2011 年第 6 期。

独特属性,即非强制的“参与式权力”。[①] 媒介权力也属于一个家族相似性的概念谱系,其中一个典型的概念是卡斯特提出的“传播力”(communication power),所表达的基本理念是“媒介即权力”[②],认为“传播媒介对个人和社会有着影响、操纵和支配的力量,它既能建构客观世界和社会现实、改变人们对外界的感知和认识,也能作用于外部环境,使社会关系和结构发生巨大改变”[③]。

对于媒介权力所带来的社会关系和结构变化,大多数学者抱着积极乐观的态度,代表性的观点是基于国家—社会关系框架的“技术赋权说”[④]。例如,认为互联网既给国家赋权也给社会赋权,并且基于互联网的赋权,国家与社会在新的互动模式中相互改造。其中积极的一面体现在国家成功改变社会力量对其自身的认同,与此同时社会也在改造国家,使国家接受社会力量。[⑤] 简而言之,“新媒体一方面强化了以公民为代表的公共权力,另一方面也增强了政府的控制力和市场的渗透力”[⑥]。但是这个图景并不全面,如这种权力的划分和赋予并不平等。对此,有学者认为,媒介本身不能归入权力体制,真正的“传播权力”依然被专业化的媒介组织及其背后的政府权力机构所掌控。[⑦] 虽然要承认这种状况在不同程度上的存在,但是也要意识到,对于媒介是否可以成为公共权力的一部分这个问题,是存在不同的解释语境的。

---

① Barney D, Coleman G, Ross C, et al. *The Participatory Condition in the Digital Age*. Minneapolis: University of Minnesota Press,2016.

② Castells M. “Communication, power and counter-power in the network society”. *International Journal of Communication*,2007(1):29.

③ 唐荣堂、童兵:《“传播即权力”:网络社会语境下的“传播力”理论批判》,《南京社会科学》2018 年第 11 期。

④ Thornton P. “Communications technology-empowerment or disempowerment?” *Disability, Handicap & Society*,1993(8):339-349.

⑤ 郑永年:《技术赋权:中国的互联网、国家与社会》,邱道隆译,东方出版社 2014 年版。

⑥ 郝雨、路阳:《媒介权力运演及社会权力结构嬗变——新媒体发展对社会权力结构的冲击与重塑》,《新闻大学》2014 年第 5 期。

⑦ 彭祝斌:《“传播权”溯源与再定义》,《湖南大学学报(社会科学版)》2019 年第 1 期。

值得注意的是，数字环境下的媒介及其内容，已经担负起社会公共监督的责任，并且其所涉及的领域也从新闻拓展到公共服务，在这个意义上，媒介可以视作是公共权力运行必不可少的部分。不管怎样，媒介权力带来的种种变化，对社会治理而言，也会滋生出诸多的社会冲突与矛盾，一方面表现为当前我国社会治理模式中依然强势的政治与行政权力与被媒介权力所控制的社会权力之间所形成的持续的张力；另一方面媒介权力容易激发广大行动者的非理性情绪并最终导致媒介权力的滥用。

综上所述，对社会治理而言，媒介权力的嵌入和重构是一个无法阻挡的时代潮流。为了更加顺利地实现这种社会巨大转型，发挥好媒介权力的积极治理功能，需要对媒介权力如何嵌入社会治理场域以及如何实现其权力体系的重构做一些知识上必要的梳理与准备工作。

二、社会治理场域媒介权力的嵌入

媒介权力是以直接和间接两种形式嵌入社会治理场域的。其中，直接形式是指媒介权力通过某种具体媒介互动而实现的社会治理中的权力活动，而间接形式是指社会治理的诸多活动间接受媒介符号或机制（“媒介逻辑”）的影响。这体现了媒介权力的“二元性”特征。事实上，这两种形式常常交织在一起，不那么容易区分，因此这种区分很多时候是出于分析的需要。实践中可以观察到，这种二元性特征无处不在地展现在社会治理场域中媒介权力的生成机制与运行机制中。

（一）媒介权力的“二元性”特征及其限度

媒介权力的“二元性”源自媒介化本身的双重性特征。这里的“媒介化”概念描述了媒介在文化和社会中的重要性日渐增强和变化的趋势与状况，其双重性特征是指“（媒介）它在不同的制度语境下介入人际交流互动，同时又将媒介建构成半自治的制度”①。首先，媒介权力的直接形式就体现为在不同的制度语境下如何介入人际交流互动。这里涉及在集体行动中参与者们使用何种媒介及其所提供的交流方式特点，还包含了这些媒介的使用是如何影响参与者们的交流和行动能力的。② 这些情况在实践中相对比较容易观察到，但媒介权力的间接形式要隐晦得多。有学者倾向于将其视作一项“社会制度”的形式，认为“媒介融入其他社会制度与文化领域的运作，同时其自身也相应成为社会制度”③。鉴于社会互动越来越多地通过各种信息技术媒介得以实现，媒介的这种制度化功能也相应地被表述为“媒介逻辑”。这一概念被界定为一种交流形式，以及媒体传递信息的过程。通常情况下，媒介逻辑和指导原则被认为是理所当然的，是制度化的，为社会互动提供了信息。其中一个基本原则是，媒体、信息技术和传播形式可以影响事件和社会活动。随着社会治理的集体行动、诸多机构、组织和行动者越来越多地依赖媒介，社会治理的过程不得不去适应媒介逻辑。

这首先体现在当前中国社会治理的实践上，可见大量的社交平台（例如微博、微信和抖音等）、政务客户端（App）和各种全媒体直播互动平台等被越来越多的政府部门和社会组织所运用。这些新媒体平台聚集大量用户，实现各种形式的高效便捷的“键对键”沟通，大大提高了社会治理水平。也是在这个背景下，高层呼吁“各级领导干部要增强同媒体打交道的能力，不断提高治国理政能力和水平”④。与此

① 夏瓦：《文化与社会的媒介化》，刘君、李鑫、漆俊邑译，复旦大学出版社 2018 年版，第 25 页。

② Hjarvard S. “The mediatization of society: A theory of the media as agents of social and cultural change”. *Nordicom Review*, 2008(2):102-131.

③ Hjarvard S. “The mediatization of society: A theory of the media as agents of social and cultural change”. *Nordicom Review*, 2008(2):21.

④ 习近平：《推动媒体融合向纵深发展 巩固全党全国人民共同思想基础》，《人民日报》2019 年 1 月 26 日第 1 版。

同时，提高全社会的媒介素养也成为各界的共识。这说明了媒介逻辑在真真切切地发挥着作用，用好媒介的前提是把握、遵循和运用好媒介自身的运行规律。

尽管如此，如前所述，媒介还仅仅是个“半自治的制度”，本身是嵌入一个更为宏观的制度框架以及特定的物理位置和社会语境的，其作用的发挥也受制于这些因素。因此媒介权力在社会治理中的地位和功能也不应该被夸大。由此，有学者提出“将媒介归入权力体制，这是对媒介职能的误解，在实践上也做不到”①。了解媒介权力的二元性特征及其限度，有助于更好地把握和分析它们是如何嵌入社会治理场域的。

（二）社会治理场域中媒介权力的生成机制

这里首先要明确的是，媒介权力是人类社会中的一种新型权力类型，因而具有区别于一些传统权力类型的新特征。因此，讨论媒介权力的生成机制需要从对它的类型学分析开始。李钧鹏用“从统治到互动”来概括权力观的演变史是恰如其分的，其中基本轨迹包括了“自上而下的、消极的君主统治权逐渐让位于分散于社会不同阶层的、表现为多种形式的多元互动权力；绝对的、超越性的权力观被基于理性与权利的权力观所取代……”②。这些轨迹也正好反映了媒介权力兴起所具有的特征。首先，媒介使跨越距离的互动和传播成为可能，媒介权力是通过各类主体在特定信息交流与传播的持续互动中实施的。汤普森曾区别了三种类型的互动：面对面互动、媒介化的类互动（大众

① 邵培仁：《传播民主真的能够实现吗？媒介象征性权力的转移与话语民主的幻象》，《现代传播》2011年第3期。

② 李钧鹏：《何谓权力——从统治到互动》，《华中科技大学学报》2011年第3期。

传播的单项互动)和媒介化互动(基于信息技术的对话式互动)。[①] 据此观之,当前所讨论的媒介权力主要产生于对话式的媒介化互动中,当然这种对话不一定意味着“参与各方有着均等的表达和行动的机会”[②]。

其次,媒介化互动又是通过什么机制产生权力的呢?卡斯特认为,权力一直是这两种方式以不同的比例组合在一起的:一种是通过胁迫或暴力的方式;另一种是通过说服和形塑大脑。[③] 在他看来,媒介权力属于第二种类型,认为“权力在心灵的风车中形成”[④],即认为媒介权力很大程度上是“通过信息传播对人类的心灵产生作用”[⑤]。可以说卡斯特揭示了媒介权力的生成路径,但是一个待解的问题是,人们是通过怎样的思考与传播而产生权力或使权力得以施展的呢?众所周知,暴力和理性作为权力的两大关键来源,缺一不可。但是在现代社会,一个普遍的趋势,就是“暴力的衰落”[⑥],而“权力的主要资源不是军事和经济,而是理性的说服力量”[⑦]。与这种时代变迁相一致,媒介权力诉诸的主要是理性认同的力量。

在过去的20年间,社交媒体平台已经深入日常生活的机制,影响着人们的非正式互动,以及制度结构和职业惯例。社交媒体非但不是所有人的中立平台,而且改变了社交互动的条件和规则。社交媒体的

---

① Thompson J. *The Media and Modernity*:*A Social Theory of the Media*. Cambridge: Polity Press, 1995. 转引自夏瓦:《文化与社会的媒介化》,刘君、李鑫、漆俊邑译,复旦大学出版社2018年版,第31页。

② Thompson J. *The Media and Modernity*:*A Social Theory of the Media*. Cambridge: Polity Press, 1995. 转引自夏瓦:《文化与社会的媒介化》,刘君、李鑫、漆俊邑译,复旦大学出版社2018年版,第31页。

③ 卡斯特:《网络社会与传播力》,《全球传媒学刊》2019年第2期。

④ 卡斯特:《传播力》,汤景泰、星辰译,社会科学文献出版社2018年版,第118页。

⑤ 卡斯特:《传播力》,汤景泰、星辰译,社会科学文献出版社2018年版,第5页。

⑥ 希恩:《暴力的衰落》,黄公夏译,大象出版社2011年版。

⑦ 王晓升:《重新理解权力》,《江苏社会科学》2010年第2期。

内在逻辑（规范、策略、机制和经济）被用来研究社交媒体平台、大众媒体、用户和社会机构之间错综复杂的动态。[①] 这有助于传播媒体在其制度边界之外的强大话语，可编程性、流行性、连接性和数据化的社交媒体原则越来越与大众媒体逻辑纠缠在一起。植根于这些基础原则和策略的社交媒体逻辑正逐渐侵入公共生活的各个领域。

与卡斯特的观点相一致，这种形塑主要体现在行动者对网络的编制能力和切换能力的差异上，其中，前者取决于产生、扩散和影响构成人类活动的话语能力[②]，而后者表现为切换者“通过共享共同目标和组合资源来连接和确保不同网络的合作以及防止其他网络的竞争等能力”[③]。而大数据技术使编制能力提高了，即算法的出现在为客户提供更加精准的个性化服务的同时，“隐藏在算法背后的权力可以通过不断调整算法的参数来执行自己的意志”，使算法逐渐演进为一种新的无处不在的权力形态。

（三）社会治理场域中媒介权力的运行机制

媒介权力在社会治理中的运行首先是合法性机制在发挥作用。合法性机制在这里是指某个特定主体（政府、社会组织、意见领袖或普通公民）围绕着媒介权力而展开的，以能否提供信任、忠诚或服从为目标的活动。前文讨论了媒介权力多源自理性认同，为媒介权力的理论认同提供了合法性基础，而正是这种合法性基础使媒介权力在行使时能够得到受众的忠诚与服从，从而使其指令可以得到有效维护或执行。简而言之，媒介权力依附于受传者对媒介的认同程度。[④] 有趣的是，这里的合法性机制是多主体之间在不同层面上相互建构的。例

① van Dijck J, Poell T. “Understanding social media logic”. *Media and Communication*, 2013(1):2-14.

② 卡斯特:《传播力》，汤景泰、星辰译，社会科学文献出版社 2018 年版，第 42 页。

③ 卡斯特:《传播力》，汤景泰、星辰译，社会科学文献出版社 2018 年版，第 36 页。

④ 赵继伦:《论大众媒介权力的滥用及其社会控制》，《东北师大学报》2003 年第 4 期。

如,不仅政府等部门在行使媒介权力时需要合法性机制提供的信任、认同和忠诚,意见领袖甚至普通公民的媒介权力,尽管更多是以舆论的形式存在,也同样依赖于合法性机制的功能。关于媒介权力对社会治理的影响,学界普遍认为"新媒体可以通过增强公民话语权、塑造网络公共空间、重聚利益相关群体和创新政府公民互动沟通机制等方面推动公民参与社会治理"[①]。这里列举的沟通行为和机制均涉及多主体之间围绕集体目标而展开的各种互动,均需要考察媒介的普遍嵌入而带来的媒介权力的运用,其中为了提高治理绩效,首先要构建的是其足够的合法性基础[②],以及在合法性基础上建构参与者的身份认同感和社群意识。

在社会治理场域中,权力在广义上可以看作是行动者的行动能力[③],这种行动能力来自谈判的某一种或几种优势资源,据此,治理的开展也是各种资源的多元博弈。根据克罗齐埃和费埃德伯格的归纳,权力至少可以有四种来源,即"可以来自专业技能,可以来自组织与环境的关系控制,可以来自交流信息的操纵,也可以来自对组织规则的利用"[④]。由此可见,在权力分布不平等的组织中,哪怕是最弱势的个体,也会因为自己拥有了某种资源而拥有一定的权力。而媒体权力的嵌入,强化了信息资源或舆论力量更加广泛地在基层民众中的分布,增强了"社会行动者挑战并最终改变社会中制度化的权力关系的能力",相应地"媒介管理者或拥有者控制能力下降"。[⑤] 媒介权力这种分

---

① 朱江丽:《新媒体推动公民参与社会治理:现状、问题与对策》,《中国行政管理》2017年第6期。

② Krotoszynski R J, Blaiklock A R M. "Enhancing the spectrum: Media power, democracy, and the marketplace of ideas". *University of Illinois Law Review*, 2000(1):813.

③ Few R. "Researching actor power: analyzing mechanisms of interaction in negotiations over space". *Area*, 2002(1):29-38.

④ 克罗齐埃、费埃德伯格:《行动者与系统》,张月译,上海人民出版社2007年版,第65-66页。

⑤ 唐荣堂、童兵:《"传播即权力":网络社会语境下的"传播力"理论批判》,《南京社会科学》2018年第11期。

化的特征，推动了社会治理中的权力博弈朝着均衡化的方向演进，大家普遍认为社会对国家的权力制约机制也在这种过程中逐渐增强。但是，也有学者对此抱谨慎态度，认为媒介权力能够产生多大的积极效果，是有前提条件的。例如，认为"在国家权力没有得到优先控制的情况下，权力只会用一种强制的手段对付市场、社会的治理诉求"[①]，由此，媒介权力能否发挥积极作用取决于强势的国家权力有没有被关在制度的笼子里。尽管如此，媒介权力或多或少地已经围绕着权力的基本运行环节——决策、执行和监督——在施加其影响力。首先在决策环节，媒介权力可以"作为政治决策中公众共识的协商者的角色"[②]，影响着社会治理中的一些重要的议程设置。其次在执行环节，媒介权力起到集体行动的动员作用，并且塑造了动员过程。最后媒介权力也是大众对政府和社会进行监督的工具，这种功能的实施主要是借助信息公开或公共舆论的力量。

三、社会治理场域权力体系的重构

媒介权力嵌入社会治理场域充分展示其二元性的特征，既直接介入行动者在集体行动中的互动，也间接地以一种结构性力量制约着治理的方方面面，而且这些特征鲜明地体现在媒介权力自身的生产机制以及运行机制中。媒介权力的这些特征与过程同时也在实施着对社会治理场域权力体系的再结构化。这种再结构化主要体现在媒介权力对社会权力体系的分割与重构、权力结构的不平衡性与公共性之间的张力以及社会的个体化特征与主体性建构等方面。

（一）媒介权力对社会权力体系的分割与重构

媒介权力是在对社会力量赋权的过程中对社会治理既有的权力

---

① 任剑涛：《驾驭权力与现代国家建构》，《探索》2015 年第 2 期。

② 夏瓦：《文化与社会的媒介化》，刘君、李鑫、漆俊邑译，复旦大学出版社 2018 年版，第 57 页。

体系进行了重构。媒介权力主要来自人们的理性认同及其依赖的数字信息技术所具有的去中心化特征，使其并没有专属的拥有者，它激活了大量的个体和自组织群体，这使社会力量借着可资使用的媒介权力而不断扩张甚至壮大他们的社会权力。[①] 在这个过程中，也使权力和垄断资源从国家行为体向非国家行为体转移。鉴于此，有学者提出这种“公众权力的提升亦是一种对原有权力结构的‘破坏’，而且为应对冲击，社会体系内各权力中心也做出了回应与调整，最终在这种互动中建构出新的权力结构”[②]。例如，各级政府部门一方面越来越重视媒体应对和舆论引导的能力建设，另一方面也积极主动地推进技术治理，通过建立诸多的政府媒介平台强化互联网技术在治理中的运用。在社会层面上，随着微博、微信和抖音等自媒体社交平台极其广泛的运用，人际传播开始主要依托于这些平台所搭建的虚拟空间，而这些社交平台主要采取了以个体价值为中心的媒介用户技术设计，因此，这些虚拟空间中的权力结构呈现出前所未有的新特征，即“权力分层和信息传播呈现圈层化”[③]。随着媒介权力的嵌入，首先呈现于我们眼前的景象是“在新的媒介生态下对政府、市场、公民、媒介等社会权力进行新的不同份额的分配与切割”，进而“媒介权力与行政权力、市场权力和公民权力事实上处于一张冲突融合的关系网中”。[④] 当然我们必须承认这种新的权力分配与切割在很长的时期内将一直是动态的博弈过程，还远没有定型，而且这是一个复杂的、持续的权力重构景

---

① Swyngedouw E. “Authoritarian governance, power, and the politics of rescaling”. *Environment and Planning D: Society and Space*, 2000(1): 63-76.

② 郝雨、路阳：《媒介权力运演及社会权力结构嬗变——新媒体发展对社会权力结构的冲击与重塑》，《新闻大学》2014 年第 5 期。

③ 杜智涛、张丹丹：《技术赋能与权力相变：网络政治生态的演进》，《北京航空航天大学学报(社会科学版)》，2018 年第 1 期。

④ 郝雨、路阳：《媒介权力运演及社会权力结构嬗变——新媒体发展对社会权力结构的冲击与重塑》，《新闻大学》2014 年第 5 期。

象，其中既有此消彼长的竞争，也有互嵌共生的合作。关于这个议题，有些学者基于新媒体时代权力结构的分散化和扁平化趋势而略显激进地认为出现了“去权威化”现象，而这种现象在网络虚拟空间最为显著[①]，或认为社会治理权力结构正处于嵌入话语权力的“再中心化”过程[②]。但是需要清醒地看到，媒介权力的嵌入所带来的权力结构的变化仍然是很有限度的[③]，在总体上并没有根本上改变原有的权力结构不均衡的特征。

（二）权力结构的不平衡性与公共性之间的张力

首先，前文提到的这种权力结构不平衡的特征体现为“围绕国家和政治制度建立的权力网络，在权力的整个联网中发挥着根本作用”[④]。这不仅在于所有的权力关系都最终受到政治权力的协调和监管，也在于“国家暴力是权力在各个领域内得以实行的最后保障”[⑤]。其次，遵守市场逻辑的媒介资本在社会治理的权力结构中处于优势地位，尤其是那些通过算法技术控制传播的技术公司更是如此。他们通过更为隐蔽的方式来对受众实施“议程设置”，从而掌握着信息与传播方面的主导权。这里提到的“政治”“资本”与“技术”的权力有可能会合作，这种合作对提高治理效能来说会有积极和消极两个方面的作用，这取决于合作的目标是否指向治理的公共性。这个问题对于当前我国政治化和行政化程度比较高的社会治理模式而言，显得尤为重要。

---

① 张耀杰：《权力·技术·文化：新媒体时代去权威化现象的三维探源》，《青年学报》2017 年第 4 期。

② 朱燕丹、靖鸣：《传播与权力的博弈：新媒体视域下社会治理的问题与对策》，《江西师范大学学报（哲学社会科学版）》2016 年第 4 期。

③ Keil T, Autio E, Robertson P. "Embeddedness, power, control and innovation in the telecommunications sector". *Technology Analysis & Strategic Management*, 1997(3): 299-316.

④ 卡斯特：《传播力》，汤景泰、星辰译，社会科学文献出版社 2018 年版，第 335 页。

⑤ 卡斯特：《传播力》，汤景泰、星辰译，社会科学文献出版社 2018 年版，第 335 页。

作为现代性的重要理念,公共性作为共同体的属性,在社会治理的场域中不仅是公共部门、政府的属性,在内在规定性上至少包括了公共权威、公共身份、公共关系和公共规则等维度的多元属性。[①] 而社会治理场域中权力结构的不平衡性特征容易导致资源分配的不均衡,因此天然地与治理的公共性目标取向之间形成了张力。首先这需要政府和公共部门把权力关在制度的笼子里以更有效地发挥公共权力的公共性功能,更好地为社会提供充分的公共性物品。其次需要考虑如何通过对媒介技术的严格监管使其能够更好地服务社会实现其公共性的属性,而不是屈从于资本权力或市场权力的宰制。最后普通民众作为社交媒介权力众多而分散的主体,容易在社交平台上集中释放其非理性的情绪或态度,形成强大但难以保证具有正向功能的舆论能量,这也会导致媒介权力的滥用。当下全球范围内泛滥的网络民粹主义就是一个普遍而重要的表现。因此,公共性不仅是具有权力优势的主体要实现的目标,而且对于广大的网民而言在行使媒介权力的时候也要有以公共性为目标的公共理性,唯有如此,才能够更好地实现国家与社会在社会治理中的良性互动。

(三)社会的个体化特征与主体性建构

有学者做出了当代中国社会正在逐步从"总体性社会"转向"个体化社会"的论断。[②] 如果把这个转向视作一个正在进行的过程,是可以接受的。其中,总体性社会的核心特征是由国家整合一切以及相应的社会自主性缺乏或者完全丧失。[③] 而个体化社会形成的关键步骤是社会行为主体的自主性建构,使他们努力去摆脱传统的结构性束缚力量。但是很多相关议题的讨论并没有提及媒介权力的兴起与嵌入这

① 王国勤:《走向公共性的农村治理现代化——以浙江省为例》,《科学社会主义》2014 年第 5 期。
② 文军:《个体化社会的来临与包容性社会政策的建构》,《社会科学》2012 年第 1 期。
③ 沈原:《又一个三十年——转型社会学视野下的社会建设》,《社会》2008 年第 3 期。

个重要的因变量。需要明确的是,社会治理场域的权力体系的结构与特征最终是要落实在组成社会的基本单位——具体的个人,而媒介权力的兴起与嵌入,通过在信息与传播等维度给普通的个人赋权,在很大程度上促使社会个体化特征以及相应的社会主体性建构日渐成为当前中国社会的重要特征。

新媒体时代的到来使社会行为主体越来越多地基于数字网络而展开交流与互动。这种变革使个体逐渐脱离那些传统的社群,而"基于个人的兴趣、价值观和活动,形成新的社群形式"①。在这个过程中,社会关系也随之向个体化社会转移,其中社会权力的运作也越来越依赖个体的技术能力以及自主能力。由此,诸如个性、能力、形象和表现力等个人特质深刻影响着行动者的权力结构地位以及其权力的实施状况,同时在社交媒介上可以展现个人的可见性特质的活动在社会治理中越来越多也越来越重要,这些活动包括演讲、对话、辩论、协商、推介等。这种个体化也是人的主体性不断建构的过程,而人的主体性被视作现代社会价值规范性的基础力量。② 这种主体性的建构伴随着媒介权力的兴起与嵌入而得以加速,这对当下中国而言,为推进社会治理共同体建设提供了坚实的社会主体性力量与基础。因为很难想象,推进社会治理现代化可以依靠主体性羸弱的广大社会个体来完成。

四、结语与讨论

综上所述,社会治理研究应该正视这个无法阻挡的时代潮流,即以数字化互动技术为基础的新型权力——媒介权力——开始广泛地嵌入社会治理的权力结构并推动一种前所未有的结构重构。首先,媒

① 卡斯特:《传播力》,汤景泰、星辰译,社会科学文献出版社2018年版,第7页。

② 付长珍:《主体性觉醒与价值观导向的内在向度》,《探索与争鸣》2016年第9期。

介权力带着其特有的“二元性”特征嵌入社会治理场域。媒介权力的生成源于理性认同,并且普遍地通过行动主体的编制力和切换力进行生产,其中算法技术一方面大大提升了这些能力,另一方面也导致行动者的主体性削减。首先,媒介权力的运行涉及合法性机制的作用,并且围绕着决策、执行和监督等环节来施加其影响力;其次,媒介权力的嵌入也推动了社会治理场域权力体系的再结构化,主要体现在媒介权力对社会权力体系的分割与重构、权力结构的不平衡性与公共性之间的张力以及社会的个体化特征与主体性建构等方面。

上述的讨论充分显示了媒介权力的嵌入与重构是怎样加剧社会治理中的权力结构张力的。推进社会治理现代化的目标之一是实现政府[①]、社会与市场的良性互动,制定这个目标本身就说明一个前提性条件的存在,即这三者之间以及它们各自内部是有张力甚至是冲突的。而媒介权力的嵌入与重构无疑加剧了这种张力或冲突,但是让人乐观的是,美好的治理前景也孕育其中。首先,政府过多依赖政治权力或行政权力进行社会治理的传统做法受到了很大的挑战,陷入守旧与创新的纠葛与冲突。对政府而言,一方面,由于制度空间的系统性限制以及路径依赖等原因,依旧习惯于过度依赖政府权力的传统的动员治理;另一方面,必须构建与媒介权力的嵌入以及所促使的市场与社会权力的兴起这种状况所适应的共建共治共享的、新型制度化的治理模式。其次,这里把所讨论的市场范畴主要限定为一些新媒体行业的市场化的组织或公司。它们的纠结在于如何协调或整合那些集于一身的政治逻辑、市场逻辑和媒介逻辑,尤其是那些拥有强大实力的“媒介巨头”更是如此。如何协调或整合三种逻辑取决于如何偏向或平衡它们,这无疑是一件非常困难的工作。因为每一种逻辑都是一种

① 广义的政府概念在中国语境中泛指党政机关。

结构性的力量，过度偏向其中任何一个逻辑或两个逻辑，都会因为违背其他逻辑而陷入治理的价值困境和实践困境。最后，对社会而言，媒介权力也赋予或加持了广大公民的社会权力，大家通过从未有过的信息交流和传播的便捷技术和平台，日益增强在社会治理场域中的主体性和能动性。但是这种赋权带来的治理行为或效果是朝着两个相反的方向行进的。一方面，广大公民积极参与社会治理并发挥着正向的治理功能；另一方面，媒介权力又容易激发他们的非理性倾向，甚至引发网络暴力、网络民族主义和网络民粹主义的泛滥。这些张力或冲突是推进社会治理现代化必须有效化解的。

那么如何化解上述的种种张力或冲突？根据前文所述，至少包括了这三个路径。首先，在社会治理的目标与原则上，实现公共性与主体性的齐头并进。其中，公共性要求政府、市场与社会在行使各自权力时都能够以实现公共性为目标，这也是实现共建共治共享的价值基础。政治逻辑、市场逻辑和媒介逻辑可以在公共性目标上实现统一协调，共同致力于社会治理现代化的推进。无论是代表政府、市场还是社会的力量，最后都要落脚在众多的个体行为上。因此，主体性要求所有的行动者是独立的价值主体，即在主流价值（如社会主义核心价值观）指引下追求自身价值的积极的个体。真正做到共建共治共享，需要这种社会层面广泛的主体性建构。其次，在社会治理的权力运行中，发挥好媒介权力在合法性机制以及决策、执行和监督中的积极作用。媒介权力主要源自理性认同，这个合法性建构已经逐渐成为当前社会各种权力合法性建构的主流。能否有效发挥基于理性认同的合法性机制对构建社会治理制度意义重大。能否发挥好媒介权力在决策、执行和监督中的积极作用，主要就看能否合理有效地运用好新媒体技术和媒介权力。最后，对社会治理的众多行动者而言，提高媒介素养是一项公民长期的基本义务。媒介素养指其科学地认知、应对和运用各类媒介与媒介信息的传播能力。传者与受众的媒介素养直接影响媒介权力在社会治理中的过程与效果。培育全社会的媒介素养，可以为发挥好媒介权力在社会治理中的积极功能奠定坚实的社会心理基础。

第三节　意识形态与新闻传播关系的重塑

新闻传播无论作为机构还是过程都在国家治理体系中扮演了重要的角色，不仅是国家治理的重要参与者和推动者，还在国家治理体系中发挥引导群众、服务群众的重要功能。新闻传播之所以在国家治理体系中这么重要，关键原因在于新闻传播本来就是上层建筑中带有意识形态属性的那一部分。意识形态与新闻传播之间这种高度耦合关系，在推进国家治理体系和治理能力现代化的背景下，二者将更加紧密结合、共同发挥作用。为了推进这些工作，必须坚持和发展马克思主义新闻观。

马克思主义新闻观是"中国特色的政治术语和核心概念"[①]，是建立在马克思主义哲学基础上的、对于新闻现象和新闻传播活动的总的看法[②]。作为一个尚处于起步阶段、不断发展的理论体系，在新的历史方位里，随着新的实践问题层出不穷，一直存在着理论供给不足的状况。因此，在学术层面大力推进马克思主义新闻观的理论体系建设，是现阶段一项重要的研究任务。与此同时，在中国积极推进国家治理体系和治理能力现代化的进程中，需要加强意识形态建设，以提供强

① 郑绍根：《正本清源："马克思主义新闻观"概念的生成与发展》，《湖南师范大学社会科学学报》2021年第2期。

② 郑保卫：《马克思主义新闻观的形成与特点》，《中国记者》2001年第5期。

大的合法性基础与动员力量。因此，习近平总书记提出“意识形态工作是党的一项极端重要的工作”[①]。实际上，新闻传播本身就是意识形态工作的一个重要组成部分。新闻传播与意识形态的关系如此密切，但是已有文献对二者关系的研究显然是不够的。其中，对于传播学者而言，意识形态更多是背景性因素，而大多数意识形态研究者又不大关注新闻传播的议题。需要说明的是，本书对意识形态的界定比较严格[②]，并不认为那些讨论比较热烈的新闻专业主义、商业主义等社会意识可以归于严格意义上的意识形态范畴。鉴于此，本书的核心问题是在马克思主义新闻观视域下探究如何通过对意识形态概念与特征的深入讨论来为新闻传播研究提供一个初步的分析框架。具体包括三个步骤：一是梳理马克思主义新闻观的进步及其问题，确定基本的问题意识与研究背景；二是阐明意识形态与新闻传播的高度耦合关系，作为理论建构工作的逻辑起点；三是阐释马克思主义意识形态概念和特征，并在此基础上为新闻传播研究提供初步的分析框架。这项研究的目标，是以辩证唯物主义和历史唯物主义为哲学基础推进马克思主义新闻观的理论体系建设，为科学指导现阶段的新闻传播工作和意识形态建设提供更为坚实的理论基础。

一、作为先进意识形态的马克思主义新闻观

马克思主义新闻观作为一个理论体系，涵盖了新闻及其传播、新闻媒介、新闻事业与产业等方面的一系列基本观点。概括地说，至少展现了这三种重要的理论品质：其一，它是一个由马克思主义理论阵营中众多的思想家、政治家、学者和新闻从业者共同参与构建的、发展

---

① 习近平：《论党的宣传思想工作》，中央文献出版社 2020 年版，第 14 页。

② 对意识形态的严格界定是本书的一个重点内容，见后文。

的、开放的理论体系；其二，它是符合辩证唯物主义、历史唯物主义世界观和方法论的，体现了科学与价值有机统一的理论体系，其中科学性体现为对新闻传播规律的认识和运用，价值先进性体现为它真正实现了党性和人民性的统一，二者内在一致、相辅相成；其三，它是既有中国特色又有普遍意义的，即体现特殊性和普遍性辩证关系的理论体系。这里特殊性蕴含在其产生的时代背景及其发展历程中，而普遍性体现在它既展现了人类社会的普遍经验与规律，也需要不断吸收人类文明的相关成果。正是这些理论品质赋予了马克思主义新闻观的先进性和理论发展的不竭动力。

当然马克思主义新闻观的发展符合科学理论进步的一般规律。例如，其中的“问题模型”把待解决问题与合适理论之间的矛盾看成是科学发展的基本动力。[①] 根据这种模型去梳理马克思主义新闻观研究现状，可以发现至少在新实践的理论需求、竞争性观念的挑战以及理论自身建设等三类问题上分布着一些新的重要的理论增长点。

首先，中国特色社会主义进入新时代，社会主要矛盾和国内外形势都发生了深刻变化。其中被广泛使用的新媒体技术具有数字化、共享性、互动性、智能化等特征，并且全面改变了新闻传播的形式、机制与生态。尤其是当移动互联网成为信息传播主渠道后，媒介渗透到了文化和社会的方方面面，也因此开始“拥有了更大的权力以界定社会现实和社会互动的条件模式”[②]。这里具体表现为基于不同社会主体所掌握的信息资源以及对这些资源的编码、译码能力而形成的非强制性的媒介权力，开始不同程度地嵌入社会权力体系，并对其进行了复杂的重构。总之，这些新的实践产生了许多新问题，同时也给马克思主义新闻观研究带来了很多新问题，这些问题其实也是新的理论研究着力点。

---

① 劳丹：《进步及其问题：一种新的科学增长论》，刘新民译，华夏出版社 1990 年版。

② 夏瓦：《文化与社会的媒介化》，刘君、李鑫、漆俊邑译，复旦大学出版社 2018 年版，第 4 页。

其次，由于实践的复杂性特征必然会带来理论上的复杂性与诸多挑战。这主要体现在“中国当代新闻业的整体运行处于多种逻辑（政治逻辑、经济逻辑、公共逻辑、技术逻辑等）或多种力量形成的复杂机制中”①。这些逻辑和机制的不同排列组合，使中国新闻场域同时存在着宣传新闻主义、商业新闻主义和新闻专业主义等新闻意识形态类型②，它们的相互博弈“从外部改变了意识形态传播秩序格局中的力量对比与作用机制”③。同时，舆论场上的一些错误思潮，如历史虚无主义、“普世价值论”④和民粹主义⑤等也随着新媒体技术的广泛运用而对主流意识形态的传播构成了一定的挑战。这些问题，不是简单的社会问题，而是蕴含着复杂的理论问题，亟须通过发展马克思主义新闻观的理论体系去积极应对。

最后，面对新实践和竞争性观念带来的压力，还处在起步阶段的马克思主义新闻观研究的一些不足之处也凸显出来了。其中被提及较多的问题是理论的论证性研究和论争性研究⑥还较为缺乏，甚至有学者称马克思主义新闻观研究和解读的习惯方式依然是“糖葫芦串”式的结构，可以说总体上学术创新能力有点滞后⑦。要解决这些问题，就必须致力于马克思主义新闻观的理论体系构建。为此，有学者提出，可以根据“诠释”“实践”“批判”“建构”四种范式来初步搭建马克思主义新闻观研究的基本框架。⑧ 但是这四种范式之间相互区别和关联

① 杨保军：《新闻领域的中国模式：描述、概括与反思》，《新闻与传播研究》2011 年第 11 期。

② 王敏芝：《当代都市报媒介意识的断裂与冲突》，《陕西师范大学学报（哲学社会科学版）》2012 年第 4 期。

③ 张爱军、王洋：《社交媒体与意识形态传播的疏离与调适》，《天津社会科学》2021 年第 2 期。

④ 轩传树：《当前意识形态领域中的几种错误思潮》，《世界社会主义研究》2017 年第 8 期。

⑤ 巩瑞贤、王天民：《网络民粹主义：反话语表征与治理路径》，《理论导刊》2020 年第 12 期。

⑥ 杨晶、陶富源：《当前马克思主义新闻观研究中的几个问题》，《新闻界》2015 年第 16 期。

⑦ 胡靖：《遮蔽与解蔽：突破马克思主义新闻观的理解困境》，《新闻与传播研究》2017 年第 12 期。

⑧ 王靖雨、荆昭延：《马克思主义新闻观研究的范式述要》，《北京交通大学学报（社会科学版）》2022 年第 1 期。

的内在逻辑是什么的问题,并没有得到很好的阐述。这些理论不足无不表明现阶段多么迫切需要加强马克思主义新闻观自身的理论建设。

综上所述,马克思主义新闻观研究当前要致力于回应新实践产生的诸多理论需求、应对诸多竞争性观念的挑战以及解决理论逻辑自洽的诉求等一系列重要又相互关联的问题。鉴于现有研究在很大程度上"割裂了马克思主义与马克思主义新闻观之间的辩证统一关系"[①],因此,有一个共识认为,解决这些问题的根本路径就是推进以辩证唯物主义和历史唯物主义为哲学基础的理论体系构建。也是基于此,学界其实一直有"立足中国土,回到马克思"的呼声[②],甚至提出"新闻学研究离开了马克思主义,必将一事无成"的坚定看法[③]。鉴于此,要认真梳理马克思主义新闻观的辩证唯物主义和历史唯物主义的哲学基础。

在这个研究脉络里,很自然地回归到一个基本事实,即"马克思主义新闻观自身就被视作意识形态,或者说也是意识形态工作的一部分"[④]。因此,一个可靠的路径是从意识形态的框架体系出发对马克思主义新闻观进行理论建构。事实上,意识形态与新闻传播的关系非常密切,意识形态作为传播过程中表达的观念系统,只有在被表达和交流传播时才有说服力,新闻传播通常被认为是意识形态工作的一部分,而意识形态也被视为新闻传播的内在属性。因此,采取意识形态取向的理论建构工作可以围绕意识形态与新闻传播的这种高度耦合关系展开,而理论建设的重要出发点就是尽可能厘清二者的高度耦合关系。

---

① 胡婧:《遮蔽与解蔽:突破马克思主义新闻观的理解困境》,《新闻与传播研究》2017年第12期。

② 甘惜分:《甘惜分文集(第3卷)》,人民日报出版社2012年版,第584页。

③ 叶俊:《"马克思主义新闻观"的概念起源及其话语变迁》,《现代传播(中国传媒大学学报)》2018年第4期。

④ 叶俊:《"马克思主义新闻观"的概念起源及其话语变迁》,《现代传播(中国传媒大学学报)》2018年第4期。

二、治理场域中意识形态与新闻传播的高度耦合

意识形态与新闻传播之间具有高度耦合关系的命题，实际上是贯穿马克思主义新闻观的理论体系的一条主线。而且这个命题至少可以从马克思主义新闻观的产生过程、唯物论哲学基础和二者在当前国家治理现代化中的使命等角度得到较为充分的阐释。

首先，这种耦合关系在马克思主义新闻观的产生过程中就得以体现。20 世纪八九十年代马克思主义新闻观的提出，就是在当时特定时代背景下出于对“资产阶级新闻观”的批判以及巩固马克思主义在新闻传播中的指导地位的需要。在这个意义上，马克思主义新闻观自身就被视作意识形态，或者说也是意识形态工作的一部分。尤其在当前国内外形势发生深刻变化的背景下，新媒体技术广泛使用等实践因素带来的意识形态安全方面的冲击，加剧了意识形态的复杂性以及研判难度。因此需要“实现意识形态治理与大数据的深度契合……不断增强主流意识形态的吸引力、凝聚力与说服力”[①]。随着意识形态安全的议题越来越受学界的关注，学者提出必须把“政治带回来”，实现新闻学“再政治化”[②]，这种主张无疑在强调新闻传播的这种意识形态属性更应该得到重视。

其次，从辩证唯物主义和历史唯物主义的基本观点来看，新闻、新闻机构和新闻事业均是上层建筑中带有意识形态属性的那一部分，既由经济基础决定又反作用于经济基础，又受到上层建筑中的居于核心地位的政治思想、政治制度的影响。正是在这个意义上，马克思主义

① 肖唤元、秦龙：《论大数据与意识形态治理》，《社会主义研究》2016 年第 2 期。

② 叶俊：《新闻学的政治化、去政治化与再政治化——对中国特色新闻学政治逻辑的考察》，《厦门大学学报(哲学社会科学版)》2019 年第 3 期。

新闻观中一个经典性观点认为“报刊是意识形态机构”[①]。同样从马克思主义哲学基础出发，新闻传播既有其一般属性，又具有意识形态这种特殊属性，可以说体现了普遍性与特殊性的辩证统一。具体而言，马克思主义新闻观对新闻的真实性本质和信息传播功能的强调，是在维护新闻传播的普遍性特征，而强调新闻传播中党性和人民性的一致性原则，则是在坚守马克思主义意识形态基本立场这种特殊性特征。

最后，在推进国家治理体系和治理能力现代化的背景下，二者更加紧密结合、共同发挥作用。其中，新闻舆论工作是治国理政、定国安邦的重要内容和手段，而意识形态作为国家动员群众去实现国家建设、整合社会等目标的、一套起支配作用的思想与观念体系，其作用的积极发挥，自然也是新闻传播工作的重心。在这种背景下，学者提出了“意识形态的治理转向”这个重要命题，旨在“创新新时代意识形态治理空间控制路径、实践引领机制和话语解释体系”。[②] 在同样的思路里，需要从现代治理视角合理建构新时代“治理型意识形态”。[③] 而且和现代治理的主体多元和途径多元要求相一致，意识形态建设也要能够起到“高效整合社会资源，凝聚全社会共识”的作用。[④] 循着新时代意识形态建设的上述目标与任务，新闻传播作为意识形态功能实现的重要载体，自然也要全方位升级和优化，以便更好地承接和落实这些新使命新任务。在这种脉络里，马克思主义新闻观已经成为习近平总书记关于新闻舆论工作重要论述的核心概念和习近平新时代中国特色社会主义思想的重要组成部分。

---

① 刘建明：《马克思主义新闻观的经典性与实践性》，《国际新闻界》2006 年第 1 期。

② 吴育林、赵悦彤：《人民主体性的意识形态当代治理：一个微观分析视角》，《思想战线》2020 年第 5 期。

③ 张敏：《转型中国治理型意识形态的构建》，《江汉论坛》2017 年第 2 期。

④ 杨仁忠、赵梦宸：《新时代意识形态治理理念的基本意蕴及其创新价值》，《河南师范大学学报（哲学社会科学版）》2019 年第 3 期。

初步解决了为什么的问题，接下来要思考二者的耦合关系是如何实现。在现代社会越来越高度依赖媒介或媒介逻辑的状况下，公众思想的框架主要通过媒介议程的设置来实现。因此，新闻传播与意识形态的耦合关系如何实现的问题就涉及新闻传播的具体运行机制。通常而言，新闻传播与意识形态密不可分，原因在于“新闻以独特的方式存在于意识形态领域”①。这里提到的“独特的方式”，首先体现在新闻传播有其自身的基本要求，即按照新闻的真实性要求向社会公众报道新闻事实，提供新闻信息。但是它又是通过什么机制与意识形态关联在一起的呢？事实上，这种机制集中体现为对新闻事实的认定、采编、运用以及所蕴含的目标与倾向等几乎都是在特定的意识形态观念体系里有意或无意得以成形和实现的。也是按照这个逻辑，李金铨认为，媒介专业主义的“悖论”就源于此，即它的一套操作技术“力求事实与意见分离”，但是这些技术的后面仍然摆脱不了美国主流社会的价值与理念。② 在这个脉络里，新闻传播力图实现的一个重要目标是将意识形态观念变成物质力量。为此，德布雷(Debray)认为，媒介学的主旨就在于对“一个观念借助何种中介化成为一种物质力量”③的研究。新闻传播领域大多数的话语和框架研究都旨在描述与分析新闻话语或框架中的意识形态话语实践。例如，在梵·迪克看来，新闻话语必然是意识形态话语，因此新闻传播从本质上说是“帮助重构预先制定的意识形态”。④ 又如塔奇曼(Tuchman)认为，“新闻是框架”背后的深层次原因是意识形态的问题等。⑤

---

① 丁柏铨：《论新闻舆论与意识形态的关系——通过思考获得的三个认知》，《社会科学战线》2020 年第 9 期。

② 李金铨：《传播纵横：历史脉络与全球视野》，社会科学文献出版社 2019 年版，第 54 页。

③ 朱振明：《媒介学中的系谱学迹线——试析德布雷的方法论》，《新闻与传播评论》2019 年第 3 期。

④ 梵·迪克：《作为话语的新闻》，曾庆香译，华夏出版社 2003 年版，第 125 页。

⑤ 塔奇曼：《做新闻》，麻争旗、刘笑盈、徐杨译，华夏出版社 2008 年版。

总之,以上是从历史、逻辑和机制等方面阐述新闻传播与意识形态的高度耦合关系,当然,厘清这种关系仅仅是马克思主义新闻观的理论建构的起点,依然有一些重要的理论问题需要进一步探讨。例如,新闻传播与意识形态毕竟不能画等号,有各自的内涵与外延,那么新闻传播所强调的真实信息里面,是不是全部都具有意识形态的属性?又如,通常认为新闻传播是意识形态工作的一部分,那么新闻传播究竟在何种意义上是意识形态工作的一部分?诸此种种的理论问题,正是进行理论建构的一个又一个的路标。也正是从这个起点出发,需要回到对马克思主义意识形态概念和基本特征的探究上。进而言之,正是这项工作可以为研究新闻传播提供初步的分析框架。

三、治理场域中的意识形态与新闻传播

如上所述,深入探讨意识形态的概念与特征,目的是据此来构建新闻传播研究初步的分析框架。众所周知,意识形态概念比较复杂,被认为是"在整个社会科学中是最难把握的概念"[①],甚至连定义意识形态本身也被认为是一种意识形态行为[②]。至今依然充满争议,就是马克思主义关于意识形态的系列主张也构成了一幅复杂的地图。造成这种状况,很大程度上在于缺乏一个清晰的分析框架去统摄众多纷繁复杂的概念界定。鉴于此,首要的工作是从马克思主义的哲学基础出发,去构建一个统摄性的概念,能够从更加抽象的层面提炼出意识形态概念的核心要义。

首先,结构与行动者(也有称为"结构与能动")之间的关系如何界定几乎构成了所有社会理论的或明或隐的基础。作为两个极端的例

① 麦克里兰:《意识形态》,孔兆政、蒋龙翔译,吉林人民出版社 2005 年版,第 1 页。

② 齐泽克、阿多尔诺等:《图绘意识形态》,方杰译,南京大学出版社 2002 年版,第 25 页。

子，一方面，形形色色的结构主义强调结构的决定力量；另一方面，理性选择理论强调行动者的主观能动性。为了克服这两种要么过度结构化要么低度结构化的弊端，马克思主义的意识形态概念首先要处理好结构与行动者的关系问题。为此，一是要意识到个体行动者一定是嵌入特定的结构的，由于占据的网络节点不同，其所拥有的资源、规则、权力等也各不相同；二是要看到行动者是受信念与欲望所驱使的，并且可以凭借自己在社会结构中的位置而拥有“结构能力”。[①] 至此，个体行动者由所嵌入特定结构提供的又体现其能动性的“结构能力”特征就很好地化解了传统的结构与能动的二元隔离的理论困境。在这个意义上，意识形态就是这种结构能力的体现。

其次，意识形态的基本功能是将众多的行动者从原子化的个体形态转化成可以协调一致的“集体状态”。行动者一开始都是个体者，处于个体状态，为了实现共同的利益，人们必须相信大家拥有共同的身份认同，并据此来协调配合彼此的行动，这个时候集体状态出现了，而且一个阶层如果形成不了集体状态就无法有效地维护或实现他们的利益。一个重要的事实是，不同阶层或群体在构建集体状态方面的能力是不同的，一般而言，统治阶级要好于被统治阶级。而且集体状态之所以成形，关键在于行动者的身份认同一致。

最后，意识形态是通过如“召唤”“征求”和“聚现”等一组相互关联的机制来实现其特定功能的。意识形态是各种利益的勾连，行动者透过它而接受某种身份认同被“召唤”[②]（或征求）。这里“召唤”和“征求”都是勾连行动者与意识形态的机制，但是二者的区别在于行动者根据

---

① Callinicos A. *Making History*: *Agency*, *Structure*, *and Change in Social Theory*. 2nd ed. Leiden: Brill Academic Publishers, 2004:96.

② Callinicos A. *Making History*: *Agency*, *Structure*, *and Change in Social Theory*. 2nd ed. Leiden: Brill Academic Publishers, 2004:177.

自己的结构能力接受和反思意识形态的能力是不一样的。其中，“召唤”偏向了结构的形塑能力，而“征求”强调了行动者的反思能力。在这个过程中，还有一个重要的描述个体状态如何形成集体状态的机制，即“聚现”。聚现机制描述了这样的过程：当两个或两个以上的要素聚合在一起时，产生了具有全新、不能被化约为它的组成部分的集体或系统属性。在这个意义上，聚现机制也是意识形态促成个体状态转化为集体状态的关键环节。在这个框架里，可以观察到集体状态本身和社会结构通过它们之间的诸多机制，又构成了在较大程度上的互动关系。

综上所述，正是在这种结构与能动的框架中，可以充分展示意识形态以何存在以及为何存在的问题。由此，可以给意识形态做一个更加合理的概念界定，即在国家与社会互动的各种层次场域里，作为体现群体利益的话语体系，意识形态召唤或征求个体形成相同的社会认同而聚现成为集体状态，从而可以通过协调一致的集体行动，实现共同体目标。总体上说，这种界定抓住了意识形态的一些关键功能与机制，也因此使意识形态可以作为初步的分析框架用于对新闻传播开展的研究。

（一）国家与社会互动场域中的意识形态与新闻传播

首先，这种概念界定将意识形态发生的范围限定在国家与社会互动的各种层次场域里，这也是马克思最初界定意识形态时的基本主张。这种限定可以避免意识形态泛化。意识形态属于社会意识的范畴，但是社会意识不全是意识形态。社会意识可以有很多，其中只有那些卷入国家与社会的互动关系的才能被贴上意识形态的标签。这也表明意识形态的发生范围与适用范围不是一回事。鉴于此，本书对意识形态的界定也适应于在更加广阔的国际社会领域里所讨论的意识形态概念。意识形态无论在哪个领域里使用，其核心要素与特征没有变，即为展示或界定特定国家与社会关系中群体利益的、可以运用认同机制和聚现机制来协调集体行动的话语体系。在这个意义上，国际社会中国家之间的意识形态之争其实是在竞争“谁的界说”更加有话语权。新闻传播与意识形态的耦合性也能由此得到更加清晰的阐释。一方面，新闻传播是意识形态工作的一部分，新闻传播的基本功能就体现在涉及国家与社会关系的有效协调和整合上；另一方面，前面提到的新闻传播所强调的真实信息里面是不是全部都具有意识形态的属性以及新闻传播究竟在何种意义上作为意识形态工作的一部分等问题，也可以通过考察其出发点是否旨在有效协调国家与社会的互动关系而予以区分。同时，这些特征不仅体现在国内传播层面上，也体现在国际传播层面上。

其次，鉴于意识形态承担国家与社会之间心理连接的这个基本属性，研究需要去观察意识形态的具体运作过程。在马克思主义学说看来，国家是暴力机器，但是国家不能全部依靠暴力来维护社会秩序，必须在国家与社会之间建立情感、观念和价值等的连接，而主要起这种连接作用的就是意识形态。进而言之，意识形态在国家与社会之间的互动机制，还体现在主流意识形态的话语模式与社会日常生活的话语模式之间遭遇、冲突、融合、利用和控制等一系列的互动过程中。可以说，在国家与社会互动的场域里，意识形态的功能发挥是通过一个个具体场域的话语实践来实现的。

在这些具体场域的意识形态的众多话语实践中，最主要的载体和媒介是新闻传播。因此，可以说国家与社会的互动场域，其实就是新闻传播活动的基本场域，无论是新闻传播的众多机构还是主体的分布和互动的机制过程等均嵌入或呈现于这个复杂广阔的场域中。正是在国家与社会互动的场域中，新闻传播与意识形态紧紧地融合在一起，这构成了研究二者关系的理论地基。正因此二者在国家与社会互动的场域中实现了功能的融合，所以就能够理解马克思当年提出的报刊“喉舌论”[①]的要义。作为最新理论成果的“党性和人民性统一论”更是全面地阐明了党性和人民性的内在一致关系。[②] 只有坚持党性、站在党的立场上，才能更好、更全面地反映人民愿望。鉴于此，作为意识形态重要载体的新闻传播自然需要着力于如何更加有效地贯彻党性和人民性相统一的原则，从而实现国家与社会的良性互动。接下来，需要进一步去考察意识形态具体运作过程中的一系列机制，以及这些机制可以为研究新闻传播提供什么样的分析路径。

（二）意识形态和新闻传播的机制耦合

意识形态的关键特征在于它是一种试图将广泛分散的行动者凝聚起来、从而可以采取协调一致集体行动的特定话语体系及其话语实践。意识形态的特定功能得以实现的核心机制主要是认同机制和聚现机制，其中，认同机制是通过“召唤”和“征求”两个机制得以实现的，而聚现机制是以认同机制为前提的，体现为个体状态如何形成集体状态的过程。鉴于此，不论意识形态是为谁服务，以怎样的方式来呈现，都必须具有这些特征与机制，否则就不能称为意识形态。因此，这种理解可以纠正很多对意识形态概念所做的一些片面性的界定。例如，没有过多强调意识形态的支配性特征，也没有主张把意识形态的真假作为判断是否是意识形态的标准等。

这里所讨论的意识形态特定功能和核心机制，落脚到操作层面，其实主要就是依靠新闻传播来实现的。新闻传播本身体现为传者与受者之间的信息制作、传递、回应并形成特定关系的过程。两相比较，

---

① 《马克思恩格斯全集(第一卷)》，中共中央马克思恩格斯列宁斯大林著作编译局译，人民出版社 2002 年版，第 352 页。

② 习近平：《胸怀大局把握大势着眼大事 努力把宣传思想工作做得更好》，《人民日报》2013 年 8 月 21 日第 1 版。

可以发现，新闻传播的特点功能与核心机制借助意识形态的概念得到了更加清晰明确的阐明。新闻传播在公共领域中的核心机制也是认同机制和聚现机制，蕴含了形成集体行动的特定话语体系及其话语实践。

上述的这种特征在政治共识的形塑过程中得到了充分的体现。对人类社会而言，“共识”通常被理解为“行动者之间在相互承认彼此意向的基础上经过反复的沟通与理性的取舍而形成一种共同的意向”[①]，这种意向包含了“一系列信念、价值观念和规范准则”[②]。其中，政治共识作为共识现象在政治领域的体现，主要是指人们对政治理念、政治程序和政治实践的一致性认识，而且政治共识的达成一般需要不同主体之间的相互承认、反复沟通与理性取舍，大多数情况下这应该是一个多元、持续的理性互动的过程。在这个脉络里，意识形态的一个关键机制是达成政治共识，即国家与社会中众多行动主体在特定意识形态的召唤或征求过程中达成必要的政治认同，在此基础上形成了对如何构建良好政治秩序的基本共识，从而聚现成可以协调一致的集体状态。可以说政治共识就是促成这种聚现以发挥意识形态的功能。

在很大程度上，新闻传播的政治功能集中体现在政治共识的达成上。进而言之，新闻传播在凝聚共识方面的功能发挥得越好，其承载的意识形态与社会意识越契合，国家治理的目标与行动就越能够获得社会力量的认同与合作。在实践中可以发现，意识形态工作的很多不足，实际上是新闻传播方法与能力方面的问题，因而改进意识形态工作，在很大程度上是如何提升新闻传播能力的问题。总之，通过新闻传播环节的优化与完善，可以促成国家主流意识形态更加容易和社会

---

① 张康之、张乾友：《共同体的进化》，中国社会科学出版社2012年版，第374页。

② 米勒、波格丹诺：《布莱克维尔政治学百科全书》，中国政法大学出版社2002年版，第166页。

日常生活话语达成共识并实现融洽,从而更好地发挥意识形态在国家治理中的政治调控作用。

(三)新闻传播与意识形态的批判和建构功能

首先,马克思主义意识形态概念非常强调其实践特征,即通过意识形态话语的生产、分配与消费过程来召唤或征求行动者的社会认同,从而和更加广泛的社会结构与社会实践勾连起来,也因此是以一种更加抽象和更具解释力的方式继承了马克思主义意识形态批判和建构两个充满张力的面向。在这种概念框架中,既坚持了意识形态批判的传统,又坚持了其积极建构功能。其实,对于这种界定为什么会蕴含着两个充满张力的面向问题,马克思主义首先通过强调蕴含在意识形态中的立场问题提供了清晰的解答。实际上,意识形态的模糊和混乱,根源就在于其立场的多元化,所追求利益与价值的多元化,且它们之间经常相互冲突。在这个意义上,马克思主义新闻观一再强调新闻传播的"政治逻辑"问题,其实就是在强调其内在的意识形态立场问题。

其次,这种界定也阐明了不同阶层通过意识形态转变成集体状态的能力是不一样的。作为阶级意识反映的意识形态"不是阶级的'客观'属性,而是阶级以构成集体状态的一种工具"①。对这种工具运用能力的差异也使不同阶级或阶层处于一种不对称的关系,其中对于从属阶级而言,通常他们在转变为集体状态时所遭遇的困难会更大。这种意识形态能力在新闻传播研究中,其实就体现在"媒介权力"这个概念家族(传播力、话语权等)中。显然,新媒体时代,媒介权力普遍开始以数字化互动技术为基础。在这种技术的推动下,媒介权力前所未有

---

① Callinicos A. *Making History: Agency, Structure, and Change in Social Theory*. 2nd ed. Leiden: Brill Academic Publishers, 2004:157.

地嵌入公共领域的权力结构并推动了权力结构的重构。因此，意识形态能力这个维度无疑可以给媒介权力研究提供更为广阔的理论空间。

上述对意识形态立场和意识形态能力问题的解答，奠定了马克思主义意识形态同时具有批判和建构两个功能的理论基础，因而也解释了为什么说“马克思主义新闻观是具有很强解释力与批判性的理论体系”[①]。要进一步阐明这两大功能以什么样的方式予以呈现，主要取决于具体的国家与社会关系模式构成的场域特征，以及特定的问题意识。当我们需要反思当今人类社会普遍面临的现代性困难时，尤其是揭示资本主义社会诸多新现象所隐藏的本质问题时，意识形态批判就起到了不可替代的作用。例如，马克思较早就提出关于意识形态特有的统治阶级立场问题，尤其指出要去揭示在阶级社会中这种通过特殊利益普遍化机制所掩饰的利益。这种批判视角在当代开始主要关注意识形态对不平等权力关系的维护，如认为“主导意识形态反映了社会上在政治或经济领域有权力的机构和个人的价值观”[②]。这个视角也有助于我们观察中国媒介场上存在的三个关键资本（政治资本、经济资本和文化资本）之间复杂的互动关系。[③]

而在具有中国特色社会主义的国家与社会关系模式中，由于国家与社会是一致的，意识形态反映了最广大人民的根本利益，意识形态更多的是发挥着建构的功能，去推进国家治理现代化目标的实现。这也构成了现阶段新闻传播工作的重要任务，即要做好国家治理现代化理念的社会化传播，致力于实现国家与社会在达成共识基础上的良性互动。同时，“任何一种意识形态……只有整合了内部人民核心价值和外部世界共享价值的因素，意识形态才能得以重建，才会展现出持

① 胡钰：《马克思主义新闻观的真理性、批判性与实践性》，《新闻与写作》2018年第8期。
② 罗尔：《媒介、传播、文化：一个全球性的途径》，董洪川译，商务印书馆2012年版，第30页。
③ 刘海龙：《宣传：观念、话语及其正当化》，中国大百科全书出版社2013年版，第361页。

久的生命力”[①]。这要求意识形态创新需要汲取人类文明的价值成果。这项努力的最重要的标志是2012年党的十八大把社会主义核心价值观界定为“富强、民主、文明、和谐,自由、平等、公正、法治,爱国、敬业、诚信、友善”。新闻传播同样要落实这种要求,占据人类社会价值和道德的高地,实现国内传播与国际传播的科学融合。意识形态话语模式渗透社会的程度或效力与其同日常生活话语模式的嫁接或融合程度相关。一般而言,意识形态与社会规范融合度越高,国家权力在话语实践中就越能得到民间社会的支持与合作。鉴于此,新闻传播不是唱独角戏,更像是领唱或指挥,致力于凝聚在国家与社会观念系统中的基本共识,塑造全社会的公共精神。

马克思主义新闻观是建立在马克思主义哲学基础上的、发展的与开放的、价值与科学辩证统一的、既有中国特色又有普遍意义的理论体系。正是这些理论品质赋予了马克思主义新闻观先进性和不竭动力。但是面对新实践和竞争性观念带来的压力,现阶段还处在起步阶段的马克思主义新闻观研究存在的一些学术性不足的问题依然较为明显。要在解决这些问题中获得理论的进步,就必须“立足中国土,回到马克思”,从解决那些割裂了马克思主义与马克思主义新闻观之间的辩证统一关系的问题入手。

作为重要的研究路径,需要从意识形态与新闻传播的内在关联出发展开对马克思主义新闻观的理论体系的建构。意识形态与新闻传播的高度耦合关系,可以从马克思主义新闻观的产生过程、唯物论哲学基础和二者在当前国家治理现代化中的使命等角度进行考察。需要明确的是,对这种关系的考察仅仅是马克思主义新闻观的理论建构起点,因此需要回到对马克思主义意识形态概念和特征进行科学界定的任务上,而且

① 霍尔比格:《当代中国的意识形态重构:决定因素、进展和局限》,吕增奎译,《国外理论动态》2009年第12期。

正是这种界定可以为研究新闻传播提供初步的分析框架。

在马克思主义的思想脉络里，首先，意识形态建设要突出对国家与社会的场域的强调，因此新闻传播的意识形态属性的鉴别及其基本功能的发挥均体现为对国家与社会关系的有效协调和整合。其次，意识形态特定功能和核心机制，落脚到操作层面，其实主要就是依靠新闻传播来实现的。可以说，通过认同、聚现等机制来实现新闻传播与意识形态的高度耦合。最后，基于特定的意识形态立场、能力与场域，新闻传播发挥着马克思主义意识形态充满张力的批判和建构功能。新闻传播研究实际上也是在马克思主义唯物论的指导下拓展了其建构与反思两个面向的研究空间。意识形态概念的这种重构显然为新闻传播研究朝着更为广阔空间的拓展奠定了更为坚实的理论基础。

总之，本书在总结过去研究基本状况的基础上，延续一直以来回归马克思主义的主张，从新闻传播与意识形态的高度耦合性关系入手，通过对意识形态概念与特征的分析，为新时代新闻传播研究提供一个初步的分析框架与路径。

第八章　政治秩序与意识形态

作为社会科学的传统议题，对如何形成良好的政治秩序的研究已经形成丰厚的学术积累，代表性的观点如霍布斯、洛克和卢梭的国家秩序、政府体制与社会契约理论，韦伯的官僚制与合法性理论，哈耶克的自由秩序原理，亨廷顿的政治发展与政治制度化理论以及福山的政治秩序建构的基本要件（国家能力、法治与责任政府）理论等。这些研究已经从结构、制度等多个角度讨论政治秩序的构建问题，但它们对意识形态与政治秩序的内在关联缺乏足够的关注。如前文所述，国家是暴力机器，但是国家不能全部依靠暴力来维护社会秩序，必须在国家与社会之间建立情感、观念和价值等的连接，而意识形态主要起着这种连接作用。在这个意义上，意识形态对任何社会的维系与存续来说都是必要的，它是构成政治社会秩序的基本要素。因此，在特定语境下有效的意识形态建设则是国家与社会有序运行的根本条件。进而言之，意识形态作为话语体系通过建构、维护或改变现有的国家与社会关系，即实现国家与社会的良性互动来构建良好的政治秩序。换言之，意识形态可以看作是国家为了动员社会去实现国家建设、整合社会等目标，采用的一套起支配作用的思想与观念体系。这项任务涉及意识形态独特的功能与实现机制。当然，在马克思主义的批判传统中，阶级社会的意识形态主要通过特殊利益普遍化机制起到掩盖不平等的权力关系即统治关系。而在本书中，为了扩大意识形态的解释能力，在保持批判传统的基础上，又延展了意识形态概念的建设性功能。

鉴于此，本章将围绕意识形态与政治秩序的关系展开。第一节将主要讨论意识形态与政治秩序如何连接的问题，其中提出了两个重要的连接机制或过程，即政治共识与政治忠诚。同时，鉴于学界对政治忠诚话语体系建构研究的严重不足，本章在接下来的第二节和第三节将对此展开讨论。第二节将主要围绕政治忠诚的概念及其话语体系的分析框架展开讨论。第三节将采用唯物史观基础上的历史社会比较方法，比较中西语境中政治忠诚的话语建构与政治秩序变迁，并提出一些有理论和实践价值的命题。

第一节　意识形态与政治秩序的连接

在国家与社会互动的各种层次的场域里，作为体现群体利益的话语体系，意识形态召唤或征求个体形成相同的社会认同，并借助聚现机制形成集体状态，从而可以通过协调一致的集体行动，实现共同体目标。该界定显示了意识形态所涉及的如“召唤”“征求”“社会认同”和“聚现”等关键机制，而通过这些机制所达成的如“协调一致”和“实现共同体目标”等就是良好政治秩序的根本表征。这里回到意识形态所涉及的诸多机制，主要归结为政治共识的达成以及在此基础上对政治忠诚的塑造。政治共识与政治忠诚可以说是相辅相成、互相补充的两个机制。接下来分别讨论这两个机制指向良好政治秩序构建的意识形态功能。

一、政治共识的意识形态功能

意识形态话语体系通过诸多机制来实现国家与社会的良性互动,从而实现构建良好政治秩序的目标。其中一个关键的机制是达成政治共识,即国家与社会中众多行动主体在特定意识形态的召唤或征求过程中达成必要的社会认同(包括政治认同),在此基础上形成对如何构建良好政治秩序的基本共识,从而聚现成可以协调一致的集体状态。这段表述实际上阐述了政治共识作为意识形态的重要机制也是构建良好政治秩序的重要环节。

对人类社会而言,"共识"通常被理解为"行动者之间在相互承认彼此意向的基础上经过反复的沟通与理性的取舍而形成一种共同的意向"[①],这种意向包含了"一系列信念、价值观念和规范准则"[②]。其中,政治共识作为共识现象在政治领域的体现,主要是指人们对于政治理念、政治程序和政治实践的一致性认识,而且政治共识的达成一般需要不同主体之间的相互承认、反复沟通与理性取舍,大多数情况下这应该是一个多元、持续的理性互动的过程。政治共识的形成过程也集中体现在国家与社会在意识形态话语实践的持续互动之中。但是,对政治共识的研究,国外学者普遍采用的政治哲学研究路径在总体上忽视了历史的、社会经济关系等制约性因素。与这种缺陷相比,国内学者所采用的实证政治学路径则没有充分地将政治共识纳入意识形态的范畴里展开讨论。已有研究仅仅是将意识形态视作政治认同的理念性资源[③],并没有对政治共识与意识形态的内在关系展开充分讨论。鉴于此,本书这里首先重点讨论一下政治共识的意识形态功能。

① 张康之、张乾友:《共同体的进化》,中国社会科学出版社 2012 年版,第 374 页。

② 米勒、波格丹诺:《布莱克维尔政治学百科全书》,中国政法大学出版社 2002 年版,第 166 页。

③ 李素华:《意识形态:政治认同的理念性资源》,《上海行政学院学报》2013 年第 3 期。

政治共识作为意识形态的重要机制，是指国家与社会中众多行动主体在达成必要的社会认同（包括政治认同）基础上形成对如何构建良好政治秩序的基本共识，并由此才可能聚现成可以协调一致的集体状态。由此，政治共识对意识形态的意义主要体现在"聚现"这个关键环节上，即让处于个体状态的行动者能够通过达成政治共识而迅速聚合成可以协调一致进行集体行动的集体状态。如第二章所述，"聚现"是来描述个体状态如何形成集体状态的机制。政治共识就是通过促成这种聚现以发挥意识形态的功能。

首先，体现政治共识这种聚现机制的是阶级意识这个概念。虽然马克思并没有专门使用阶级意识的概念，但是该概念通常还是被认为源于马克思的著作并且是马克思阶级理论的核心要素。阿隆对此进行了总结，认为"马克思理论的一个主要观点是：社会阶级只有当它具有自我意识时才真正存在，但倘若不承认阶级斗争就不可能有阶级意识"[①]。简要地说，阶级意识是指某一特定社会地位的个体对其共同利益和相同社会状况的自我认知。[②] 这些论述就承认了阶级意识的产生本身就是特定阶级的政治共识的形成，并由此聚现成集体状态，才有可能进行阶级斗争之类的集体行动。在这个过程中，个人阶级从"自在"的阶级逐渐成为"自为"的阶级。根据聚现的内涵，这里政治共识是指处于集体状态的群体观念，不能化约或还原成个体观念或个体意识。作为阶级意识概念的传播者，卢卡奇就坚持这种观点，认为阶级意识所关注的既不是个体的思想，也不是关于科学知识的状况。[③]

其次，意识形态是提供政治共识的重要载体。意识形态概念在马

① 阿隆：《阶级斗争——工业社会新讲》，周以光译，译林出版社 2003 年版，第 17 页。

② 赫斯、罗丽平：《"自在"还是"自为"：工人阶级的阶级意识瓦解了吗？》，《马克思主义研究》2009 年第 10 期。

③ 范塔西亚：《从阶级意识到文化、行动与社会组织》，刘建洲译，《国外理论动态》2012 年第 3 期。

克思那里主要是用于对资本主义的批判，随着后来马克思主义思想的发展，意识形态概念开始作为社会构成要素，因而意识形态概念自身无所谓真假，而在于哪个阶级在使用它并相应地赋予其批判色彩或建构色彩。这时，阶级意识也开始被纳入意识形态范畴来展开讨论。作为一种中性的解释，意识形态提供了有关世界运转方式的简单模型或经验法则。由意识形态提供的政治共识，有时被简化为意识形态共识。意识形态共识不仅使国家的权力合法化，还可以产生有效的公共决策。相反，"在缺乏意识形态共识的情况下，宪法共识是不可能的"①。认同是共识的前提和必备的逻辑环节，因此意识形态共识有时被"意识形态认同"代替。由此，作为一个派生概念，社会主义意识形态认同就被界定为"党员干部和人民群众对党的指导思想及其衍生的纲领、路线、方针、政策等产生的价值取向和心理倾向，一种在社会政治生活中产生的感情和意识上的归属感"②。

最后，如何发挥政治共识在促成良好政治秩序方面的意识形态功能？对这个议题的研究，可以围绕主体（谁）、客体（什么）和中介（怎样）三个环节来展开。政治共识的主体问题，涉及意识形态所牵连的国家与社会关系，国家与社会是对立的还是一致的？阶级社会中，国家与社会普遍是对立的，政治共识的主动主体和被动主体是二元的，即统治阶级与被统治阶级的关系。这种关系中的意识形态通常是通过特殊利益普遍化机制来达成政治共识。而在社会主义社会中，国家与社会是一致的，意识形态反映了最广大人民的根本利益，因而容易达成最为真实的政治共识。鉴于政治共识与意识形态的密切联系，围

---

① Sutter D. "Calculation of self-Interest and constitutional consensus: The role of ideology". *Constitutional Political Economy*, 1998(9): 323-333.

② 王邦佐：《执政党与社会整合：中国共产党与新中国社会整合实例分析》，上海人民出版社2007年版，第217页。

绕政治共识进行的理论框架建构，也已经被深深打上了意识形态话语特征的烙印。在这个意义上，前文所展开的意识形态话语分析的诸多理念和方法也可以运用于对政治共识的研究。

二、政治忠诚的意识形态功能

政治忠诚既是意识形态的基本功能，也是其实现机制。意识形态也是通过政治忠诚这个环节聚现出了协调一致的集体状态，从而维护良好的政治秩序。可以说，政治忠诚话语体系的构建在连接意识形态和政治秩序的环节中起着至关重要的作用。在这个意义上，政治忠诚是构成政治秩序的基本要素，是国家或组织正常运行的根本条件。如果社会成员不具备一定程度的忠诚，便会影响政治秩序的存续。政治忠诚的这种核心功能的实现要诉诸人们的信念系统以及相应的责任伦理，即诉诸意识形态。例如，作为个体的公民为什么要忠诚于自己的国家？这些理由就是意识形态话语体系所提供的。

在国家与社会产生关联并进行互动的各层次场域中，对于意识形态作为体现群体利益的话语体系而言，政治忠诚是其中的关键要素，无论是意识形态话语体系的建构还是其话语实践，都离不开政治忠诚这个要素。群体中的个体拥有意识形态所构建的政治认同而产生政治忠诚，由于政治忠诚而聚现成为集体状态，从而可以协调一致地实现共同体目标。鉴于此，从以上政治忠诚的功能与实现机制来看，政治忠诚本身就是意识形态的基本功能和实现机制。意识形态正是通过政治忠诚话语体系这个环节聚现出了协调一致的集体状态，从而维护良好的政治秩序。

综上所述，政治忠诚是意识形态实现良好政治秩序的基本功能与实现机制。因此，政治忠诚是理解政治体系与现象的一个关键词，围绕它所展开的一系列誓词、宣传、教育、表态和仪式等活动，是国家政治生活的一个重要组成部分。在现代中国政治发展过程中，从“对党忠诚、永不叛党”这一庄严入党誓词，到宪法宣誓誓词中“忠于中华人民共和国宪法……忠于祖国、忠于人民”这一表述；从党的十七届四中全会提出的以是否忠于党、忠于国家、忠于人民作为评价干部德行标准到党的十八大召开以后习近平总书记所做出的一系列重要论述，要求党员必须绝对忠诚于党。这些表述与活动，无不显示了政治忠诚在政治生活中的重要性。当前中国正在全力推进国家治理现代化，也正处于速度快、规模大的转型时期，面临着前所未有的、来自国内外的各种困难与挑战，因此，对政治忠诚重要性的强调也是前所未有的。

第二节　政治忠诚话语体系的分析框架[①]

政治忠诚话语体系的构建是贯穿人类政治发展始终的一项重要内容。但是和它在现实政治实践中所得到的高度关注相比，政治忠诚这个议题并没有在学术界获得应有的重视。目光所及，关于政治忠诚研究的英文文献，其议题与取向主要聚焦于以下方面。首先，积极动员与忠诚相关的内容是现代国家在塑造公民身份的过程中经常使用的一个策略[②]，在这个过程中，忠诚与身份等方面经历着一些重要转型[③]。其次，围绕政党忠诚展开，如对政党忠诚的形塑[④]、政党忠诚与

① 本节主体内容已以论文形式发表，见王国勤：《政治忠诚的话语建构》，《伦理学研究》2023 年第 3 期。

② Freeden M. “Languages of political support: Engaging with the public realm”. *Critical Review of International Social and Political Philosophy*, 2009(2): 183-202.

③ Ihalainen P. “The enlightenment and the redefinition of political loyalties”. *Scandinavian Journal of History*, 2007(4): 346-357.

④ Dixon D E. “Religion and political loyalties in democratic Chile”. *Canadian Journal of Latin American and Caribbean Studies*, 2000(49): 77-95.

政党选举[①]、政党团结关系[②]等议题的讨论。最后，还有如族群存续中的族群政治忠诚问题及其重要性[③]与政治忠诚在军事和政治冲突中的作用[④]等。国内对政治忠诚的研究，则较多集中于如何培育行政忠诚[⑤]、树立怎样的中国共产党政治忠诚观[⑥]、介绍传统中国的政治忠诚演变历史[⑦]以及少量对国外政治忠诚相关理论的引介[⑧]等。

上述议题，几乎分享着一个共同的基础性命题，即政治忠诚对任何社会的维系与存续来说都是必要的，它是构成政治社会秩序的基本要素，也是国家与社会有序运行的重要条件。但是大多数研究把这个基本命题当作一个既定的"公理"，很少去探讨这种关系背后的实现机制。从这种背景和问题意识出发，本章所关注的意识形态与政治秩序的关系问题，便能转换为这样的一个核心问题：如何通过政治忠诚话语体系的建构更好地实现良好的政治秩序？这个设问方式首先充分肯定了话语建构对政治秩序的重要作用，同时也意识到，一个良好政治秩序的构建是一项复杂的工程，因此不能仅仅依靠政治忠诚话语体系的构建。可以说，政治忠诚话语体系的科学建构，既是推进国家治

① Przybyszewski K. "Cognitive consequences of political loyalty". *Journal of Political Marketing*，2004(2)：47-67.

② Andre A，Depauw S，Beyens S. "Party loyalty and electoral dealignment". *Party Politics*，2015(6)：970-981.

③ Huckfeldt R R. "The social contexts of ethnic politics：Ethnic loyalties，political loyalties and social support". *American Politics Quarterly*，1983(1)：91-123.

④ Adarves-Yorno I，Jetten J，Postmes T，et al. "What are we fighting for?：The effects of framing on in group identification and allegiance". *The Journal of Social Psychology*，2013(1)：25-37.

⑤ 罗能生：《行政忠诚及其冲突的化解》，《湖湘论坛》2005 年第 1 期；李建华、牛磊：《行政检举：走向一种新的行政忠诚——对行政伦理学忠诚困境的解读》，《南昌大学学报(人文社会科学版)》2007 年第 1 期。

⑥ 刘启春：《政治忠诚：共产党人的基本政治伦理》，《求实》2010 年第 8 期；王洁：《党员忠诚意识的坚守与强化——来自苏共的启示》，《中共浙江省委党校学报》2015 年第 6 期。

⑦ 徐霞、邵银波：《中国传统政治忠诚观的历史嬗变及其当代启示》，《浙江学刊》2015 年第 4 期；彭定光、彭军：《论清代政治忠诚的对象和层次》，《文史博览(理论)》2009 年第 6 期。

⑧ 刘灵、李磊：《论民主制度下的政治忠诚缺失及其对策》，《伦理学研究》2013 年第 3 期；龙晟、唐超：《论当代德国公务员忠诚义务之流变》，《辽宁行政学院学报》2011 年第 1 期。

理现代化的一项重要任务，也是实现社会治理现代化目标的一个重要基础。

鉴于此，本书尝试就“如何科学建构政治忠诚话语”这个问题做一些学术探索，以归纳出一些重要知识命题为目标。而在当下中国语境中，政治忠诚话语的科学建构是推进国家治理现代化的一项重要任务。下文将致力于为政治忠诚话语体系的科学建构提供有益的知识基础。首先，本节重新给政治忠诚下一个更具解释力的定义；其次，厘清和它最接近的“合法性”概念之间的关系；最后，在这些基础上构建政治忠诚话语体系的分析框架。

一、“政治忠诚”的概念辨析

当前文献中有诸多对政治忠诚概念的界定，至今很多学者还在为政治忠诚是一种情感还是一种理性而争论不休。左高山和涂亦嘉曾对这些争论做了详细的梳理①，这里不再一一赘述。总结学界的讨论，一个普遍的观点认为，政治忠诚应该是涵盖了情感、理性和行为等因素在内的一个复杂概念。首先，政治忠诚属于一种特定的情感，而这种情感又与理性密切相关。当然这里的理性主要是指伦理意义上的理性，即政治忠诚在伦理维度上被认为是一种特定的责任、义务或美德。其次，政治忠诚需要落实在行为上，是指针对特定对象持续性的“忠诚、服从或维护”这种现象。对此，本书也倾向于认为政治忠诚应该涵盖这些要素以及相互的关联。但是，上述这些看法忽视了一个重要的问题，即在一个大范围的共同体中，情感或理性是如何形成的？又是如何转化为行动的？对此，本书认为，政治忠诚的话语建构就是促成这些改变或转化的关键要素或环节。因为这种特定的话语建构

① 左高山、涂亦嘉：《政治忠诚的核心问题》，《伦理学研究》2018 年第 5 期。

能够召唤或征求个体行动形成相同的政治认同，进而通过更加协调一致的集体行动实现共同体的目标。

基于以上的讨论，我们可以提出一个操作性的定义来化解诸多概念上的争论。这种界定认为，“政治忠诚”作为一个政治概念，主要指涉一个社会在特定的历史时期所面临的政治秩序问题。其基本假设是，某一政治秩序的维持，需要个人或不同社会群体能够有效地忠诚、服从或维护相对稳定的、单一或多重的权威对象。在这个意义上，政治忠诚主要呈现为特定的话语建构，这种话语建构旨在塑造行动者的情感与理性，并且把这种情感与理性转化为具体行动，即能够表现出相对持续和稳定的“政治忠诚”行为。需要说明的是，本书主要讨论政治秩序问题，因此，政治忠诚现象所涉及的领域属于公共生活领域。另外，可以发现与“政治忠诚”概念最接近的是“合法性”概念。在某种意义上，“合法性”与“政治忠诚”这两个概念指向的问题都是“政治秩序如何可能”。但是相比之下，“政治忠诚”概念采取了自下而上的视角，更多的是在讨论公共权威结构中的下级成员如何忠诚、服从或维护公共权威或上级权威的种种议题。

二、构建“政治忠诚话语”的分析框架

在实践中可以发现，对于良好政治秩序的形成而言，无论是普通人，还是公职人员，都面临着忠诚于谁的问题，而且忠诚的对象，通常不会表现为单一主体，而是一系列具有内在关联的主体。鉴于这些复杂的状况，我们既不能局限于对政治忠诚内涵和外延进行笼统含混的阐述，也不能满足于对各种类别政治忠诚的个别化且无视这些类别间逻辑关系的研究。鉴于此，下文尝试在厘清政治忠诚对象的类别与结构的基础上构建一个政治忠诚话语的分析框架。

结合对长期以来人类社会生活尤其是政治经验的归纳，在曾经出

现过的政治忠诚话语中，可以观察到，政治忠诚的对象大致可以分为以下两种：一是抽象的权威或规则，如宗教、道统、国家或法律等；二是具体的人或组织，如领袖、派别或政党等。对于一种政治秩序而言，这两种政治忠诚对象通常是同时存在的，而且它们之间至少在话语意义上或效力位阶有等级序列之分。一般而言，抽象的对象要高于具体的对象。基于这种分类，在分析政治忠诚话语时，可以采取如下的分析路径：

第一，分析抽象的政治忠诚对象及其类别与结构。

第二，分析具体的政治忠诚对象及其类别与结构。

第三，分析上述两个大类中的类别与结构之间的勾连与互动关系。

以上三条路径是对一个相对静态的政治秩序的分析，但是当我们分析政治秩序的变迁时，我们需要引入第四条路径，即考察政治忠诚话语的上述三个维度在政治秩序变迁中发生了怎样的变化，其影响与意义分别是什么。

这个分析框架有助于描述、解释特定社会的政治秩序是如何构建、维持或发生变迁的。在方法论上，这项研究将政治忠诚的话语建构视为一种复杂的话语实践。这种研究思路主要是受费尔克拉夫的启发，即将每一个关于政治忠诚对象的话语建构都同时看作是一个文本，一个话语实践的实例，以及一个社会实践的实例。话语实践是以“文本”的形式表达的（书写语言和口头语言），牵涉文本生产、分配和消费的过程。话语实践之所以具有这样的特征与解释能力，在于话语实践本身具有建构功能，即它有助于再造社会本身，它也有助于改变社会。当然必须意识到这种建构能力是有限度的，因为总体上它还是要受制于物质的或结构性的宏观因素。接下来，本书将采用这个分析框架探讨中国从传统社会到现代社会的政治忠诚话语建构与政治秩序变迁。

这个分析框架相对于合法性框架而言，显得更为精致，更加有助于描述、解释特定社会的政治秩序是如何构建、维持或发生变迁的。在方法论上，这项研究采用前文所述的“意识形态的话语实践”，即研究政治忠诚这个复杂话语体系的话语实践，其中，每一个关于政治忠诚对象的话语建构都被同时看作是一个文本，一个话语实践的实例，及一个社会实践的实例。

第三节　政治忠诚的话语构建与政治秩序变迁

本节也将采取历史社会学的研究方法，即采取一种跨时空的系统的比较研究。当然，本书也意识到这种历时比较的困难，因为历史具有独特性。尽管如此，本书认为，麦克亚当等学者使用的一种异中求同的研究方法值得尝试。这种方法认为，“相似的机制与过程事实上重现于各类形式不同的斗争之中”[①]，因此，研究目标就是辨识这些相似的话语实践机制与过程。需要说明的是，在正文的叙述中，意识形态话语分析一直是作为基本的方法在运用，但为了行文简洁，可能表面上看不到太多意识形态话语分析的专业术语。事实上，意识形态话语分析在本章中更多是作为思维方法在使用。

一、中国从传统社会到现代社会政治忠诚话语的建构与变迁

根据政治忠诚话语的要素与结构的变化情况，中国从传统社会到现代社会的政治秩序变迁大致可以分为三个时期：中国传统社会（秦汉到清末）、传统社会到现代社会的过渡（清末民初到中华人民共和国

---

① 麦克亚当、塔罗、蒂利：《斗争的动力》，李义中、屈平译，译林出版社 2006 年版，第 44 页。

成立前）和现代中国（中华人民共和国成立后）。其中，从秦汉到清末虽然比较漫长，但是政治忠诚话语的构建从汉独尊儒术之后一直相对稳定，所以可以称之为中国传统社会。但是从清末民初到中华人民共和国成立前，传统的政治忠诚话语被打破，新的话语在竞争中不断被重建，所以可以称之为传统社会到现代社会的过渡阶段。中华人民共和国成立后尤其是改革开放之后，开启了更加科学系统化的话语的建构。

（一）中国传统社会：政治忠诚话语体系从抽象到具体的双向建构

从秦汉到清末较为漫长的传统社会里，政治忠诚对象首先是抽象层面上的天、道统与社稷等，其次是在具体层面上的皇帝、官僚体系等。这些要素之间又以各种复杂的方式勾连在一起，构建了一个较为复杂同时也相对稳定的、由一套政治话语支撑的政治忠诚话语体系。

首先，“天”作为超越性的终极存在者，是高于皇帝的。皇帝在“天”之下，自视为“天”的儿子，即天子。这种理念可以追溯到周公对夏、商时代“天命论”的改造，他提出“神人相分”，强调了“天”对世俗君主的制约，并且在天命论中融入了道德，强调了道德在约束君王与臣民中的重要性。[①] 历朝历代的皇帝都要举行祭天的仪式，实际上表达了对“天”的权威的承认与尊重。

其次，在中国传统社会的政治历史与政治文化中，道统与政统互相依存。其中，道统作为政统的终极目标与内在根据而存在，政统则被视为道统的规范原则与外在表现。[②] 因此，作为忠诚对象的道统，其符号形式是以孔子为代表的儒家圣人以及祭祀他们的场所——孔庙。

---

① 辜堪生、余德刚：《论周公的“天命”哲学思想及其对后世的影响》，《四川大学学报（哲学社会科学版）》2014 年第 1 期。

② 刘悦笛：《“政统”、“道统”与“学统”——中国社会转型中“士人”向“知识分子”的身份转变》，《中国政法大学学报》2008 年第 4 期。

尤其汉代以降，形成了历代皇帝都要到孔庙祭祀的传统，这种仪式表明了最高统治者对外在于他的道统权威的承认与服从。隋唐以降，通过严格的科举考试而为官的士大夫们，往往有双重的身份：一是“为人臣”，即为政治体系的附庸者；二是“为帝王师”，这种身份意味着他们是道统的化身，承担着“以天下为己任”的责任以及相应的忧患意识与使命感。

再次，皇帝与社稷作为不同类型的忠诚对象，经历了从“合体”到“分殊”的过程。具体层面的政治忠诚对象，最高者当然是皇帝，天下所有人必须忠诚于皇帝以及他所代表的朝廷。自秦以来，基本上建立了一种“君国一体”的模式，忠于君主就是忠于“社稷”（国家）。在这种模式中，治理地方的文官由朝廷任命。文官之权力由皇帝授予，也必须服从皇帝的意旨，因而与所治理的地方并没有形成契约关系，“造成一种自上而下单向度的威权统治”[①]。但是，孟子“民为贵，社稷次之，君为轻”的思想一直影响并塑造着士大夫们的观念，他们等待着这一理想发芽。到了宋代，士大夫们开始发生转向，挣脱了原来统治体系中君主和王朝的限制，分离出抽象层面的对国家与社稷的忠诚理念。[②]

最后，官僚体系中复杂的忠诚体系与话语建构可以分为文官与军队两个系统。文官系统里，所有官僚需要忠诚于皇帝，同时又存在部门内的梯度性忠诚与以一些官僚领袖领衔的跨机构派系忠诚的分殊；而普通民众在忠君的同时也应该忠诚于父母官。军队系统里要复杂些。一般而言，士兵忠诚于将领，将领忠诚于皇上，这样作战效率高。但是，皇上为了控制武官，总是试图疏离士兵与将领之间的忠诚关系。例如，宋代实行分离“发兵之权”与“握兵之重”的制度，这种将帅分离对军队的战斗力产生了一定的消极影响。这种具体层面上的政治忠

① 李贵连：《法治是什么：从贵族法治到民主法治》，广西师范大学出版社 2013 年版，第 5 页。

② 郭学信：《试论宋代士大夫的入世精神》，《西北师大学报（社会科学版）》2003 年第 4 期。

诚话语总体上属于“家庭的传统式忠诚”,因为中国长期以来是一个“以家庭为本位的”社会。为此,有学者称中国历史上非常重要的常数是社会组织中家庭关系与亲戚关系的重要性。[①] 而且把地缘、业缘(门生故吏等)关系泛亲属化,从而凝结成忠诚与互惠的个人联系,构成了政治上派系斗争的主要特征。

(二)传统社会到现代社会的过渡:传统话语体系的崩塌与新体系的重建

传统社会到现代社会的过渡阶段出现的传统话语体系崩塌的标志性事件是1905年的废除科举制和1919年的五四运动,二者分别从制度和思想上打破了对传统道统维系的政治忠诚格局。1911年辛亥革命推翻帝制,皇帝及其所代表的政治忠诚话语也随之崩溃。此后虽然中国得以名义上的统一,但军阀以及各种军事力量割据长期存在。这是一个政治忠诚诸多话语混乱与重建并存的过渡阶段。在这种政治生态里,政治忠诚话语非常复杂,而且也在迅速地进行迭代转换。随着中国共产党的成立与中国社会主义革命的蓬勃发展,具有革命意义的抽象和具体两个层面的政治忠诚对象体系开始建构起来。

首先,军阀混战时期,主要依赖于具体层面的忠诚体系来维系各派势力的存续与壮大,以地缘、血缘或业缘为基础的个人忠诚体系泛滥。在前现代宗法社会中,由血缘与业缘建构的人身依附关系很密切,因此也常常成为军阀建立个人忠诚体系的常用方法。但是与血缘与业缘关系相比,地缘的“容域”要宽得多,可以较好地满足军阀对人才的需求。所以当时的各路军阀主要以地名来指称,如桂系、皖系、晋系、东北军等。

---

① 福山:《政治秩序的起源——从前人类时代到法国大革命》,毛俊杰译,广西师范大学出版社2014年版,第100-101页。

其次，随着中国共产党的成立和新民主主义革命、社会主义革命的发展，以国家与信仰为对象的政治忠诚话语建构取得了前所未有的发展。一是民族主义的形成强烈激发了国民对民族国家的忠诚与信仰；二是马克思主义学说以及在学说中所阐发的共产主义信仰作为意识形态，对当时的社会精英与知识分子产生了极大的号召力与吸引力。这种宏大的意识形态将对无产阶级政党的忠诚、对无产阶级专政国家的忠诚、对群众利益和共产主义事业的忠诚有机结合，为共产党会聚了一大批坚定的追随者和骨干精英。

最后，组织忠诚的培养也是中国共产党这阶段党组织建设的重要任务。从 1929 年开始，毛泽东便一直反对宗派主义[①]，并且在 1941 年召开的中央政治局会议上专题讨论了增强党性的必要性与迫切性。之后中国共产党不断加强党组织建设，大大强化了对党的忠诚，并辅之以严格的组织纪律和统一的思想原则。

（三）现代中国：政治忠诚话语体系建构的中国化与时代化

中华人民共和国成立后至改革开放前，共产主义的意识形态教育以及弘扬爱国主义精神等意识形态动员行动在此阶段得到进一步加强。与此同时，一个全新的单位制出现，并开始以一种单位庇护制度为基础在广大社会领域构建一种独特的政治忠诚话语。改革开放之后，更加适应改革开放实践的意识形态建设开始了，在抽象与具体两个层面政治忠诚的话语建构工作得到不断推进与完善。值得注意的是，这段时期由于制度建设具有渐进性特征，一些新的寻租机会开始出现。这导致残留的一些以血缘、地缘和业缘为基础的落后观念开始与追逐私利相结合，产生了新型腐败的情况。为此，上述建构工作显

① 梁建东：《延安整风时期毛泽东反对宗派主义以纯洁组织述略——从保持党的组织纯洁角度考察》，《前沿》2012 年第 18 期。

得尤为迫切。

首先,信仰与价值层面的话语建构不断推进。1982 年党的十二大提出“建设有中国特色的社会主义”重大命题,重新界定了社会主义的本质特征。作为中国特色社会主义理论体系的发展,2000 年江泽民提出了“三个代表”重要思想,2003 年胡锦涛提出了“科学发展观”的概念,2017 年党的十九大将新时代中国特色社会主义思想作为重大理论创新成果提出来。这些意识形态建设上的层层推进为政治忠诚提供了最高位阶的、信仰与价值层面的话语建构。

其次,爱国主义的话语重塑旨在构建全民对国家这个命运共同体的忠诚意识。改革开放初期,邓小平提出“开除球籍”论,激发全民的危机意识,凝聚人心投身改革开放事业。1994 年,《爱国主义教育实施纲要》正式颁布。1996 年,党的十四届六中全会提出要深入持久地开展爱国主义教育。2004 年《中华人民共和国宪法修正案》再次强调了将爱国主义与拥护社会主义和祖国统一统合起来。2015 年,习近平总书记在十八届中央政治局第二十九次集体学习时强调指出:“只有坚持爱国和爱党、爱社会主义相统一,爱国主义才是鲜活的、真实的。”[①]这些提法致力于把国家、共产党与社会主义等政治忠诚的对象整合在一起,使之更加稳固与坚韧。

再次,这段时期也加速了法治建设的进程,拓展了政治忠诚话语建构的法治维度。具体做法有:1999 年九届全国人大二次会议将“依法治国,建设社会主义法治国家”写入宪法;2004 年十届全国人大二次会议将“国家尊重和保障人权”和“公民的合法的私有财产不受侵犯”写入宪法;2014 年党的十八届四中全会通过《中共中央关于全面推进依法治国若干重大问题的决定》,提出法治工作队伍要“忠于党、

① 中共中央文献研究室编:《习近平关于社会主义文化建设论述摘编》,中央文献出版社 2017 年版,第 129 页。

忠于国家、忠于人民、忠于法律”；2014年十二届全国人大十一次会议设立每年12月4日为国家宪法日；2015年十二届全国人大常委会第十五次会议表决通过《关于实行宪法宣誓制度的决定》，宣誓誓词要求国家工作人员要“忠于中华人民共和国宪法……忠于祖国、忠于人民”等。这些做法旨在打造一个超越性的抽象层面的对公共规则的信仰与忠诚。

最后，改革开放以后，党中央更加重视党组织建设工作以及相应的政治忠诚话语建构。一是强调推进干部队伍建设。党中央于2004年提出加强党的执政能力建设和建设马克思主义学习型政党；2015年强调运用法治思维和法治方式推动发展，全面提高党依据宪法法律治国理政、依据党内法规管党治党的能力和水平。二是强调全面从严治党。1985年党中央首次明确提出“从严治党”，并在党的十三大之后成了历届党全国代表大会确定的重要任务；1992年“从严治党”被写入党章；2012年出台《十八届中央政治局关于改进工作作风、密切联系群众的八项规定》，随后开展了党的群众路线教育实践活动；2014年提出了全面从严治党的重大战略；2016年党的十八届六中全会专题研究全面从严治党问题；2019年印发《中共中央关于加强党的政治建设的意见》要求坚决做到“两个维护”；2021年党的十九届六中全会提出了“两个确立”等。这些努力从话语建构到实践推动，都旨在不断加强广大党员对党组织的政治忠诚，从而提高党的执政能力。

二、政治忠诚话语体系的科学建构

上文运用政治忠诚话语体系的分析框架与视角陈述了中国从传统社会到现代社会的政治秩序变迁。在理论层面上，可以通过这种比较来评估这种分析框架的理论解释能力，通常的标准主要包括：一是有没有足够的逻辑自洽性；二是反常现象的多寡。在这个基础上，再看看这种分析框架有没有适当的溢出效应，即帮助我们发现原来不易看到的一些问题并能够提供一些初步的解答。前文集中展示了这两种政治忠诚话语体系在抽象与具体两个层面演变的大致过程，尽管不能够做到那么全面与准确，但是应该可以运用这些资料做一些有趣的讨论。

第一，这里首先呈现了政治秩序与政治忠诚话语体系之间较高的相关性。政治秩序的稳定往往伴随着政治忠诚话语体系的稳定，反过来，政治忠诚话语体系的调整与变迁也意味着政治秩序的调整与变迁。也许很难确定以及辨识政治忠诚话语体系与政治秩序究竟谁是自变量、谁是因变量，但是至少可以把它们看成在各自内部要素的删除、添加、增强、弱化或协调等一系列的互动环节与过程中，推动双方的变迁与发展。尽管如此，本书还是倾向于认为，构建一个良好的政治忠诚话语体系是有利于良好政治秩序的构建与存续的，反之，则不利。

第二，这项历时比较呈现了中国从传统社会到现代社会的政治忠诚话语体系与政治秩序变迁的诸多特点。中国经历了2000余年的传统社会，其政治忠诚话语体系的类别与结构一直比较稳定，直到清末民初突然大破大立，从混乱的转型期到现在逐渐稳定的时期，才走过一个多世纪。例如，中国传统社会的政治忠诚话语体系突然间崩塌了，人们因为缺乏必要的政治忠诚对象而骤然陷入一片混乱。正是在这个混乱中，人们才开始寻找和构建新的政治忠诚对象。马克思主义的意识形态、现代的国家观念和法治观念开始中国化的过程，与保留的一些政治忠诚话语体系结合起来，产生了新型的政治忠诚话语体系。事实上，构建科学合理的政治忠诚话语体系仍然是当前的一项重要任务，这也构成当前中国现实政治的一个重要特征。

第三，从这种比较中，大致可以寻得政治忠诚话语体系的建构状况与政治秩序是否良好之间有些可以归纳的通则。例如，通则一：构建一套相对完整的政治忠诚话语体系，是构建良好的政治秩序的前提。这里所谓完整性，是指抽象层面和具体层面的政治忠诚对象都要有足够的丰富性与有效性。就丰富性而言，无论是抽象层面的还是具体层面的政治忠诚对象都不能过于单一，应该有不同的类别，而且这些类别间可以相互支持或平衡。只有做到了这点，这样的政治忠诚话语体系才可以有效维持和促进政治秩序的稳定和有序，即有效性。通则二：政治忠诚话语体系的抽象层面部分与具体层面部分应该相对均衡发展，不能顾此失彼，两个部分应该能够形成有效的内在联系与制约关系。抽象层面的政治忠诚话语体系需要有足够的超越性，并以此为基础对现实力量产生有效的制约力量；而具体层面的政治忠诚话语体系应该在服从抽象政治忠诚话语体系的前提下，发挥对具体个人或组织的指挥、协调和控制能力。抽象政治忠诚话语体系为具体政治忠诚话语体系奠定了最终公共性、终极性和超越性的目标指向，可以发挥协调、引导和规制的功能，而且具体政治忠诚话语体系可以使人们在各自的领域或范围发挥积极有效的促进政治秩序稳定和谐的功能。因此，不同层面的政治忠诚话语体系之间不可以互相替代，更不能顾此失彼。

第四，从以上的讨论回到现实状况来看，目前中国政治忠诚话语体系建构还需要在抽象政治忠诚话语体系和具体政治忠诚话语体系的建构上双向发力，构建相互支撑的完善的政治忠诚话语体系。目前，所有官方文件和相关文献中所明确列举出的政治忠诚行为包括“忠于党”“忠于国家”“忠于祖国”“忠于人民”“忠于中华人民共和国宪法”“忠于法律”“忠于共产主义事业”“四个意识”“两个维护”“两个确立”等。当然，为了实现这个目标还有很多工作要做，尤其是如何科学地协调和安置好这些抽象的政治忠诚对象，实现它们内在的融通关系，同时要使抽象政治忠诚话语体系有效发挥对具体政治忠诚话语体系的引导与控制功能，从而形成公共化、科学化的具体政治忠诚话语体系。

第五，需要关注的是，当前全球范围内随着多元化趋势愈加显著，那种旨在解决区块隔阂问题的横跨性忠诚构建问题仍然是一个困扰诸多国家、影响其政治秩序的难题。虽然西方发达国家较早地在这方面做出了一些积极的探索，但还没有寻求到更有效的解决途径。中国现在在地区发展不平衡和阶层分化等方面的问题依然较多，我们更应主动探索如何通过建构更为有效的政治忠诚话语体系去促成一个更好的政治秩序的形成。

综上所述，意识形态话语分析作为一个研究范式，其研究引导力和解释力在本章得到了充分肯定的证明，而更加得到证明的，是其实践价值。在当代政治生活中，在国家治理现代化的政治社会背景下，“政治忠诚问题更为凸显”①。因此，政治忠诚话语体系建构作为意识形态建设的重要内容，无论怎样强调它的重要性都不为过，但是问题在于怎样更为有效地进行和展开。显然以上归纳的一些命题与建议对于怎样更加科学地进行政治忠诚话语体系建构和意识形态建设具有重要的理论和方法论意义。

① 左高山、涂亦嘉：《政治忠诚的核心问题》，《伦理学研究》2018年第5期。

第九章　结　语

前文已经比较充分地展示了如何在继承与发展马克思主义意识形态学说的基础上，吸收意识形态研究中话语分析方法的诸多洞见与方法，围绕治理场域中的意识形态话语实践进行重要的理论分析、建构与运用。这项研究旨在为推进新时代意识形态建设提供更为扎实的理论基础以及为推进马克思主义意识形态学说中国化的理论建构与发展做些学术贡献。因此，结合前文的研究成果与本书的研究目标，本章首先对一些关键的结论进行小结，包括意识形态话语实践的理论建构与理论运用两个方面，然后提出这项研究依然需要拓展的空间与前景。但是必须声明，本书所展开的研究仅仅是治理场域中意识形态话语实践研究的初步成果，在理论分析、建构或运用维度上都亟须进一步展开。从这个意义上，本书的价值也在于这个"初探"，即为国内意识形态研究拓展一些新的可能的空间。

第一节　意识形态话语实践研究的理论建构

在意识形态话语实践的理论建构方面，本书致力于解决三个相互关联的问题。首先，需要更加准确地把握意识形态概念以及相应的功能与实现机制。其次，需要在梳理意识形态话语分析的发展历程以及围绕其本体论和认识论展开的众多争论基础上，更为合理地运用意识形态话语分析方法。最后，需要在梳理国家与社会关系的话语建构基础上，更完整地探讨意识形态话语实践中国家与社会的互动状态及其效果。这里将前文对以上议题所展开的较为详细的讨论进行一个简要的归纳。

一、从马克思主义唯物论立场科学地把握意识形态概念

所有研究意识形态的学者都会遇到这种麻烦，即意识形态如此重要，但是它的概念又如此含糊。所以无论是深入研究，还是用来指导实践，首先要厘清这个复杂的概念，这也成为本书的首要任务。本书的创新之处是从“国家—社会”“批判—建构”“观念—实践”三个维度构建了一个意识形态概念的分布空间。其中，“国家—社会”这一维度是主轴，其他两个维度为辅。因为意识形态通常被认为具有承担国家与社会之间心理连接功能的基本属性，其诸多功能也是在国家与社会的互动过程中才得以实现的。观察某种意识形态概念的定义，需要观察它在三个维度上的分布特征。这个分布空间属于分析性范畴，用来观察一个概念分别在三个维度上的位置而综合确定它在这个空间里的位置。这样就可以比较清晰地确定某一意识形态概念的类型，以及与其他不同概念之间的区别。这种三维空间还引入了“立场”概念，有助于回答意识形态概念为何如此“混乱”。其根源在于立场的多元化，所追求利益与价值的多元化，而且它们之间经常相互冲突。

鉴于结构与行动者（也有称为“结构与能动”）的关系的争辩几乎构成了所有社会理论或明或隐的基础，本书从历史唯物论立场把握的结构与行动者关系出发，重新审视了意识形态的概念，并提出一个统

摄性的意识形态概念，即认为“在国家与社会互动的各种层次的场域里，意识形态作为体现群体利益的话语体系，召唤或征求个体行动形成相同的社会认同而聚现成为集体状态，从而通过协调一致的集体行动，实现共同体目标”。总体上，这种定义抓住了意识形态的一些关键功能与机制，如回归马克思的最初主张，将意识形态发生的范围限定在国家与社会互动的各种层次的场域里，而且可以避免意识形态的泛化和片面化，也蕴含了不同阶层通过意识形态转变成集体状态的能力是不一样的机制。这种界定以一种更加抽象和更具解释力的方式继承了马克思主义意识形态批判和建构两个充满张力的面向，既有助于发挥它在中国新时代国家治理现代化进程中的建构功能，也可以涵盖对人类社会普遍面临的现代性困难，尤其是资本主义社会老问题与新问题的批判功能。

二、从本体论认识论出发掌握意识形态话语分析方法

意识形态话语分析有较长的学术史，但是国内意识形态研究领域对它的引介、反思与运用是很不够的。为此，我们需要就意识形态话语分析方法做系统深入的梳理。这也是本书的一项重要工作。这项工作首先对话语分析的本体论和认识论基础进行必要的归纳，这有利于更准确地把握话语分析的特征及其运用。其次较为系统地梳理了意识形态话语分析方法的演进历史，在叙述方式上创新地使用了三条交织在一起的主线索，即话语分析所蕴含的在“结构—能动”“国家—社会”“批判—建构”三个维度上的充满张力的竞争与冲突。最后放弃了过于激进的后现代主张，坚持意识形态话语脱离不了结构的制约，应该将其看作是受物质约束和社会实践制约的“结构性约束思想”。大致的趋势是话语分析在“结构—能动”维度上的分布逐渐偏向能动的主张；在“国家—社会”维度上，国家视角与社会视角的两种主张都

比较有市场，但是政治学领域的研究多是偏向国家视角；在“批判—建构”维度上，话语分析也是兜兜转转，总体上，批判视角保持了较为强劲的势头，这也是当前的现状。

如果说上述三个维度上的争论构成了话语分析演进的内在张力，那么来自外部的疑问从来都是来势汹汹。例如，怎么判断话语是意识形态的？文本中的意识形态是怎么读出来的？如何避免对意识形态的界定或批判本身也是意识形态的问题？对此，话语分析方法的维护者也在不断地进行辩护。例如，从功能发挥角度来确认话语是不是具有意识形态性，还有建议从话语事件的比较、大量语料库建设等具体研究方法的角度来识别意识形态，而发端于马克思的内在批判方法被认为应该能够有效地回应那些对意识形态话语分析本身也是意识形态的疑问。显然这些工作为更科学有效地运用话语分析奠定了一些认识论基础。

三、将政治话语与哲学话语结合起来研究国家与社会的互动关系

前文讨论了意识形态的概念谱系、分布空间并在这个基础上提出了一个更具有统摄性的意识形态概念，也讨论了意识形态研究中话语分析方法的运用、历程和反思情况，发现贯穿这些议题的一个关键线索就是“国家”与“社会”以及它们之间的关系。国家与社会是一对非常复杂的概念，因为它们有着悠久的概念演化历史，而且与不同的历史政治社会条件相适应，国家与社会也在不同的话语体系中被建构，被赋予诸多的内涵与关系模式。如果不清楚国家与社会概念所包含的丰富的话语建构及其争论与演变，很容易在概念使用上张冠李戴，甚至陷入多种话语错综交织的混沌之中。梳理发现，国家与社会关系的讨论主要是从哲学话语和政治话语两个话语体系展开的，其中哲学

话语揭示了国家与社会关系更深层的伦理根源(以黑格尔为代表)或阶级根源(以马克思为代表),其中马克思对黑格尔市民社会理论的根本性改造,将其在伦理形式上的国家与社会拉回到了唯物论的基础上。政治话语阐明了国家与社会关系的权力结构和社会秩序的因果关联。马克思作为一个开拓者,也是一个承上启下的哲学家,他对国家与社会关系的话语建构经历了一个逐渐从哲学话语向政治话语展开的过程。但是现在学者更多的是使用政治话语模式来讨论国家与社会,即把国家与社会化约为权力结构的重要维度。这是不完整的,因为这忽视了马克思主义关于国家与生活的哲学话语所揭示的更深层次的一些结构性根源。

同样在马克思那,将意识形态以哲学话语和政治话语两种形式和国家与社会关系理论建立了联系。本书认为"意识形态的话语实践"作为研究方案,衔接了"文本向度""话语实践向度""社会实践向度"三个向度。因此,在这个国家与社会互动的场域里,意识形态的功能发挥是通过一个个具体场域的话语实践来实现的。国家与社会在意识形态话语实践中的互动机制就成了重要的研究议题。

第二节　意识形态话语实践研究的理论运用

在意识形态话语实践的理论运用方面,本书试图围绕意识形态话语实践的具体功能与机制讨论实践中迫切需要解决的三个问题。首先,需要及时科学地在推进国家治理现代化背景下对意识形态的结构与功能进行调适。其次,需要充分发挥好意识形态所提供的政治共识在促成良好政治秩序方面的重要功能。最后,需要科学建构促进良好政治秩序形成的政治忠诚话语体系。

一、意识形态话语体系的结构与功能调适

意识形态建设经历了从总体性意识形态到和谐型意识形态建设的变迁,因为这一过程是在国家治理体系和治理能力现代化的背景下展开的,因此需要在结构与功能上做与时俱进的调适。首先,需要恰当处理意识形态建设与国家治理现代化的关系。需要明确在推进国家治理现代化的背景下,不能像总体性意识形态建设那样过度依赖意识形态来进行国家治理,同时,更不能顾此失彼而弱化了意识形态建设。应该把意识形态建设与国家治理体系和治理能力现代化的建设结合起来,在厘清二者区别的基础上实现它们在功能上的互补。一方面,国家治理在国家与社会(包括市场)的互动层面主要依靠制度化、规范化和程序化的治理方式。另一方面,需要更加科学合理地加强意识形态建设,从而为全面深化改革和国家治理现代化提供强大的合法性基础与动员力量。

其次,推进国家治理现代化最为核心的问题就是处理好国家与社会的关系问题,即通过各种制度设计来重构国家与社会的关系,真正实现二者的良性互动。国家治理现代化对国家与社会关系的重构,对外需要展开对自由主义治理观中国家与社会二重性的批判与超越;对内需要超越的是改革开放之前特定历史条件下形成的总体性国家与社会关系模式。正在这个脉络里,意识形态具有承担国家与社会之间心理连接的基本属性。因此,在这个国家与社会互动的场域里,意识形态的功能发挥是通过一个个具体场域的话语实践来实现的。从国家与社会关系视角来看,意识形态建设与推进国家治理现代化紧密地联系在一起。

最后,随着社会建设的不断深入,意识形态建设也越发重视社会能力的作用。意识形态建设要聚焦于发挥好其实现国家与社会良性

互动的功能，其中意识形态的引领与导向作用是最重要的。但是要发挥好这些作用，必须充分关注到一个命题，即意识形态话语模式渗透社会的程度或控制社会的效力，是与其同日常生活话语模式的嫁接或者融合程度相关的。一般而言，意识形态与社会规范融合度越高，国家权力在话语实践中就越能得到社会的支持与合作。

二、媒介化治理场域中的媒介权力与新闻传播

首先，在新媒体时代，意识形态与媒介化治理相互交织在一起。作为核心要素的媒介权力是一种基于所掌握的信息资源以及对这些资源的编码、译码能力而形成的非强制性的权力，这些权力也受制于自身参与其中的权力关系或权力结构。一是媒介权力的生成源于理性认同，并且普遍地通过行动主体的编制力和切换力得以生产，其中算法技术一方面大大提升了这些能力，另一方面也导致行动者的主体性削减。而媒介权力的运行涉及合法性机制的作用，并且围绕着决策、执行和监督等环节来施加其影响力。二是媒介权力的嵌入推动了社会治理场域权力体系的再结构化，主要表现在媒介权力对社会权力体系的分割与重构、权力结构的不平衡性与公共性之间的张力特征以及社会的个体化特征与主体性建构等方面。

在这个过程中，意识形态可以以媒介权力的方式发挥其在国家与社会互动中的特有功能，反过来，媒介权力也可以作为社会或市场形态的权力形式与意识形态的媒介权力形成不同程度的张力。这种状况一是需要意识形态的媒介权力发挥好领导和动员的政治功能；二是需要不同媒介权力主体在公共性目标上统一协调起来，共同致力于社会治理现代化的推进；三是对社会治理的众多行动者而言，提高媒介素养是一项公民长期的基本责任。培育全社会的媒介素养，可以为发挥好媒介权力在社会治理中的积极功能奠定坚实的社会心理基础。

当然，关于意识形态与媒介权力的关系研究，这里仅仅粗略地阐述了其由来，总体上还是一个有待开发的全新的研究课题。

其次，意识形态与新闻传播之间这种高度耦合的关系，在推进国家治理体系和治理能力现代化的背景下，二者将更加紧密结合、共同发挥作用。为了推进这些工作，需要从意识形态与新闻传播的内在关联出发展开对马克思主义新闻观理论体系的建构。作为研究路径，一是可以从历史、逻辑和机制等方面初步厘清意识形态与新闻传播的高度耦合关系；二是通过对马克思主义意识形态的概念重构来为新闻传播研究搭建一个初步的分析框架，即在国家与社会互动的场域中，通过认同、聚现等机制来实现新闻传播与意识形态的高度耦合，而且在新闻传播中基于特定的意识形态立场、能力与场域，发挥马克思主义意识形态充满张力的批判和建构功能。

三、意识形态共识机制与政治忠诚话语体系的建构

首先，政治共识作为意识形态的重要机制，是指国家与社会中众多行动主体在达成必要社会认同（包括政治认同）的基础上形成的对如何构建良好政治秩序的基本共识，并由此才可能聚现成可以协调一致的集体状态。政治共识的达成在当前利益和价值越来越多元化、社会也日益分化的阶段尤为重要。政治共识的达成过程，也集中体现在国家与社会在意识形态话语实践的持续互动之中。由意识形态提供的政治共识，有时被简化为意识形态共识。意识形态共识不仅可以使国家的权力合法化，还可以产生有效的公共决策。

为了发挥好意识形态共识在促成良好政治秩序方面的功能，一是必须坚持国家与社会利益的一致性。意识形态越是反映最广大人民的根本利益，就越容易实现真正的政治共识。二是在意识形态共识的话语体系上，主要涵盖了制度共识、政策共识和价值共识等内容。其

中，制度共识是指人们在各项国家制度以及与国家治理相关的规则程序等方面所达成的共识。政策共识是指政府在社会发展过程中所制定的政策，能够获得社会的认同与支持。价值共识是指国家治理过程中所秉持的各种价值观需要具有公共性，符合公共利益，并坚守社会主义核心价值观的理念等。三是发挥好诸多意识形态共识机制的作用。随着信息技术的广泛运用，在意识形态共识具体的实现机制上，至少包含了信息整合机制、协同合作机制、规则程序机制、理性沟通机制和话语框架机制等类型。根据马克思的唯物史观，意识形态共识的真正达成不仅需要在意识形态话语实践中采取合理适当的措施，而且还要建构真正符合社会主义本质特征的生产关系和经济关系。

其次，在国家治理现代化的政治社会背景下，政治忠诚话语体系建构是意识形态建设的重要内容。对意识形态建设的研究，也必须加强对政治忠诚的研究。政治忠诚是意识形态实现良好政治秩序的基本功能与实现机制，因此意识形态与政治秩序的关系也体现为政治忠诚与政治秩序之间的关系。当前社会分化与多元化趋势更加显著，构建科学合理的政治忠诚话语体系仍然是当前一项重要任务。

政治秩序与政治忠诚话语体系之间具有较高的相关性。政治秩序的稳定往往伴随着政治忠诚话语体系的稳定，反过来，政治忠诚话语体系的调整与变迁也意味着政治秩序的调整与变迁。政治忠诚话语体系的建构需要遵循一些通则。一是构建良好的政治秩序需要以构建一套相对完整的政治忠诚话语体系为前提。这里所谓完整性，是指抽象层面和具体层面的政治忠诚对象都要有足够的丰富性与有效性。就丰富性而言，无论是抽象层面还是具体层面的政治忠诚对象都不能过于单一，应该有不同的类别，而且这些类别间可以相互支持或平衡。二是政治忠诚话语体系的抽象层面与具体层面应该相对均衡发展，不能顾此失彼，两个部分应该能够形成有效的内在联系与制约关系。三是中国政治忠诚话语体系需要加大在抽象层面的建构,要使抽象政治忠诚话语体系有效发挥对具体政治忠诚话语体系的引导与控制功能,从而实现具体政治忠诚话语体系的科学化与公共化。目前,地区发展不平衡和阶层分化等方面的问题依然较多,我们需要更加积极探索如何通过建构更为有效的政治忠诚话语体系去促成一个更好的政治秩序的形成。

第三节 意识形态话语实践研究的展望

在互联网时代,信息传播前所未有的便捷,话语建构与冲突日益成为这个时代各种机构、群体与个人生活的重要特征。意识形态的话语体系在公共生活中的运用也从来没有像现在这么普遍与重要。在这种背景下,本书主要对意识形态话语分析进行研究并提出了一些基础性的知识建构。但是这项工作还仅仅是初步的。在意识形态话语实践研究的展望方面,本书认为目前至少需要在三个方面进行深入研究。首先,中国语境中意识形态话语分析的知识建构要走向国际化的本土化理论建构的道路。其次,需要就新媒体时代社会治理的场域中意识形态与媒介权力的复杂关系展开深入研究。最后,通过话语分析的技术提高与方法改进来推进意识形态研究。

一、走向国际化的本土化理论建构

中国语境中意识形态话语分析的知识建构问题是前面诸多工作希望实现的目标。一谈到知识建构,就会遇到"本土化"问题。近现代以来流行的人文和社会科学理论与范式大多源自西方学术,对此大家一直在追问如何超越西方文化中心主义这个问题。显然大家不满足于简单移植西方理论的做法。正是怀着这个问题意识，中国学者在引介西方理论的同时，也普遍有种“本土化”理论建构的愿望。

但是，不可否认，本土化研究从产生起就与国际学术之间形成了持续的张力，也可以说二者是以既“对立”又对话的方式存在着。如何消解这种张力？在学者们的争论中大致可以归纳出三种消解方式，第一种方式认为，在我们还很欠缺学术准备和学术积累的情况下，提“本土化”为时尚早。[①] 第二种方式认为，本土化是个伪命题，因为一切社会科学的理论与方法无一例外地被应用于某个具体情景中。在这个意义上，可以说大家都是“本土化”，也就无所谓“本土化”了，因此应该追求长远的学术价值。[②] 第三种方式认为，“本土化”是具有历史使命的真命题，因为无论如何我们都要凸显社会科学的主体性特征，而且从方法论角度看定性研究需要处理的众多资料属于地方性知识，它一定是本土化的。[③] 本书认为，意识形态话语分析应该采取第三种方式，但也应该吸收前两种方式中的合理成分，如本土化研究首先要有充分的学术准备与积累，其次要追求长远的学术价值等。通过反思本土化的一些误区，会发现本土化不是“要不要”的问题，更不是“自娱自乐”的问题，而是要如何处理好本土化与国际化的关系问题。一言以蔽之，就是要做好面向国际化的本土化研究。做到这点，要在立足本土化研究的同时，时刻关注与国际主流学术的理论对话。学术的主体性不仅体现在如何为本国学术或实践做贡献，也要体现在为国际主流学术做出贡献，并能够得到国际学术界的尊重，这二者之间是相辅相成的。这种对话能否有效进行取决于我们能够在多大程度上从具体的

---

① 王怡红：《对话：走出传播研究本土化的空谷》，《现代传播》1995 年第 6 期。

② 谢宇：《走出中国社会学本土化讨论的误区》，《社会学研究》2018 年第 2 期。

③ 周晓虹：《社会学本土化：狭义或广义，伪问题或真现实——兼与谢宇和翟学伟两位教授商榷》，《社会学研究》2020 年第 1 期。

本土经验中提炼或抽象出人类社会的普遍经验。因为本土化的研究成果如果没有办法上升到人类的普遍经验层面，就失去了对话的前提。

回到当前中国语境中，就意识形态话语分析范式而言，如何进行知识建构，也是如此。需要坚持一种面向国际化的“本土化”原则。当然，这是一件艰巨的任务，远远不是本书所能够解决的问题。但是本书试图在吸纳意识形态话语分析已有研究诸多洞见的基础上，提出将“发生在国家与社会互动的场域中的意识形态的话语实践”作为一个研究对象进行分析框架的构建。该分析框架在本书中已经进行了运用，但仍然比较初步，需要更多地开发，且其解释力仍需要更多地运用予以证明。

二、走出“内卷化”的窘境

有学者指出，当前传播研究领域普遍存在着“先天的传统薄弱，理论资源视野和范围都嫌狭小，后天又失调，学界不断简单加以再生产”的“内卷化”现象，就连传播学研究重镇美国也存在着这种“精致的平庸”。[①] 国内的传播学者也为此焦虑，认为媒体研究整体上存在着“内外交困、越走越窄、自说自话”的“内卷化”状态。[②] 检视治理场域中意识形态话语实践研究的众多文献，也发现了和传播学这种“内卷化”问题相似的情况。这体现在：西方意识形态话语分析等相关理论和方法的引入，确实带来了很多研究的新视角、新维度，但是大多的研究还停留在套用这些理论范式来阐述中国语境下的具体经验，真正有突破性的研究发现还比较少。“内卷化”的典型特征是有量的增长而无质的

① 李金铨：《传播纵横：历史脉络与全球视野》，社会科学文献出版社 2019 年版，第 91-93 页。

② 曲飞帆、杜骏飞：《超越功能主义范式的中国新媒体传播——以 2015 年以来的研究文献为例》，《当代传播》2016 年第 5 期。

发展,因此要走出"内卷化"困境,一定要坚持以实现知识增量为目标来开展研究,即把知识增量作为衡量具体研究项目和方法的首要标准。

就治理场域中意识形态话语实践研究而言,实现知识增量的研究,除了学术规范更加严谨和研究方法更加科学,还需要考虑它的跨学科特征和经验研究的基本特征。其跨学科特征要求在研究过程中一切以问题意识为导向,打破学科之间的门户之见,实现多科学之间的对话、交流和融会贯通。具体而言,实现其知识增量的途径大致有三个:一是揭示出并概念化一些新的经验。二是提供新的理论解释,这只能是在与一些前沿的竞争性理论展开对话的过程中得以实现。这种对话的结果是评估出理论的优劣,其标准主要是看其逻辑自洽程度与反常现象①的多寡。三是提供新的研究方法。新媒体时代大量新技术层出不穷,为社会科学研究"创造了无数令人屏息的数据采集和分析手段……从某种程度上说,新媒体对方法的革命要胜于对理论的冲击"②。这是一个城市化、新型工业化、媒介化等多重转型或变革重叠的时代,对提升该领域的知识增量而言是前所未有的好契机。

三、意识形态话语分析的技术提高与方法改进

鉴于话语分析中相对成熟的分析技术与方法并没有在意识形态研究中得到深入而广泛的运用,学界通过话语分析的技术提高与方法改进来推进意识形态研究展现出前所未有的紧迫。例如,话语分析中包括词汇、句法、文体、修辞、文本结构、情态、蕴含、隐喻、预设、及物性结构等语言机制的研究方法,比较前沿的语料库技术研究方法(即主

---

① 对反常现象的讨论,参见劳丹:《进步及其问题》,刘新民译,华夏出版社 1999 年版。

② 刘洋、李喜根:《新媒体传播研究及知识增量》,《国际新闻界》2012 年第 8 期。

要通过词频、主题词统计、语料库索引、搭配、词丛等信息使我们看清话语是如何呈现出来的）。当然，正在使用话语分析的技术与方法还远远不止这些，而且一些处理话语文本的专业软件与技术也正在不断地涌现。所以我们不仅要对意识形态话语分析在理论上进行引介，还要进行技术和方法上的引介。当然，这种引介与反思是一个硬币的两面。反思主要是两个层面：一是回归到马克思主义唯物论基本立场和方法层面上的检视与结合；二是要与当前中国推进国家治理现代化背景下意识形态建设的特定问题意识相结合。

总之，现阶段需要推进意识形态话语分析研究，这项任务涵盖了引介、反思、运用与建构等诸多环节。研究者应该打通这些环节，并在这个过程中，坚持走向国际化的本土化理论建设，为推进马克思主义发展和意识形态话语分析的学术进步贡献中国学术界的力量。

参考文献

《邓小平文选》,人民出版社 1994 年版。

《列宁选集》,中共中央马克思恩格斯列宁斯大林著作编译局译,人民出版社 1995 年版。

《马克思恩格斯文集》,中共中央马克思恩格斯列宁斯大林著作编译局译,人民出版社 2009 年版。

《毛泽东选集》,人民出版社 1991 年版。

阿尔都塞:《保卫马克思》,顾良译,商务印书馆 1984 年版。

巴赫金:《陀思妥耶夫斯基诗学问题:复调小说理论》,白春仁、顾亚铃译,生活·读书·新知三联书店 1988 年版。

巴拉达特:《意识形态:起源和影响》,张慧芝、张露璐译,世界图书出版公司 2010 年版。

邦德、希普:《意识形态变迁与中共的合法性:以官方话语框架为视角》,周思成、张广译,《国外理论动态》2013 年第 8 期。

贝尔:《资本主义文化矛盾》,严蓓雯译,人民出版社 2010 年版。

毕芙蓉:《霸权、话语与政治——论拉克劳、墨菲的后马克思主义》,《哲学动态》2019 年第 3 期。

波朗查斯:《政治权力与社会阶级》,叶林等译,中国社会科学出版社 1982 年版。

波特、韦斯雷尔:《话语和社会心理学:超越态度与行为》,肖文明、吴新利、张擘译,中国人民大学出版社 2006 年版。

伯克:《历史学与社会理论》,李康译,上海人民出版社 2019 年版。

常江、田浩:《托伊恩·范·迪克:批判话语研究是一种政治立场——新闻、精英话语与意识形态》,《新闻界》2018 年第 5 期。

陈然兴:《论阿尔都塞意识形态质询理论中的主体性问题》,《西北大学学报(哲学社会科学版)》2015 年第 1 期。

陈锡喜:《马克思主义:意识形态和话语体系》,华东师范大学出版社 2011 年版。

程同顺、张文君:《互联网技术的政治属性与意识形态传播——对互联网与意识形态研究的批判与反思》,《江苏行政学院学报》2013 年第 6 期。

丛日云:《论黑格尔的"市民社会"概念》,《哲学研究》2008 年第 10 期。

戴长征:《意识形态话语结构:当代中国基层政治运作的符号空间》,《中国人民大学学报》2010 年第 4 期。

德兰迪、伊辛:《历史社会学手册》,李霞、李恭忠译,中国人民大学出版社 2009 年版。

蒂尔尼、佩因特:《西欧中世纪史》,袁传伟译,北京大学出版社 2011 年版。

范春燕:《国家相对自主性理论视野中的资本主义国家与社会之关系》,《学术论坛》2009 年第 9 期。

范树成、李海:《当代西方意识形态研究视角的转向及其启示》,《教学与研究》2014 年第 2 期。

费尔克拉夫:《话语与社会变迁》,殷晓蓉译,华夏出版社 2003

年版。

费尔滕:《忠诚》,周芳芳译,中信出版社 2012 年版。

芬纳:《统治史(卷二):中世纪的帝国统治和代议制的兴起——从拜占庭到威尼斯》,王震译,华东师范大学出版社 2014 年版。

芬纳:《统治史(卷三):早期现代政府和西方的突破——从民族国家到工业革命》,马百亮译,华东师范大学出版社 2014 年版。

冯刚:《新形势下意识形态相关问题研究》,光明日报出版社 2014 年版。

傅如良:《马克思何以设想市民社会将取代国家?——兼评诺曼·莱文对马克思市民社会理论的理解》,《中国人民大学学报》2012 年第 1 期。

戈德斯通:《为什么是欧洲? 世界史视角下的西方崛起(1500—1850)》,关永强译,浙江大学出版社 2010 年版。

格罗斯:《公民与国家:民族、部族和族属身份》,王建娥、魏强译,新华出版社 2003 年版。

葛兰西:《狱中札记》,曹雷雨、姜丽、张跣译,中国社会科学出版社 2000 年版。

辜堪生、余德刚:《论周公的"天命"哲学思想及其对后世的影响》,《四川大学学报(哲学社会科学版)》2014 年第 1 期。

郭树勇:《民族主义、国际主义与马克思主义国际关系思想》,《毛泽东邓小平理论研究》2007 年第 12 期。

郭文亮、杨菲蓉等:《当代国外社会主义意识形态发展导论》,人民出版社 2010 年版。

郭学信:《试论宋代士大夫的入世精神》,《西北师大学报(社会科学版)》2003 年第 4 期。

哈贝马斯:《交往与社会进化》,张博树译,重庆出版社 1989 年版。

韩子勇、高佳彬:《"意识形态"概念流变考梳》,《文艺理论与批评》2020年第5期。

何怀远:《意识形态的内在结构浅论》,《江苏行政学院学报》2001年第2期。

贺照田:《学术思想评论(第五辑)》,辽宁大学出版社1999年版。

黑格尔:《法哲学原理:或自然法和国家学纲要》,范杨、张企泰译,商务印书馆1961年版。

亨廷顿:《谁是美国人?——美国国民特性面临的挑战》,程克雄译,新华出版社2010年版。

胡伯项、刘东浩:《论当代中国意识形态理论的文化话语转换》,《马克思主义研究》2013年第4期。

黄楠森:《马克思主义哲学史》,高等教育出版社1998年版。

黄新华:《当代意识形态研究:一个文献综述》,《政治学研究》2003年第3期。

霍尔比格:《当代中国的意识形态重构:决定因素、进展和局限》,吕增奎译,《国外理论动态》2009年第12期。

吉:《话语分析导论:理论与方法》,杨炳钧译,重庆大学出版社2011年版。

吉登斯:《民族—国家与暴力》,胡宗泽、赵力涛译,生活·读书·新知三联书店1998年版。

纪程:《话语政治:中国乡村社会变迁中的符号权力运作》,中国社会科学出版社2011版。

金耀基:《中国现代化的终极愿景:金耀基自选集》,上海人民出版社2013年版。

景跃进、张小劲、余逊达:《理解中国政治:关键词的方法》,中国社会科学出版社2012年版。

柯林尼可斯:《创造历史:社会理论中的行动、结构与变迁》,万毓泽译,群学出版有限公司 2007 年版。

拉克劳、墨菲:《领导权与社会主义的策略:走向激进民主政治》,尹树广、鉴传今译,黑龙江人民出版社 2003 年版。

李佃来:《古典市民社会理念的历史流变及其影响》,《武汉大学学报(人文科学版)》2007 年第 5 期。

李怀印:《华北村治:晚清和民国时期的国家与乡村》,岁有生、王士皓译,中华书局 2008 年版。

李景源:《中国哲学 30 年:1978—2008》,中国社会科学出版社 2008 年版。

李侃如:《治理中国:从革命到改革》,胡国成、赵梅译,中国社会科学出版社 2010 年版。

李萍、吴之声:《论马克思意识形态批判的"建构之维"及其逻辑》,《学术研究》2020 年第 1 期。

李世书:《国家与社会关系的历史嬗变及其发展趋势》,《理论月刊》2005 年第 12 期。

李姿姿:《国家与社会互动理论研究述评》,《学术界》2008 年第 1 期。

利科尔:《解释学的任务》,李幼蒸译,《哲学译丛》1986 年第 3 期。

利普哈特:《多元社会中的民主:一项比较研究》,刘伟译,上海人民出版社 2013 年版。

刘安:《社会学的"品格"和"国家与社会"关系之框架》,《学术交流》2010 年第 11 期。

刘启春:《政治忠诚:共产党人的基本政治伦理》,《求实》2010 年第 8 期。

刘悦笛:《"政统"、"道统"与"学统"——中国社会转型中"士人"向

“知识分子”的身份转变》,《中国政法大学学报》2008 年第 4 期。

卢卡奇:《历史和阶级意识——马克思主义辩证法研究》,张西平译,重庆出版社 1989 年版。

鲁克俭:《20 世纪 80 年代以来国内意识形态研究述评》,《理论前沿》2002 年第 3 期。

罗蒂:《分析哲学与变革的哲学》,杨富斌译,《世界哲学》2003 年第 3 期。

罗尔:《媒介、传播、文化:一个全球性的途径》,董洪川译,商务印书馆 2012 年版。

马尔库什:《马克思的意识形态概念》,孙建茵译,《马克思主义与现实》2012 年第 1 期。

麦克亚当、塔罗、蒂利:《斗争的动力》,李义中、屈平译,译林出版社 2006 年版。

曼海姆:《保守主义》,李朝晖、牟建君译,译林出版社 2002 年版。

曼海姆:《意识形态和乌托邦:知识社会学引论》,霍桂桓译,中国人民大学出版社 2013 版。

墨菲:《政治的回归》,王恒、藏佩洪译,江苏人民出版社 2005 年版。

诺思、瓦利斯、温格斯特:《暴力与社会秩序:诠释有文字记载的人类历史的一个概念性框架》,杭行、王亮译,上海格致出版社 2013 年版。

诺斯:《制度、制度变迁与经济绩效》,刘守英译,上海三联书店 1994 年版。

庞金友:《全球化进程中国家与社会关系模式的理论之争》,《教学与研究》2008 年第 2 期。

齐泽克、阿多尔诺等:《图绘意识形态》,方杰译,南京大学出版社

2002 年版。

齐泽克:《意识形态的崇高客体》,季广茂译,中央编译出版社 2002 年版。

强乃社:《论当代社会哲学的语言学转向》,《华中科技大学学报(社会科学版)》2009 年第 1 期。

任剑涛、朱丹:《意识形态与国家治理绩效》,《学海》2018 年第 2 期。

沈大伟:《中国共产党:收缩与调适》,吕增奎、王新颖译,中央编译出版社 2012 年版。

石德生、李云:《"国家与社会"理论模式的历史演进》,《求索》2009 年第 10 期。

史密斯:《文化——再造社会科学》,张美川译,吉林人民出版社 2005 年版。

斯沃茨:《文化与权力:布尔迪厄的社会学》,陶东风译,上海译文出版社 2006 年版。

宋惠昌:《当代意识形态研究》,中共中央党校出版社 1993 年版。

孙伯鍨、侯惠勤:《马克思主义哲学的历史和现状》,南京大学出版社 2004 年版。

汤普森:《意识形态理论研究》,郭世平等译,社会科学文献出版社 2013 年版。

汤普森:《意识形态与现代文化》,高铦等译,译林出版社 2005 年版。

汤森、沃马克:《中国政治》,顾速、董方译,江苏人民出版社 2005 年版。

唐士其:《西方关于国家与社会关系的理论》,《国际政治研究》1994 年第 4 期。

王代月:《马克思主义与自由主义在国家治理观上的实质分歧》,

《马克思主义研究》2018 年第 6 期。

王建生:《西方国家与社会关系理论流变》,《河南大学学报(社会科学版)》2010 年第 6 期。

王奇生:《党员、党权与党争:1924—1949 年中国国民党的组织形态》,社会科学文献出版社 2018 年版。

王庆丰:《辩证法理论的语言学转向》,《社会科学研究》2010 年第5 期。

王伟光:《社会矛盾论:我国社会主义现阶段阶级、阶层和利益群体的分析》,中国社会科学出版社 2011 年版。

王怡红:《对话:走出传播研究本土化的空谷》,《现代传播》1995 年第 6 期。

王英津:《国家与社会:马克思主义经典作家之阐释》,《江苏行政学院学报》2004 年第 2 期。

王永贵:《经济全球化与社会主义意识形态建设研究》,人民出版社 2005 年版。

王治河:《福柯》,湖南教育出版社 1999 年版。

王宗礼、史小宁:《政治、语境与历史:意识形态概念的变迁》,《南京师大学报(社会科学版)》2012 年第 1 期。

韦伯:《经济与社会》,林荣远译,商务印书馆 1997 年版。

韦长伟:《社会转型期的行政忠诚研究:问题与对策》,《四川行政学院学报》2011 年第 2 期。

魏小萍:《分析的马克思主义是否终结?》,《理论视野》2012 年第 12 期。

魏小萍:《关于唯物史观理论的再认识——根据对〈德意志意识形态〉(MEGA2 试行版)的重新解读》,《哲学研究》2009 年第 3 期。

魏小萍:《历史主客体导论:从宏观向微观的深化》,北京出版社

1999 年版。

魏小萍:《探求马克思:〈德意志意识形态〉原文文本的解读与分析》,人民出版社 2010 年版。

温权:《马克思意识形态批判的三重向度与文化微观视域的历史性介入——从马尔库什的角度谈起》,《求是学刊》2016 年第 2 期。

吴宁:《列斐伏尔日常生活批判理论探析》,《哲学研究》2007 年第2 期。

萧功秦:《中国的大转型:从发展政治学看中国变革》,新星出版社 2008 年版。

肖巍、顾钰民:《当代中国马克思主义研究报告(2011—2012):核心价值与意识形态建设》,人民出版社 2013 年版。

谢宇:《走出中国社会学本土化讨论的误区》,《社会学研究》2018 年第 2 期。

徐贲:《走向后现代与后殖民》,中国社会科学出版社 1996 年版。

徐海波:《中国社会转型与意识形态问题》,中国社会科学出版社 2003 年版。

徐霞、邵银波:《中国传统政治忠诚观的历史嬗变及其当代启示》,《浙江学刊》2015 年第 4 期。

徐湘林:《转型危机与国家治理:中国的经验》,《经济社会体制比较》2010 年第 5 期。

薛睿:《关于马克思意识形态概念的理解——访英国马克思主义学者戴维·麦克莱伦教授》,《马克思主义理论学科研究》2019 年第3 期。

严书翰:《我国意识形态工作的纲领性文献——深入学习和全面把握习近平总书记“8·19 重要讲话”的要点》,《中共中央党校学报》2013 年第 5 期。

燕继荣、何增科、叶庆丰:《关于国家治理现代化的对话》,《科学社会主义》2014 年第 1 期。

杨河主编:《社会主义和谐社会与意识形态》,北京大学出版社 2009 年版。

杨昕:《当代中国意识形态话语权研究述评》,《探索》2012 年第3 期。

伊斯顿:《政治生活的系统分析》,王浦劬等译,华夏出版社 1998 年版。

余一凡、武东生:《从"意识形态"到"社会主义意识形态"——对所谓"意识形态"中性化问题的重新认识》,《教学与研究》2012 年第 12 期。

俞吾金:《论实践维度的优先性——马克思实践哲学新探》,《现代哲学》2011 年第 6 期。

俞吾金:《实践诠释学:重新解读马克思哲学与一般哲学理论》,云南人民出版社 2001 年版。

俞吾金:《意识形态论》,上海人民出版社 1993 年版。

俞吾金:《重新理解马克思:对马克思哲学的基础理论和当代意义的反思》,北京师范大学出版社 2005 年版。

张敏:《转型中国治理型意识形态的构建》,《江汉论坛》2017 年第2 期。

张秀琴:《西方马克思主义的意识形态理论》,《政法论坛》2004 年第 2 期。

张一兵、周嘉昕:《市民社会:资本主义发展的自我认识——来自于马克思主义的一种谱系学分析》,《南京大学学报(哲学·人文科学·社会科学版)》2009 年第 2 期。

赵敦华:《"意识形态"概念的多重描述定义——再论马克思恩格

斯的意识形态批判理论》,《社会科学战线》2014 年第 7 期。

赵可金、马钰:《全球意识形态大变局中的人类命运共同体》,《国际论坛》2020 年第 2 期。

赵一凡:《阿尔都塞与话语理论》,《读书》1994 年第 2 期。

周爱民:《人的解放与内在批判——再思早期批判理论的"活遗产"》,《哲学研究》2020 年第 3 期。

周晓虹:《社会学本土化:狭义或广义,伪问题或真现实——兼与谢宇和翟学伟两位教授商榷》,《社会学研究》2020 年第 1 期。

左高山、涂亦嘉:《政治忠诚的核心问题》,《伦理学研究》2018 年第 5 期。

左高山:《政治忠诚与国家认同》,《马克思主义与现实》2010 年第2 期。

Alvesson M, Karreman D. "Varieties of discourse: On the study of organizations through discourse analysis". *Human Relations*, 2000(9): 1125-1149.

Cook D. "Adorno, ideology and ideology critique". *Philosophy & Social Criticism*, 2001(1): 1-20.

Costelloe L. "Discourses of sameness: Expressions of nationalism in newspaper discourse on French urban violence in 2005". *Discourse & Society*, 2014(3): 315-340.

Daldal A. "Power and ideology in Michel Foucault and Antonio Gramsci: A comparative analysis". *Review of History and Political Science*, 2014(2): 149-167.

de Beaugrande R. "Discourse studies and the ideology of 'liberalism'". *Discourse Studies*, 1999(3): 259-295.

Eagleton T. *Ideology: An Introduction*. London: Verso, 1991.

Fagerholm A. "Ideology: A proposal for a conceptual typology". *Social Science Information*, 2016(2): 137-160.

Fairclough N. *Analyzing Discourse: Textual Analysis for Social Research*. London: Routledge, 2003.

Fairclough N. *Language and Power*, London: Longman, 1989.

Freeden M. "Languages of political support: Engaging with the public realm". *Critical Review of International Social and Political Philosophy*, 2009(2): 183-202.

Heather J. "Suit, tie and a touch of juju'—The ideological construction of Africa: A critical discourse analysis of news on Africa in the British press". *Discourse & Society*, 1995(4): 461-494.

Hirst P Q. "Althusser and the theory of ideology". *Economy and Society*, 1976(4): 385-412.

Kress G R, Trew A A. "Ideological transformation of discourse; or how the *Sunday Times* got its message across". *Sociological Review*, 1978(4): 755-776.

Lefebvre H. *Critique of Everyday Life*. London: Verso Press, 1991.

Persson E, Neto L M. "Ideology and discourse in the public sphere: A critical discourse analysis of public debates at a Brazilian public university". *Discourse & Communication*, 2018(3): 278-306.

Platt G M, Williams R H, "Ideological language and social movement mobilization: A sociolinguistic analysis of segregationists' ideologies". *Sociological Theory*, 2002(3): 328-359.

Reyes A. "Strategies of legitimization in political discourse: From words to actions". *Discourse Society*, 2011(6): 781-807.

Smith L H. "'Blaming-the-poor': Strengths and development discourses which obfuscate neo-liberal and individualist ideologies". *International Social Work*,2015(2):1-15.

Thompson J B. "Language and ideology-A framework for analysis". *TheSociological Review*, 1987(3):516-536.

Thompson J B. *Ideology and Modern Culture: Critical Social Theory in the Era of Mass Communication*. Redwood City: Stanford University Press,1990.

van Dijk T. "Discoursesemantics and ideology". *Discourse & Society*, 1995(2):243-289.

van Dijk T. "Ideology and discourse analysis". *Journal of Political Ideologies*,2006(2):115-140.

van Leeuwen T. "Legitimation in discourse and communication". *Discourse & Communication*,2007(1):91-112.

Vighi F, Feldner H. "Ideology critique or discourse analysis? Žižek against Foucault". *European Journal of Political Theory*, 2007(2):141-159.

Zinken J. "Ideological imagination: Intertextual and correlational metaphors in political discourse". *Discourse & Society*, 2003(4): 507-523.